통전
요이영
전집

삼면불

『삼면불』 초판(1948년) 표지

편집자이면서 삽화가인 정현웅 씨의 표지 디자인─화살표와 방향 표시
는 "보고 듣고 말한다"는 분명한 의도가 읽힌다.

『삼면불』 초판(1948년) 표제지

속지에 김립[김삿갓]의 시를 인용한 것이 해학과 풍자를 드러낸다.

隨筆集

三
面
佛

吳基永

〈원본 국립중앙도서관 소장〉

오기영 저서 광고

『자유조국을 위하여』 본문 마지막에 있는 광고.
삼면불 안내문인 "···(전략)···문장은 촌철살인의 무서운 필력이 유감없이 발휘되었고···(중략)···혹은 열언(熱言)으로 혹은 냉어(冷語)로 신랄하게 비판되었으니···(후략)" 문구가 정수이다.

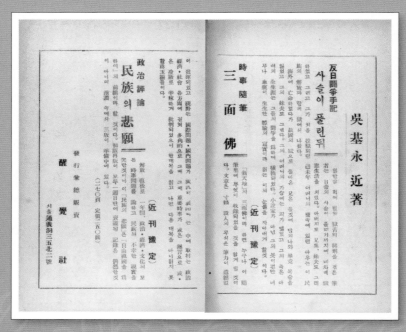

『신천지』 1권 7호(1946년 8월) 표지와 목차 그리고 삼면불 칼럼 이미지

해방 1주년 기념호로 발간한 신천지 표지에 인산인해를 이루는 광복절 풍경을 그대로 드러냈다.

목차에 〈삼면불〉은 동전생으로, 「관료와 정치가」는 오기영으로 기고한 것이 나타난다.

〈원본 국회도서관 및 국립중앙도서관 소장〉

『신세대』 창간호(1946년 3월) 표지와 목차

3 · 1운동 특집으로 꾸민 신세대 창간호 목차에서 '신탁통치론' 꼭지
에 「탁치와 지도자」를 오기영이 기고했다.

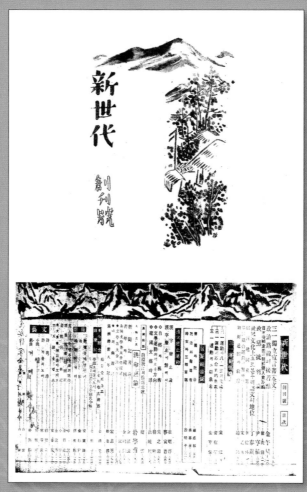

『신세대』(1948년 5월호) 표지와 목차

표지와 목차에 적시된 「독설과 유모어 좌담회」 기사가 문학 작품들 사이에서 색다르다.

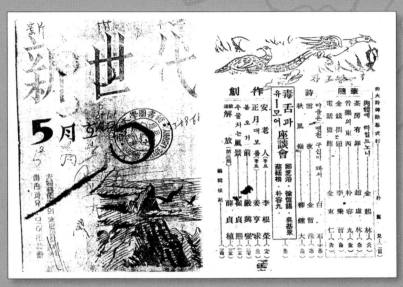

〈원본 서강대 도서관 소장〉

『신세대』 3권 3호(1948년 5월)에 게재된 「독설과 유모어 좌담회」 기사 일부

정지용(이대 교수·시인), 서항석(연예연출가), 오기영(경전업무부장), 채정근(고려교향악단 이사), 박용구(음악평론가), 본지측(주간)이 참여한 좌담회 기사에 참석자의 캐리커처(제일 왼쪽이 오기영)와 사진(55쪽 우측 하단이 오기영)이 드러났다. (좌담회 기사 52-55쪽)

『신세대』 4권 1호(1949년 1월)에 기고한 「평화혁명과 자유」 기사

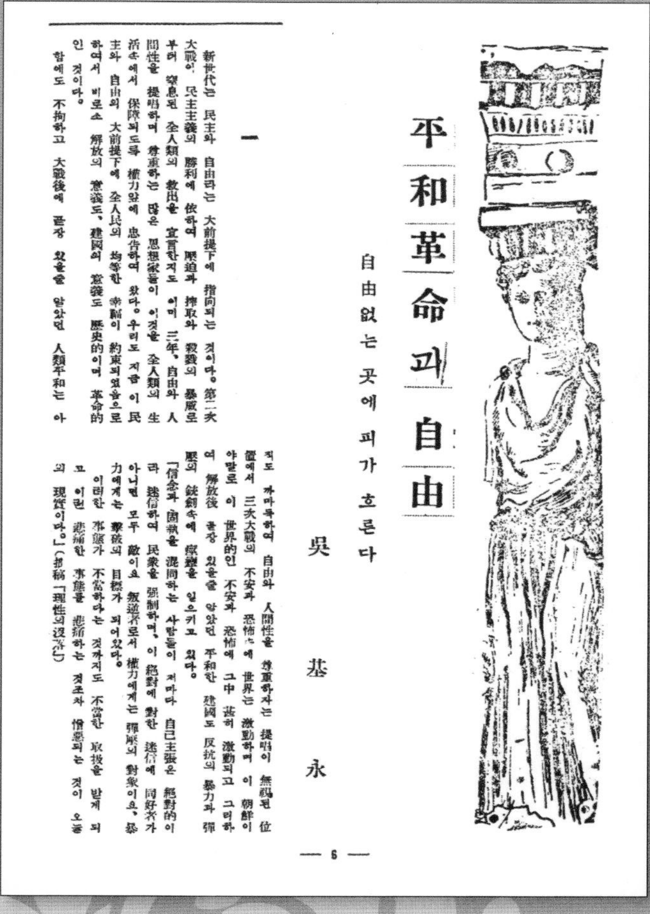

〈원본 국회도서관 소장〉

『신세대』 4권 1호(1949년)와
『신문평론』 창간호(1947년) 광고 겸 목차

신세대와 신문평론 잡지를 목차를 드러내어 광고했다.

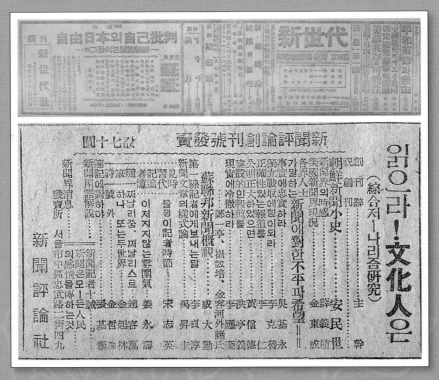

오기영이 기고한 《경향신문》과 《자유신문》 기사

우측 경향신문(1947년 1월 4일자) "우리는 조선땅을 딛고 세계의 하늘을 보자" 기사,
좌측 자유신문(1948년 1월 12일자) "얄타협정 과오를 인식_조선민족의 진정한 독립기대" 기사.

오기영이 기고한 《조선중앙일보》(1947년 9월 2일) 기사

평론가로 쓴 "웨 특사에게 보내는 시민의 소리-전인민은 바란다-미소협조로 이루어지는 통일된 새나라: 인민의 군정혐오는 반미사상과는 별개 문제" 제목의 기고문.
그 외 시민들의 다양한 목소리가 들린다.

〈원본 국사편찬위원회 소장〉

인기없는 정당 통일극

『민성』 2권 3호에 나온 '삼면불' 창안자이면서 출판미술가,
편집자인 정현웅의 그림.

『새한민보』 3권 13호(1946년 6월) 기고문

먹으로 그어진 검열의 흔적이 보인다.

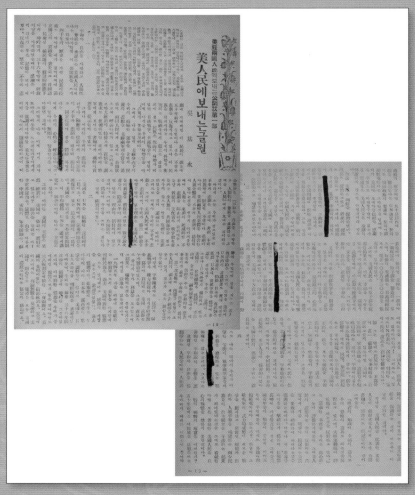

《독립신보》(1948년 12월 29일) 기고문

〈원본 국사편찬위원회 소장〉

"누구의 조선인가?"하고 묻는 필부가 있었다.

"조선인의 조선이다."라는 어리석은 대답에,

질문을 발하였던 필부는 웃었다.

웃을 수밖에 없었다.

누가 이것을 모르랴.

다만 이 조선을, 이 조선인을 지도하는 이들이 누구냐고 묻는 것뿐이다.

우리는 오랫동안 정치가와는 거리를 두고 경찰의 대상으로서 살아왔다.

조선인의 조선이라는 이 4천 년래의, 천지를 부앙(俯仰)하여 정정당당한,

이 이념조차 압박과 허위 속에 유린되었고

이민족의 채찍 아래서 뼈만 남을 때까지 뜯기고 깎였던 우리다.

그러나 4278년에 비하면 35년의 세월이란

지극히 짧은 한 마디에 불과하였다.

다시금 '우리는 조선인'이라 자랑할 수 있고,

조선인의 조선인 것을 세계에 주장할 수 있는 정치의 대상이 되었다.

- 신뢰의 한도 중에서

삼면불

삼면불

—해방 이후 기고문—

東田 吳基永 大全集

4

오기영 지음
전집 편찬위원회 엮음

모시는사람들

빈궁과 갈등의 시대를 살다

김태우_ 한국외국어대학교 한국학과 교수

『삼면불』(초판 성각사, 1948)은 1946년 7월부터 1948년 8월까지 동전(東田) 오기영(吳基永)이 집필한 41편의 짧은 글들을 모아 놓은 일종의 시사수필 집이다. 오기영은 일제시기《동아일보》와《조선일보》의 기자로 재직했던 언론인으로서, 해방 이후에는 경성전기주식회사의 관리직으로 일하면서 수많은 정치·사회평론을 당대 최고의 신문과 잡지에 게재했던 유명한 문 필가(文筆家)였다. 이 책『삼면불』에 수록된 글들은 잡지『신천지』의 '삼면 불' 코너에 수록되었던 오기영의 평론 16편과 함께,《조선일보》의 '팔면봉 (八面鋒)' 란에 게재되었던 짧은 시사단평에 살을 붙여서 완성한 글들로 구 성되었다. 비슷한 시기에 먼저 출간된 오기영의『민족의 비원』이 정치평 론서라면,『삼면불』은 미군정기의 사회·문화비평서에 가깝다고 볼 수 있 을 것이다.

'삼면불' 코너가 수록되었던『신천지』는 1946년부터 1954년까지 서울신 문사에서 발행한 종합월간지로서, 당대 한국 잡지 중에서 가장 성공한 잡 지로 꼽힌다.『신천지』는 시사적이면서도 국제적인 감각이 고루 반영된 글들로 구성되어 있어서 지식인층의 호응을 많이 받았고, 발행부수 또한 당시로써는 최고인 3만부를 상회했다. 특히 '삼면불' 란은 『신천지』의 정치적 성격을 반영한 특징적 코너로서, 제1권 2호(1946.3)부터 제2권 10호(1947.12)까지 20회가 고정적으로 게재되었다. 오기영 이전에 '철심생(鐵心生)'이라는 가명의 인물이 4회의 '삼면불' 코너를 먼저 집필했고, 나머지 16회를 오기영이 전담 집필했다. 특히 오기영이 전담하기 시작한 1946년 7월호부터 삼면불 코너는 『신천지』의 권두언으로 전진 배치되었다. 잡지 편집부의 오기영에 대한 신뢰를 읽을 수 있다.

　'팔면봉' 코너가 게재된 《조선일보》는 미군정기 당시 한민당 내의 함상훈, 이훈구, 이갑섭, 홍종인 등의 입장을 대변하는 우익계 신문이었다. 그러나 이 시기 《조선일보》는 좌익 활동 관련 기사들도 소략하나마 다루었으며, 신탁통치나 미소공위 등과 관련된 중요 정치적 사안에서 《동아일보》보다는 더 중립적인 태도를 보인 것으로 평가된다. 오기영의 시사단평이 수록된 '팔면봉' 코너는 1924년 10월 3일자부터 지금까지 90년 넘게 《조선일보》의 1면을 지켜온 유명 코너이다. 원래 팔면봉은 옛 지식인들 사이에서 "세상사 여러 분야에 관해 솜씨 있게 써낸 글"이라는 뜻으로 사용되었다고 한다. 현재 팔면봉 코너는 매일 정치 · 사회 · 국제부장이 각각 한 건씩 작성하고 있다고 한다. 그런데 이렇듯 역사적이고 상징적인 코너를 당시 오기영이 《조선일보》로부터 "톡톡한 한턱을 받고 그날그날" 썼다는 것이다. 이 같은 사실은 당대 언론과 지식인들 사이에서 그에 대한 평가가 얼마나 높았는지 짐작케 해 준다.

　이렇듯 『삼면불』은 당대의 대표적 잡지인 『신천지』의 권두언과 《조선일보》의 팔면봉 시리즈에 기초했다는 사실만으로도 충분히 주목해 볼 만한 역사적 가치가 있다. 그런데 『삼면불』을 현재의 관점에서 더욱 흥미롭게 볼 수 있는 사실 중 하나는 책의 표지 삽화를 유명한 월북 화가 정현웅(鄭玄雄)이 그렸다는 것이다. 당시 정현웅은 『신천지』의 편집인을 맡고 있기도 했다. 그런데 흥미로운 사실은 잡지 『신천지』 연재 당시 '삼면불'을 형상화한 이미지와 저서 『삼면불』 표지에 등장하는 삼면불 이미지가 매우 다르다는 것이다. 하나는 너무나 무섭고, 다른 하나는 너무나 따뜻하다.

『신천지』에서 삼면불 코너가 처음 시작되었을 때, 해당 코너의 상단에는 세 개의 무서운 얼굴을 지닌 삼면불 그림이 등장했다. 이 그림은 인도신화와 불교에 등장하는 삼면육비(三面六臂, 세 개의 얼굴과 여섯 개의 팔)의 아수라의 얼굴을 형상화한 것으로 추측된다. 인도 신화에서 아수라는 투쟁에 전념하는 신으로 알려져 있다. 반면에 1948년 성각사판 저서 『삼면불』 표지에 등장하는 삼면불은 서로 다른 표정의 세 가지 온화한 부처님 얼굴들로 표상된다. 이 세 얼굴에는 각각 눈, 귀, 입 부분에 화살표가 그려져 있는데, 아마도 악행은 보지도 듣지도 말하지도 말라는 불가의 가르침을 형상화한 것으로 추측된다. 정현웅은 『신천지』의 편집인으로서 애초 잡지에 그려져 있던 무서운 괴수 형상의 삼면불 삽화에 대해 모를 리가 없었는데, 저서 표지에는 기존과 전혀 다른 세 개의 개별적인 부처님 얼굴을 그려 넣었다. 어쩌면 정현웅은 민족적 위기에 지혜를 보태려는 오기영의 절박한 시도를 지켜보면서, 삼면불을 새롭게 해석해 냈는지도 모르겠다.

오기영은 자신의 '정치' 평론집인 『민족의 비원』에서도 "현하 조선에 있어서의 최대 문제는 차라리 경제문제"라고 언급할 정도로 산업의 재건과 민생 문제의 중요성을 반복적으로 강조했다. 그리고 미군정기 사회문제를 좀 더 본격적으로 다룬 『삼면불』에서는 경제와 민생의 문제를 더욱 중요하게 거론했다. 민생 문제의 중요성은 『삼면불』 내의 「실업자」, 「모리배」, 「공창」, 「인플레」, 「체납세금」, 「거지추방」, 「독산과 성선설」, 「진짜 무궁화」, 「벌금」, 「전재동포」, 「기아수입」, 「비농가」 등과 같은 평론을 통해 직접적·반복적으로 강조되었다. 그리고 여타의 정치 문제를 다루는 글들에서도 그 문제의 배경이나 필요성 등을 설명하면서 민생 문제를 어김없이 강조하곤 했다.

오기영은 해방 후 일 년이 지났지만 여전히 산업의 부흥과 실업자 구제 대책은 요원하기만 하다고 한탄했다. 좌우 정치세력들은 "여전히 파쟁극만을 연출"하면서 민생 문제를 제대로 돌보지 않고 있었다. 그는 당대의 폭력적 상황 또한 민생 문제와 밀접한 관련이 있다고 보았다. "배곯은 실업자의 처지로서는 밥 주는 곳으로 쫓아가는 수밖에" 없고, 밥 주는 자들의 요구에 따라 테러를 행하고 있다는 것이다. 심지어 오기영은 미군정의 공창(公娼) 제도 폐지에 박수를 보내면서도, 경제적으로 극빈한 처지의 여성이 성을 상품화할 수밖에 없는 현실적 상황에 대한 이해도 필요하다고 말한다. 즉 "정조를 상품으로 삼는 이외에 아무런 생활수단도 배운 것이 없고 능력도 없고 후원도 없는 그들"에 대한 내재적 이해가 필요하다는 것이다.

민생 문제에 대한 오기영의 비판적 칼날은 정치·사회평론 활동을 하는 자기 자신에게도 향한다. "나부터도 글을 써서 팔아먹는 부류에 속한다. 그러나 그것이 이들 농민에게 무슨 관련이 있나? 내가 아무리 '민족의 비원'을 호곡하고 '자유조국을 위하여' 웨쳤다 하지만, 대대로 문맹이오 현재도 문맹인 저들 무지와 빈궁과 굴종에 파묻힌 이들을 위하여 무슨 기여함이 있었나?" 그는 서울에서 불과 12킬로미터 떨어진 근교 농촌에서 영양불

량으로 얼굴이 노랗게 된 아이들과 남루한 옷을 걸치고 있는 사람들을 보고 충격을 받아 위와 같은 반성문 형식의 글을 남겼다. 조선은 인구의 "팔할을 빈궁 속에 파묻어 둔 채" 행복과 번영을 추구할 수 없다는 것이다.

『삼면불』은 국내외 정치와 관련된 평론들도 여러 편 수록하고 있다. 그러나 이 책에 수록된 정치평론들은 『민족의 비원』이나 『자유조국을 위하여』에 수록된 평론들에 비해 상대적으로 짧고 풍자적인 것이 특징이다. 예컨대 「적색과 백색」이라는 평론은 겉은 백색인데 속살은 새빨간 수박, 겉은 빨간색인데 속은 하얀 사과, 겉과 속이 모두 새빨간 토마토 등을 열거하면서, 당시 남한지역에서 "수박을 경계하는 노력이 비상"하다고 주장한다. 다시 말해 "미국정책에 항거하여 통일조선 실현에 협력할 용의만 있어도 수박"이라고 간주하거나, "통일 독립을 지향하는 것은 그야말로 토마토로 인정"하는 정치 풍토가 급속히 확산되고 있다는 것이다. 이는 통일을 지향하는 중도세력을 '빨갱이'로 몰아치던 당시 정세를 풍자한 것이라고 볼 수 있을 것이다. 「소금과 중국혁명」이라는 글에서는 장제스[蔣介石] 지휘 하의 국민정부의 비리와 부패에 대해 지적하면서, "권세라는 것은 생선과 같은 것"인데, "이 생선을 소금에 저릴 것을 잊었기 때문에 안타깝게도 썩혀 버린 것"이라고 말한다. 『삼면불』의 정치평론들은 위와 같은 희화화와 풍자를 주요 특징으로 하고 있다.

마지막으로 그 내용 측면에서 주목해 볼 만한 글은 「나의 경전생활」, 「인욕」, 「다욕」이다. 이 세 편의 글은 모두 오기영의 경성전기주식회사(京城電氣株式會社) 활동에 대한 자전적 기록이다. 오기영은 일제 시기 십여 년에 이르는 오랜 기간 동안 충직한 언론인의 삶을 살았던 인물이다. 때문에 해방 직후 가족과 주변 지인들은 응당 그가 언론인으로 복귀할 것으로 짐작했다. 그러나 오기영은 「투필기(投筆記)」를 써서 "황폐해진 생산 부문의 재건을 위하여 일졸오(一卒伍)"가 되겠다고 선언하고, 해방 직후의 대표적 귀속사업체 중 하나인 경성전기주식회사의 운영에 참여하게 되었다.

그는 경성전기에서 총무부장·업무부장 등과 같은 관리직에서 줄곧 일했기 때문에 "일회사(一會社)의 안락의자"에 올라탄 것으로 생각하기 쉽다. 그러나 그의 세 편의 글을 읽어 보면 경성전기에서의 생활은 막대한 업무량, 사내 관계에서 형성된 극한의 갈등과 스트레스, 좌우 갈등에 의한 정치적 박해와 테러 등으로 인해 결코 평안한 자리는 아니었던 것으로 추측된다. 정치적으로 중도적이었던 오기영의 위상을 반영하듯, 그는 "악질 간부"와 "빨갱이 오부장"이라는 모순적인 호칭을 동시에 들으며 온갖 모욕을 견뎌내야만 했다. 오기영은 총무부장의 직위에 있을 때 한국에서는 최초로 종업원 전원에 대한 생명보험 가입을 회사경비로 추진했고, 8시간 노동제를 현실화시켰던 인물이었다. 그러나 한쪽의 노동자들은 7시간 노동제와 임금의 완전평준화라는 비현실적 요구를 지속했고, 반대쪽의 노동자들은 오기영이 박헌영을 감추어 주었다거나 지폐 위조범의 한 명이라는 무고를 하여 억울한 문초를 받도록 했다. 그야말로 욕됨의 연속이었다.

오기영은 경성전기에 근무하며 유일한 재산인 집 한 채까지 팔 수밖에 없었다고 말한다. 당시 최악의 상황으로 치달았던 인플레이션과 부족한 식량 상황 등을 고려하더라도, 한국의 대표적 산업체 관리직에 종사하면서도 재산을 전혀 축적하지 못했다는 사실은 그의 청렴결백을 간접적으로 증명해 준다. 그리고 그의 산업체 진출이 단순히 일신상의 경제적 여유를 위한 선택이 아니었음을 추측하게 해준다. 실제 그는 자신의 경전 생활에 대해 "나의 과거 이십년간의 사회생활 전부를 묶어서도 비교할 수 없을 만큼 전력을 기울인 봉사의 생활"이었다고 자평한다.

"봉사의 생활"이라는 표현이 다소 과장되어 보일 수도 있지만, 그가 경전 생활을 마치자마자 "도산(島山) 선생의 유영(遺影)"을 찾아갔다는 사실은 매우 주목해 볼 만하다. 오기영은 도산 안창호의 유영 앞에서 "나는 그렇게 삼년간 경전직무를 수행하였습니다."라고 자랑스럽게 말했다고 한다. 오기영은 일제 시기부터 안창호의 동우회의 일원으로 일했는데, 안창호는 조선 독립의 핵심적 조건의 하나로 '산업의 발전'을 강조한 인물이었다. 오기영이 비장한 마음으로 「투필기」까지 작성한 이후에 미군정기의 대표적 산업체인 경성전기주식회사 경영에 참여하기로 결정한 배경에는 이 같은 도산 선생의 유지가 작동하고 있었던 것으로 볼 수 있을 것이다. 그는 관리직이었음에도 불구하고 한국 최초의 전사원 생명보험 가입, 8시간 노동제, 전재동포 돕기 성금 모금, 사내 부정 사건 적발 등으로 인해 "빨갱이" 호칭까지 들을 수밖에 없었다. 그의 표현처럼, 조국재건기의 "인욕(忍辱)"의 시간이 그렇게 흘러가고 있었다.

차례　　　　　　　　　　　　　　　　　　　　　**삼면불**

해방 이후 기고문

일러두기

- □ 이 책은 『동전 오기영 전집』제4권으로 1948년 성각사(醒覺社)에서 발간한 『삼면불(三面佛)』을 복간하는 것이며, 삼면불 뒷부분에 오기영이 해방 후에 작성했던 각종 신문과 잡지 기사를 추가로 발굴하여 엮은 것입니다.
- ○ 세로쓰기를 가로쓰기로 바꾸었고, 당시의 주요 어법과 단어는 그대로 살리는 것을 원칙으로 하면서 현대식 화법(주로 띄어쓰기 및 맞춤법)에 맞게 편집하였습니다.
  - ─ 명백한 오자와 탈자, 문맥상의 오류는 부분적으로 손질하였으며, 일부 방언은 그대로 두었습니다.
  - ─ 『삼면불』 원본에 있는 칼럼 뒤의 출전 표시는 본문 제목 바로 아래로 모두 위치 이동했습니다. 아울러 『신천지』 등에 게재된 기고문을 확인하고 권호를 일부 수정했습니다.
  - ─ 한자로 표기되어 있는 단어는 전면적으로 한글로 바꾸되, 뜻이 전달되기 어려운 경우에는 괄호 속에 한자를 병기하였습니다.
- ○ 추가 발굴 기사 제목은 '기사 제목, (필명으로 표기된 경우) 필명, 신문·잡지 명, 날짜' 순으로 표기하였고, 원고 게재 순서는 날짜순으로 하는 것을 원칙으로 했으나 동일 주제가 신문과 잡지에 반복될 때는 예외적으로 이어서 편집했습니다.
  - ─ 본문에 나오는 일부 기사 내용 중 □□□□ 표시가 있는 경우 원문 확인이 불가능한 사항이어서 그대로 드러냈습니다.
- ○ 당시에 쓰이던 인명과 지명, 나라 이름은 현대어 표기로, ( ) 안에는 당시 표기 나라이름이나 지명을 실었고, 외래어 일부는 현대 표기법으로 맞춤법을 변경했습니다. 색인에는 당시 표기도 병기했습니다.
  - 예시: 룻소 ⇒ 루소, 부르죠아 ⇒ 부르주아, 상항 ⇒ 샌프란시스코, 테로 ⇒ 테러, 덴마크(丁抹), 베를린(伯林), 핀란드(芬蘭) 등
- ○ 당시 발간 도서에서 명백한 오자로 여겨지는 것과 현대 어법에 적절하지 않은 것은 수정했고 변경한 것 등은 아래와 같습니다.
  - 예시: 얼마던지 ⇒ 얼마든지, 웋 ⇒ 위, ~이어니와 ⇒ 이거니와 등
- ○ 중요한 사건과 인명 등에 간략한 주석을 달았습니다.
  - ─ 주석의 출처는 한국민족문화대백과사전, 두산백과, 한국근현대사사전, 한국민속문학사전, 브리태니커 백과사전, 위키피디아, 종교학대사전, 라이프성경사전, 한국향토문화전자대전, 조선향토대백과 등입니다.

전영택전집

삼면불

머리말

재작년 칠월인가 기억하는데 잡지 『신천지(新天地)』*의 소청(所請)에 의하여 「삼면불(三面佛)」 제하(題下)에 「모세의 율법」을 썼다. 그것이 『신천지』의 마음에 들었던지 그다음에는 다달이 써내라고 억지 청(請)을 하는 바람에 1년 반 16회를 쓴 일이 있다.

그담에는 《조선일보》로부터 「팔면봉(八面鋒)」을 쓰라고 하여서 톡톡한 한턱을 받고 그날그날 쓰는 중에 나는 우연히 엉뚱한 생각을 품게 되었다.

「팔면봉」은 시사단평(時事短評)이라, 정치·경제·사회 각 방면에 걸쳐 다각적이며 또 국제문제, 국내문제를 두루 취택(取擇)하였으니 만약 이것을 메모 삼아 좀 더 살을 붙이면 현하(現下)의 국제, 국내정세를 음미하는 데 하나의 보탬이 되지 않을까 하는 생각이었다.

마침 『신천지』에 쓴 16회분의 「삼면불」도 그냥 버리기는 아까웠던 참이라 나는 「팔면봉」을 놓고 재생산에 착수한 것과 그 밖에 몇 편을 아울러서

---

* **신천지(新天地)** 1946년부터 1954년까지 서울신문사에서 발간했던 종합 월간지. 일제시기 조선총독부의 기관지였던 『매일신보』가 『서울신문』으로 바뀌면서, 과거의 허물을 조금이라도 씻어내기 위해 이 잡지를 발간했다. 해방 직후에는 임화(林和)의 「박헌영론」, 학병동맹의 귀환보고좌담회, 이강국의 모스크바 삼상회의 결정안 지지론 등도 수록될 정도로 진보적 성격을 보이기도 했지만, 한국전쟁 발발 이후 크게 우선회하여 정부와 여당을 뒷받침하는 선전성이 농후해졌다. 10년 가까운 발행 기간 동안 지식층의 호응을 많이 받으면서 한국문화계와 민주주의의 발전에 적잖은 기여를 했다.

이 책을 간행에 붙이는 바이다.

　물론 저 상아탑 속에서 생산되는 향기로운 수필에 비기면 이것은 차라리 가치없는 한 개의 생경(生硬)한 문장에 불과할는지 모른다.

　그러나 오늘 우리의 환경은 그렇게 향기롭고 보드라운 것이 못된다는 점에서 이 수필집의 성격도 저절로 분명할 것을 믿는 바이다. 이러한 점에서 끝에 붙이는 「나의 경전 생활(京電生活)」외 두 편도 한 개인의 직업상의 환경을 말하는 것보다는 훨씬 더 혼란기에 처한 오늘 조선의 현실을 말하는 것이다.

　그리고 이 책 이름으로까지 인연을 맺은 "삼면불"이라는 주제는 실상 내 것이 아니라 『신천지』의 것이라는 것을 여기에 고백해야 하겠다.

　남의 것을 그냥 슬쩍 실례하였다면 괘씸한 소위(所爲)로되 『신천지』의 편집자요 「삼면불」의 창안자 정현웅(鄭玄雄) 형이 이 책의 장정을 하여 주었으니까 이로써 나의 실례는 용서를 받은 셈이다.

　허기는 이렇게 『삼면불』을 아주 내 것으로 이양을 받는 데는 앞으로 『신천지』에 계속해서 「삼면불」을 써야 한다는 조건이 붙었다. 세상에 공것은 없는 법이다.

1948년 7월 15일 동전생(東田生)

모세의 율법(律法)

— 『신천지』 제1권 제6호(1946년 7월)

이집트(埃及)의 노예였던 이스라엘 민족이 그 철쇄로부터 해방되어 조국을 향해 광야(曠野)로 40년의 긴 유랑을 계속할 때 영도자 모세는 동포상잔을 최소한도로 막기 위하여 율법을 베풀었는데 "눈은 눈으로 갚고, 이는 이로 갚으라." 하였다. 갑이 을의 눈 하나를 뽑았으면 을로 하여금 갑의 눈 하나를 뽑게 하는 것이다. 이를테면 처벌을 복수로써 행하였다. 살인자를 살(殺)할 권리는 국가에 있고, 피살자(被殺者)의 유족에게 이 권리를 주지 아니할뿐더러 복수도 범죄로 규정하는 20세기의 법률 관념으로써 비판하면, 이 율법은 지극히 야만적이라 할 만한 원시적 복수 행위의 신성화에 불과하다.

그런데 우리가 차라리 이 원시적 율법을 재인식하고 모세의 재림을 이땅에 바라야만 할 지경이라면 이것은 대단한 비극이다. 그게 무슨 소리냐 하면 모세의 율법에 의하면 눈알 하나에는 눈알 하나요, 이 한 개에는 이 한 개로 정하고 이 한계를 넘지 않기로 되어 있다. 그러나 눈알 하나를 뽑혀서 애꾸가 된 피해자가 가해자의 두 눈알을 몽땅 뽑아서 아주 '참봉(장님의 방언)'을 만들고도 분해서 씨근거리는 모양을, 장차 우리 조선에 진보적인 민주주의 법률을 베풀고 인민을 위하여 정치를 하여 줄 큰 인물들에게서 흔히 보게 되는 것이야말로 대단한 비극이란 말이다.

대체 그게 무슨 소리냐고 아직도 못 알아듣는 이들을 위하여 한 번 더 주석을 하라면 이러하다. 갑당이 을당의 험구를 한 치쯤 하였더니 복수라면 점잖지 않지마는 을당은 한 자쯤의 욕설로서 갑당의 모략을 분쇄하였다. 한 치에 비하여 한 자는 아홉 치가 더하니 '한 눈은 한 눈으로'의 모세율법에 심하게 어긋난다. 이번에는 다시 갑당이 분연히 을당의 아홉 치를 분쇄하기 위하여 무려 일 장(一丈)의 대봉(大棒)을 내두르지 않을 수 없이 되었다. 일 장(一丈)의 대봉을 꺾기 위하여는 다시 상대편은 십 장(十丈), 백 장(百丈)의 몽치를 들고 나서게 되니 어시호(於是乎) 좌우 양당의 기고만장은 정히 과장이 아니다. 이리하여 서로 게거품을 물고 욕은 욕으로 대하되 한 마디를 두 마디 세 마디로 응수하고, 모략은 모략으로 대하되 응수가 거듭할수록 그 심모원려(深謀遠慮)는 가히 일취월장으로 진보하여 무(無)에서 의사(疑似)로 다시 진성(眞性)으로 드디어 악질(惡質)로 발전하고 있다.

이리하여 좌는 모두 극렬분자가 되어 버렸고, 우는 모두 반동분자가 되어버렸다. 이러한 아귀다툼에 싫증이 나서 이들의 머리가 냉정하여지고 반성하는 날이 있기를 기다리면서, 하후하박(何厚何薄)의 불공평을 범하지 않으려고 조심하며 좌우를 물을 것 없이 쌍방이 하루바삐 아집에서 해탈하라고 충고하는 부류가 생겼는데, 이들에게도 명예는 분배되었다. 가로되 기회주의자라고. 그러니 극렬분자와 반동분자와 기회주의자뿐인 조선은 어찌될 것이란 말인가. 우에 속한 아버지는 반동분자요, 좌에 속한 아들은 극렬분자인데, 만일 시어머니와 며느리가 가만있으면 이건 기회주의자요, 부창부수로 각기 남편을 따라서 고부(姑婦)마저 진영을 달리하면 극렬과 반동은 뚜렷할까 모르거니와 이것이 도시 이 집안의 흥조(興兆)냐 망조(亡兆)냐.

항상 자기비판에 무자비한 좌익이면서 극렬분자라는 욕설을 단순한 반동분자의 욕설이라고만 고집하며, 토지국유를 옳다고 시인하는 우익이면서야 어째서 2할 미만의 지주(地主)를 위하여 반동분자라는 불명예에 허심탄회(虛心坦懷)하게 무관심한지 짐작은 하지마는 똑똑치는 아니하다.

탄식하거니와 좌우는 아직 각자의 아집에서 해탈하지 못하고 있다. 이들은 아직도 삼십팔도선의 한 끝씩을 붙들고 줄다리기를 하고 있다. 설마 그렇게 무식할 리는 없는데, 이 줄다리기로 이 줄이 꼭 끊어지고 상대편이 앞으로 고꾸라질 줄만 믿지나 않는가.

이것은 대단한 오산이다. 삼십팔도선은 한 끝씩 붙잡은 좌우가 서로 앞으로 다가와서 걷어치울 수는 있으려니와 잡아다려서는 끊어질 줄이 아니다. 그건 아무리 잡아다려 보아도 끊어질 줄은 아니다.

하물며 이 줄다리기 구경에 흥이 나서 트루먼 씨와 스탈린 씨가 한 번 씨름을 해 볼 흥미가 일어나면 이기는 편을 위하여 마땅히 상우(賞牛)를 준비하지 않으면 안 될 처지에 있는 이가 누구인가를 깊이 생각할 것이다(물론 점잖은 트루먼 씨와 스탈린 씨가, 더구나 조선 풍속에 어두운 이분들이 단오도 지낸 이때에 씨름을 할 리 만무라 상우 자금을 갹출할 걱정은 그야말로 기우이기는 하다). 그러나 역시 아무래도 궁금한 것은 어째서 좌는 극렬분자요, 우는 반동분자냐 하는 것이다. 좌의 심판자는 우가 아니요, 우의 심판자도 좌가 아니다. 심판자는 오직 민중이거늘, 민중은 알지 못하는 새에 피차 이런 명예의 교환은 신사적이 아니다. 민중의 심판에 앞서서, 심지어 민중의 심판을 간섭하여 상대방을 거꾸러뜨리는 것은 비인민적이다. 묻노라! 이 말이 과한가?

전쟁과 평화
— 1948년 6월 12일

　전후 처리 문제(戰後處理問題)는 모두 다 집어치우고 미소(美蘇)는 냉정 전쟁(冷靜戰爭)에 열중하고 있어서 미소 화평(美蘇和平)을 부르짖는 사람은 조선식(朝鮮式)으로 보면 훌륭한 빨갱이 '월리스' 하나뿐인가 하였더니 그렇지도 않은 듯하니 반가운 일이다.

　주소(駐蘇) 미 대사(美大使) 스미스*와 소 외상(蘇外相) 몰로토프** 간에 각

---

*　스미스(Walter Bedell Smith, 1895-1961) 미국의 육군 장성, 외교관, 행정관. 1911년 사병으로 군대 생활을 시작한 그는 진급을 거듭하여 제2차 세계대전 중에는 유럽에서 아이젠하워(Dwight Eisenhower)의 참모장으로 지냈다. 그는 외교적 스킬이 요구되는 민감한 임무를 도맡아 하면서, 아이젠하워를 대신하여 이탈리아의 항복(1943)과 독일의 항복(1945)을 받아내기도 했다. 제2차 세계대전 종결 후 소련 주재 미국대사(1946-1949), CIA 국장(1950-1953), 미국무부 차관(1953-1954) 등을 역임했고, 아이젠하워 행정부에서 다양한 직임을 수행하다가 1961년 사망했다.

**　몰로토프(Vyacheslav Mikhaylovich Molotov, 1890-1986) 소련의 정치가, 외교관. 1945년 12월 모스크바 삼상회의의 주역 중 한명이다. 1906년 소련공산당 창당의 주요 인물 중 한명이며, 스탈린의 오랜 공고한 지지자였다. 제2차 세계대전 직후의 여러 국제회의에서 소련의 주요한 대변인으로 활약했다. 1939년 외무장관으로 발탁되어, 그해 10월 독·소 불가침조약(몰로토프-리벤트로프 조약)을 체결했다. 1941년 6월 독일이 침공하자 전시 내각인 국가방위위원회에서 활동하면서 영국·미국과 동맹관계를 맺었고, 테헤란 회담(1943), 얄타 회담(1945), 포츠담 회담(1945), 샌프란시스코 회담(1945) 등의 연합국 회담에 참석했다. 연합국 회담 과정에서 서구국가들에 의해 타협이 쉽지 않은 적대적 성격의 인물이라는 악명을 얻었다. 1949년 외무장관을 사임했다가, 1953년 스탈린 사망 후 복귀하여 1956년 흐루시초프 집권 시기까지 재임하기도 했다. 1962년 흐루시초프로부터 비판을 받고 공산당에서 축출되었다.

서가 교환되고 또 윌리스 공개장(公開狀)에 대한 스탈린 성명은 확실히 미소관계 개선에 대한 희망을 표시하는 것이요, 이것은 제3차 대전에 대한 공포감에 빠져 있는 세계 모든 국가에 대하여 안도감을 주는 중대한 사실이라 할 만하다.

다시 국련(國聯)의 오스트 미국 수석대표는 "소련을 세계 기구에서 구축(驅逐)하는 헌장의 개정은 세계를 불가피적으로 전쟁에 인도하고 말 것이다. 서로 합의에 도달할 수 있는 국가만의 기관은 결코 전 세계 국가의 대행기관(代行機關)이 될 수 없다. 2, 3블록 국가끼리의 단순한 합의는 전쟁을 초래하고야 말 것이다."라고 강조하여 UN 내부에서의 정반대 국가간의 합의는 지극히 곤란하나 '자손을 전쟁의 참화로부터 구제하기 위하여' 비록 몇 차례의 실패를 거듭할지라도 이 곤란한 합의를 얻기 위하여 노력하여야 한다고 하였다.

이번에는 또 트루먼 미 대통령이 공산주의는 억압으로 없앨 수 없음을 시사하여 "미국은 국내의 공산주의화 경향에 심심한 관심을 가지고 있다. 그 도전을 결코 과소평가할 수도 없는 것이다. 그러나 공산주의 이념은 반공산당 법령을 통과시킴으로써 정지시킬 수는 없는 것이다. 또한 공산주의를 지하로 몰아 넣음으로써 소멸시킬 수도 없는 것이다."라 하고 미 국회가 미국 내의 적색 위협을 종식시키는 데 공산당을 불법화시키는 수단에 의하는 대신에, 보다 나은 민주주의 정책을 채택함으로써 이를 종식시킬 것이며 빈곤과 비참과 절망을 없이 하여야만 할 것을 말하였다.

우리는 여기서 또 하나 번즈* 전(前) 미 국무 장관이 "미국은 그 역량을 소

---

* 번즈(James F. Byrnes, 1879-1972) 미국의 정치가, 법률가, 행정가. 1945년 12월 모스크바 삼상

련의 공산주의와 더불어 싸우기를 원한다는 이론에 경주하여서는 안 된다."고 한 경고적 성명을 들어 볼 필요가 있으니, 즉 "이데올로기의 무력적 충돌성 및 논리적 타협의 불가능이 있다 하더라도, 상호 관용의 지반 위에서 존속 생활을 하느냐, 상호 사멸하는 토대 위에서 죽느냐의 최후적 취택에서 우리는 전자를 취하여야 할 것이다."라 하여 미국은 항상 소련과 평화리에 생존하기를 염원한다는 것을 표명하기를 요망한다고 강조한 것이다.

미소는 과연 가까운 장래에 전쟁을 할 것인가? 그러기 위하여 지금 서로 버티기에 한 가지도 해결되지 못하고 있는 모든 전후 처리 문제는 필경 3차 전쟁을 폭발시키는 발화적 도구에 불과할 것인가?

이것을 알아낼 사람은 아무도 없는 것이다. 3차 전쟁의 당사자가 될 미소 양 국민은 물론이요, 트루먼 대통령도, 스탈린 원수도 이것은 모르는 일이다. 전쟁이란 꼭 원해서만 일어나는 것이 아니라, 아무리 원치 아니할지라도, 아무리 회피하려 할지라도 할 수 없이 일어나는 수도 얼마든지 있기 때문이다.

그러므로 3차 전쟁이 나고 아니 나는 것은 이 세상에서 아무도 모르는 일이다. 그러나 우리는 이상 여러 주요 인물들의 발언에 의하여 전쟁을 어떻게든지 회피하려는 노력만은 시인할 수가 있다.

어째서 전쟁을 회피하여야 하나? 이것을 모를 사람은 또 이 세상에 하나도 없는 일이다. 두말할 것 없이 문명은 완전히 파괴될 것이다. 그래서 3차

회의의 주역 중 한명이다. 1941년 대법관에 임명되었지만, 2차대전 참전 후부터 행정부 계통에서 일하게 되었다. 제2차 세계대전 경제안정국장과 전시동원국장으로 일했다. 그는 전쟁이 끝난 뒤의 어려운 시기에 국무장관(1945-1947)으로 능력을 발휘하면서, 포츠담 회담(1945)과 파리평화회담(1946) 등에 참여했다. 1947년 트루먼과의 관계가 틀어진 후 내각에서 사임했다. 1950년 남가주 주지사에 당선되기도 했다.

전쟁을 하느냐, 아니 하느냐 하는 문제는 이 지구상에서 인류의 생존을 계속하느냐, 모두 다 사멸하느냐의 최후적이요 결정적인 문제인 것이다.

이 전쟁은 회피해야만 한다. 전쟁의 당사자가 될 미소 두 나라만을 위해서가 아니라 두 틈에 끼여 있는 모든 약소국가를 위해서 더욱 그러한 것이니, 고래가 싸우지 않아야 새우등이 안전할 것이요 그래야 대서양헌장*도 공문서(空文書)가 아닐 것이다.

그러므로 전쟁을 회피하려는 사람들은 미소 간의 화평 협상을 희망하는 것이다. 이 화평 협상은 상호 관용의 지반 위에서 합의에 도달하여야 하며, 이 합의에 도달한다는 것은 이데올로기의 충돌성, 논리적 타협의 불가능성 등의 지극히 곤란한 문제가 있지마는 자손을 전쟁의 참화로부터 구제하고 피차의 생존을 위하여 '단념할 수 없고 포기할 수 없는 문제'인 것이다. 그래서 이 포기할 수 없는 노력은 설혹 몇 차례의 실패를 거듭하는 수가 있더라도 꾸준히 계속하여야 한다는 것이다.

세계는 지금 이렇게 전 인류의 생존을 위하여 정반대되는 두 개의 이념의 상호 관용을 강조하고 미소의 화평 협상을 희망하고 있다.

그런데 같은 동족 간에, 이 사천년래의 골육 간에 외세로 인하여 뜻 아니한 분열을 당한 이 단일 민족이 민족적 생존을 위하여 민족적 입장에서 통일하자는 남북협상을 비웃는 사람이 있다. 비웃을 뿐만 아니라 화를 내며 반대하는 사람이 있다. 그런데 이런 사람이 우리의 분열에서 이익이 있는

---

* **대서양헌장** 제2차 세계대전 당시인 1941년 8월 14일 미국 대통령 루스벨트와 영국 총리 처칠이 대서양 해상의 영국 군함에서 발표한 공동선언이다. 제2차 세계대전 후의 세계 국민복지와 평화 등에 관한 양국의 기본원칙을 정한 것으로, 그 핵심내용으로는 영토 불확대, 민족 자결, 통상과 자원의 기회 균등, 사회보장, 안전보장 등을 명시했다. 이 원칙은 연합국 공동선언과 유엔헌장 등에 계승되었다.

외국에 있는 것이 아니라 살면 같이 살고 죽으면 같이 죽을—당장에 같이 죽어 가는 우리 민족의 일부라는 사실에 직면하여 우리의 비통한 심정은, 가슴이 터질 듯한 이 비통한 심정은 실로 언어에 절(絶)한 바다.

　이러한 사람들이 미국의 승리를 믿어서 미소전쟁(美蘇戰爭)을 바라고 있다. 그러나 슬프다. 어리석은 동족아, 미소전(美蘇戰)이 일어나면 누가 먼저 죽을 것이냐.

가능지역(可能地域) 정부(政府)
— 1948년 6월 10일

1948년 5월 10일.

남조선에서 시행된 선거는 그것이 북조선의 참가가 없이 남조선에서만 단독으로 시행된 것이니 이것을 일러서 단독선거라는 말은 지당한 말이다.

더구나 남조선에서도 각당 각파가 모두 다 참가한 것이 아니라 일당 일파만 단독으로 참가하였으니, 이러한 관점에서 단독선거라는 말은 더욱 지당한 말이다.

그런데 이 선거에 참가한 편에서는 이것을 총선거라고 말한다. 어느 모로 보아도 총선거라고 할 수는 없어야 옳건마는 굳이 이것을 총선거라고 하면, 장차 남북이 통일하여 시행할 정말 총선거는 무엇이라 불러야 할 것인지 궁금한 일이다.

그야 애꾸도 애꾸라면 싫어하는 모양으로 단독선거도 단독선거라면 싫어하는 심정은 충분히 이해할 수 있다. 결코 그 심정을 모르는 것이 아니다.

그러나 애꾸가 아무리 애꾸이기를 싫어할지라도 별수없이 애꾸는 애꾸다. 20세기의 의학 발달은 애꾸의 보기 흉한 한쪽 눈에 그럴듯한 가짜 눈알을 해 넣어서 겉으로 보기에 애꾸가 아닌 것처럼까지 만드는 수는 있으나, 그러나 실질에 있어서 애꾸는 애꾸라, 그는 한쪽 눈밖에 보지 못하는 것이다.

이번 선거에 대해 아무리 단독선거라는 말을 싫어할지라도 단독선거는 별수 없이 단독선거다. 모든 정치적 제스처와 미문여구(美文麗句)로 합리화할지라도 실질에 있어서 이 나라의 반쪽에서만 시행된 단독선거인 것이다.

나는 이 문제에 대하여 차라리 조선의 정치가들의 협량(狹量)을 슬퍼한다. 이 말은 단독선거를 총선거라고 불러 주지 않는 데 대해서가 아니라, 단독선거는 단독선거라고 떡 버티고 말하지 못할 것이 무엇이냐 하는 것이다.

정치적 이념이 다르고 견해가 달라서 이번 선거에 찬부(贊否)가 갈렸다. 허다면 찬부(贊否)에 대한 정부(正否)는 후일의 사필(史筆)에 맡길 것이요, 일단 그 신념대로 행동한 데 대해서 우물쭈물하거나 가장할 필요는 없는 것이다. 그러므로 북이 불참하면 남에서만이라도, 또 각당 각파가 불참하면 일당 일파 단독으로라도 선거를 행하고 거기 의하여 군정하(軍政下)에서 보다는 나은 정치가 가능하다고 믿었으면 그로써 좋은 일이다. 구태여 총선거 아닌 단독선거를 단독선거 아닌 총선거처럼 주장할 필요는 없는 일이다.

그러나 이미 우리가 충분히 이해한 바와 같이 단독선거라는 말이 듣기 좋을 까닭은 없을 것이다. 나도 지금 단독선거라는 말을 여러 번 썼지만 내가 그 편이 되어도 그 말이 굳이 좋을 것까지는 없을 것이다. 그러니까 듣기에 좋을 것 없는 말을 구태여 쓸 필요는 없는 일이라고 생각한다.

사실 우리는 지금까지 서로 비위에 거슬리는 용어를 많이 써서 그것이 동족 간에 얼마나 불화를 더하였는지 모른다. 가령 적구(赤狗)라, 매국노라, 극렬분자라 하는 따위 용어의 남용은 쓰는 사람도 옳지 않거니와 듣는 사람으로서도 아무리 정치 운동은 감정으로 하는 것이 아니라 하지마는 결국 사람은 감정을 버리지 못하는 것이니 이러한 좋지 못한 용어에 감정이 좋을 수는 없는 것이다.

그러므로 앞으로 우리가 동족 상화(相和)하여 통일 건국을 지향하기 위하여는 피차에 이러한 감정적인 매언(罵言)으로 상대편의 감정을 자극하는 용어는 지극히 삼갈 필요가 절실하다. 뿐만 아니라 우리의 정치 운동에서도 높은 교양과 스포츠맨십이 필요할수록 저열하고 속악적(俗惡的)인 용어는 일체 사용치 않는 것이 옳을 것이다.

생각이 여기 이르러 우리는 단독선거라는 용어가 상대방의 감정을 자극하는 것을 이해할 때에 구태여 이 용어를 사용하는 것은 삼가는 것이 옳다. 본시 이번 선거는 국제적으로 공식상으로 가능 지역 선거(可能地域選擧)라고 되어 있다는 사실에 대하여 나는 주의를 환기하는 바이다.

그렇다. 이번 선거는 가능한 지역에서만이라도 시행하는 것이 좋다는 UN 소총회의 권고에 의하여 UN조선임시위원단(朝鮮臨時委員團)*이 가능 지역 선거를 시행토록 하고 그들의 감시가 가능한 지역 내에서 감시한 것이다. 그러므로 엄격히, 정확히 불러서 이번 선거는 단독선거도 아니요 또 총선거도 아니다. 그러면 무엇인가? 가능지역 선거인 것이다.

그러니까 구태여 단독선거라고 꼬집어 뜯어서 상대편의 감정을 자극하는 것은 동족불화(同族不和)를 조장할 위험이 있는 비례적(非禮的)인 소위

---

* **UN조선임시위원단** 유엔한국임시위원단[UN Temporary Commission on Korea, UNTCOK]을 지칭한다. 조선의 남북총선거에 의한 독립국가 건설을 위하여 1947년 11월 유엔 산하에 임시기구로서 설립된 위원회이다. 미국은 두 차례의 미소공동위원회가 결렬되자 1947년 10월 유엔 총회에 한반도 문제를 상정했다. 이에 유엔 총회는 한반도에서 인구비례에 의한 총선거 실시, 유엔한국임시위원단의 한반도 파견을 결의하고, 1948년 1월 캐나다 등 8개국 대표로 구성된 위원단을 한국에 보냈다. 그러나 소련이 위원단의 입북을 거부함으로써 한반도 총선거는 무산되었고, 유엔 소총회의 결의에 따라 선거 실시가 가능한 지역(38선 이남지역)만이라도 선거를 감시하라는 결정이 내려졌다.

(所爲)라고 생각하거니와 동시에 나는 이것을 실질과 달리 총선거라고 하는 가장적(假裝的) 허장성세도 고만두기를 요청하는 것이다.

이미 지나간 선거를 가지고 내가 왜 지금까지 잔소리를 늘어놓는 것인가. 내가 이것을 구태여 문제삼는 것은 본뜻이 여기 있는 것이 아니다. 이번 선거에 의하여 성립되는 정부에 대해서 이제 또 중앙정부라는 말과 단독정부라는 말이 서로 충돌될 가능성이 있기 때문인 것이다. 이 가능성은 결코 기우적인 예측이 아니라 이번 선거에 대한 두 가지 칭호에 의하여 그 실험적 논리하에서 누구나 시인할 가능성을 가진 가능성인 것이다. 그러니까 심각한 문제요 신중히 생각할 문제다.

그러면 이제 성립될 정부를 무슨 정부라고 부를 것인가?

마땅히 가능지역 정부(可能地域政府)라고 할 것이다. 가능지역 선거에 의하여 성립되는 정부이니 가능지역 정부요, 그 법률과 행정을 거부할 북조선에까지 시행될 가능성은 없고 가능한 지역 내에서만 시행될 것이니 별 수 없는 가능지역 정부라 할 것이다.

그런데 이 가능지역 정부를 일러서 혹은 중앙정부라, 혹은 단독정부라 하여 피차의 심정을 자극할 가능성이 있다. 이것은 앞날의 통일을 완수하는 데 방해가 되는 동족 불화를 조장할 위험스러운 가능성인 것이다. 그렇건마는 이 가능지역 정부를 가능지역 정부라고 부를 가능성은 지극히 희박하다. 딱한 가능지역이다.

북조선 정부

— 1948년 7월 17일

조선에는 또 하나의 정부가 선다.

남조선에서 이른바 가능지역 선거에 의하여 수립되는 정부가 전 조선(全朝鮮)을 대표하는 정부라 하는데, 북조선에서 수립되는 정부도 전 조선을 대표할 정부라고 한다. 이리하여 하나의 조국을 대표하는 두 개의 정부가 생겼다.

나는 별고(別稿)에서 가능지역 정부가 아무리 전 조선을 대표한다 할지라도 실제에 있어서 반쪽밖에 더 볼 수 없는 애꾸적 성격을 말한 바 있거니와 이로써 또 하나의 정부도 그것이 실제로는 북조선을 대표하는 이상의 아무 능력도 없을 때에 그 역시 반쪽 밖에 볼 수 없는 애꾸적 성격을 부인하지 못한다. 그러니까 왼쪽 눈이 멀었거나 오른쪽 눈이 멀었거나 멀기는 마찬가지라, 애꾸는 마찬가지 애꾸다.

이것은 결코 다행한 일이 아니다. 두 개의 애꾸적 반쪽 정부를 우리가 바라지 않고 하나의 구안적(具眼的) 통일 정부를 바라는 마음이 간절할수록 현재 불구의 신세를 비통하지 않을 수 없는 것이다.

이 사태는 오늘에 의외로 나타난 사태는 아니다. 조선 문제에 대한 미소(美蘇)의 합의가 불가능할 때에 넉넉히 예견할 수 있었던 바요, 드디어 소련과의 협조를 단념한 미국이 조선 문제를 UN에 제소(提訴)할 때에 결정적으로 예견할 수 있었던 것이다.

그래서 필자는 1월 초 내조(來朝)하는 UN위원단에게 보내는 공개장에서 그들의 임무가 미국 점령하의 남조선에 국한될 가능성을 지적하였고 그래서 "아무리 한편이 주장하기를 조선을 대표할 자는 오직 UN위원의 감시하에 선거된 자뿐이라 하더라도 실제에 있어서 이를 반대하고 배격하여 보이콧한 세력하에서 그 세력의 지지하에 선출된 대표자도 조선의 대표자라고 주장할 것이다. 이것은 하나의 통일 정부가 아니라 두 개의 분열정부를 의미한다."고 말해 둔 것도 그게 무슨 나 혼자 용한 점을 쳐서 알아낸 것도 아무것도 아니라 누구나 알 수 있는 상식론의 강조에 불과하였던 것이다.

그런데 이 불행한 예측은 드디어 불행하게도 적중하는 사태의 진전을 보이고 있으니 UN위원단 입경(入境)의 불가능 지역이요 선거 감시의 불가능 지역인 북조선에서도 8월 25일 선거를 실시한다는 평양방송이 그것이다. 이 선거에 대한 UP통신의 해설에 의하면, "이 투표는 북조선 소련 점령지역 내의 입법의원(立法議院)*의원(議員)을 선거하려는 것이며 이 입법의원은 북조선과 남조선 미국 점령 지역의 양 지역에 대한 지배권을 주장할 것이다. 그러나 미국 점령 지역인 남조선에서는 이미 입법의원이 성립되었으며 그도 역시 전 조선(全朝鮮)에 대한 관할권을 주장하고 있다."는 것이다.

---

* **입법의원(立法議院)** 1946년 미군정법령 제118조에 의해 수립된 남조선과도입법의원(南朝鮮過渡立法議院)을 지칭한다. 해당 법령에 의하면, 입법의원은 모스크바 협정에 의거한 통일임시정부가 수립될 때까지 사회개혁의 기초로 사용될 법령초안을 작성하는 것을 창설 목적으로 했다. 입법의원은 의장에 김규식, 부의장에 최동오와 윤기섭, 8개의 상임위원회와 6개의 특별위원회 등으로 구성되어 관계 법안을 제정·통과시켰다. 입법의원 제정 법률은 군정장관이 동의해야 효력이 발생했기 때문에 일반적 국회의 기능과는 현격한 차이가 있었다. 1948년 5월 19일 해산되기까지 11건의 법률을 공포했다.

이것을 누가 몰라서 새삼스럽게 외인(外人)의 친절한 해설이 필요하랴. 이를테면 두 애꾸가 서로 애꾸가 아니라고 주장하는 셈인데 이것이 남의 연극이라면 웃고 말아도 무방하려니와 우리 자신의 현실이니 웃지 못할 비극인 것이다.

남조선 제헌회의(制憲會議)는 드디어 '대한민국 헌법'을 오늘―7월 17일에 공포하였고 급히 서두는 품이 정부도 한 달 내에 성립할 기세다.

이것은 물론 9월의 UN 총회에 나가서 발언권 내지 정식 가입을 목표로 하는 것인 줄 알겠거니와, 북조선에서도 일찍 북조선 인민회의 특별회의에서 결정한 '조선민주주의 인민공화국 헌법'을 7월 10일부터 실시하며 8월 25일에 선거가 실시되면 곧장 정부의 수립을 보게 될 것도 확실한 일이라 이것은 9월 UN 총회로 하여금 가능지역에서 수립된 정부의 발언 내지 가입을 불가능하게 하려는 중대한 포석인 것도 확실한 일이다.

이로써 UN은 두 개의 조선 정부를 앞에 놓고 어느 것을 승인하거나 어느 것을 불승인하거나 말썽이 일어날 가능성만은 충분히 짐작할 수 있다. 그렇고 나면 결국 어떻게 된다?

그러기에 애당초 UN에서 소련의 보이콧을 무시하고 조선의 선거 실시와 그 감시를 위한 위원단의 파견을 46 대 0으로 결정할 때 많은 사람이 작약(雀躍)하였지마는, 그들은 막상 조선에 벌어진 냉엄한 현실은 46 대 0이 아니라 1 대 1이라는 사실을 무시하고 있음을 필자는 지적했던 것이다.

이제야 UN은 46 찬성에 의한 가능 지역 선거와 그 정부를 지지하려 할지라도 0에도 기능이 있어서 불가능 지역이 생겼고 이 불가능 지역에서도 선거를 실시하며 헌법을 발포하며 정부를 수립하였음을 무시할 수는 없을 것이다.

설혹 무시가 가능할지라도 이 가능한 무시는 역시 가능 지역에서만 가능할 것이지, 불가능 지역인 북조선에서는 일찍 46 찬성이 무시된 역사를 반복하는 데 불과할 것도 충분히 예견할 수 있는 것이다.

이로부터 두 개의 정부는 서로 각자의 능력을 육성하기까지 그 기반의 강화에 노력할 것은 각자의 입장에서 틀림없이 당연한 일이다.

그러기 위하여 삼팔선은 철폐는커녕 더욱더 철벽화할 것이다. 비록 미소 양군이 무슨 생각이 들어서 철퇴한다 할지라도 이것은 처음에 미소의 국경선이던 삼팔선이 이제는 조선 민족끼리 이 동혈동육(同血同肉)끼리의 국경선으로 변(變)하는 것이거니와 두렵건대 이 동혈동육을 찢어 놓은 배후 세력으로서의 미소 양군은 철퇴는커녕 장기 주둔할 수밖에 없는 이유가, 이 부당한 이유가 국제적으로 승인되는 결과가 없으리라고 보장할 자신은 아무도 가지지 못한 것이다.

이것은 무엇을 의미하는가? 이 하나의 조국이 국제적 승인하에 결정적으로 분열되는 것이라는 기막힌 사실을 누가 또 모르겠기에 구태여 설명이 필요할 거냐. 그리하여 우리는 현재 이상의 불행을—그 암담과 비참과 내지(乃至) 유혈을 보게 될 위험한 가능성을 누가 모르겠기에 또다시 강조할 필요가 있을 것이냐.

이론이야 어떻거나 남의 정부가 반쪽 정부라면, 북의 정부도 반쪽 정부를 면하지 못한다. 명분이야 어떻거나 남의 정부가 미국의 세력하에서만 권위를 유지할 때에, 북의 정부도 소련의 세력하에서만 권위를 유지할 수 있을 것이다.

장차 이 두 개의 정부는 각자의 권위를 민중에게서 획득하려고 노력할 모양이지만, 모르거니와 이 노력은 부자연한 흥분 상태에서 발휘되지 않을까? 이 말은 무슨 말이냐 하면 민중에게 진정한 자유가 용인되기 어려우리라는 말이다.

남의 민중이 남의 정부를 반대할 자유가 허락되지 않고, 북의 민중이 북의 정부를 반대할 자유가 허락되지 않을 것이다.

그러나 우리는 자유를 포기할 수 없는 것이다. 그러므로 우리는 두 개의 반쪽 정부를 원치 않고 하나의 통일 정부를 원하는 자유를 포기할 수 없는 것이다. 그래서 우리는 북의 정부도 그대로 완전한 정부가 아니라고 말하는 자유를 포기할 수 없는 것이다.

구원의 도(道)

— 『신천지』 제1권 제10호(1946년 11월)

한 젊은이가 있어 구원의 길을 물으매 "네 있는 것을 다 팔아서 가난한 자를 구하라."한 이가 있다. 이 말이 전해 오기 이천 년에 이 거룩한 뜻을 신봉하는 자 억(億)으로써 헤일 만하고 조선에도 이 가르침을 받아들인 지 오십년에 이미 신도는 오십만을 넘는다고 한다. 그리하여 방방곡곡에 예배당이 있고 주일마다 선남선녀들이 구름같이 모여서 '주의 뜻대로 하오리다' 하는 기도를 올리며 은혜를 감사하는 것이다. 그러나 누구나 종소리를 따라서 예배당에 가 보는 자, 거기 같은 하느님의 아들이요 딸이라 하는 교인들이로되 '나사로와 부자(富者)'*의 구별이 철폐되지 아니한 것을 기이타 하는 이가 별로 없는 것은 과연 기이한 일이다.

허기는 이 '나사로와 부자'의 구별이 어느 예배당에나 아직 한 번도 철폐된 적이 없었는지라, 보통이라 할 것이지 기이타 하는 자 차라리 기이한 정신을 가진 사람일는지도 모르기는 한다. 그러나 네 있는 것을 다 팔아서 가난한 자를 구하라는 이 예수의 주장이야말로 빈곤을 나누고 고락을 함

---

* **나사로와 부자** 신약성서 루가복음 16장 19-31절에 나오는 이야기. 가난한 나사로는 호화롭게 사는 부자의 식탁에서 떨어지는 부스러기로 주린 배를 채웠다. 그런데 두 사람은 죽은 뒤 운명이 역전되어, 나사로는 천국, 즉 '아브라함의 품'으로 가고, 부자는 지옥의 불 속에서 고통을 겪게 된다. 아브라함은 나사로에게 부자는 살아 있을 때 좋은 것을 얻은 반면, 나사로는 고난을 겪다가 천국에서 위안을 얻고 있다는 사실을 상기시킨다.

께하며 인류는 평등과 박애에 살라고 한 것이 아니겠느냐.

그런데 "주의 뜻대로 하오리다." 하는 신도들이 그 생활에서 예로부터 지금까지 가난과 부자라는 엄연한 불평등을 가지고 있는 것은 웬일인가. 예수는 다시, 가난한 나사로는 천당에 오르고 부자는 지옥에 빠지는 무서운 경고를 보냈다. 그러나 이 경고에 가난한 자 위로를 받았으나 부자는 하등의 불안을 느낀 적이 없었다.

나사로의 동무들은 죽어 천당에 가서 생전의 부자를 가엾게 생각할 날을 믿고 생전의 빈궁에 자위(自慰)를 얻었으나, 부자는 우선 생전에 예배당을 잘 다니고 다른 좋은 일을 한 값으로 또한 천당을 가면 될 것이니 구태여 하도 많은 주(主)의 교훈 가운데 고 대목 하나만을 꼭 지키지 않은들 어떠랴 싶은 모양이다.

세상 사람이 드디어 이 진리의 교훈이 실천되지 아니하는 데 낙심하여 다른 진리를 발견하기에 이르렀다.

천당이 있고 없고, 거기 가서 잘되고 못되고는 죽은 담의 일이요 우선 살아생전에 견딜 수 없는 빈궁에서 어떻게든지 벗어나 보려는 욕구에서 나온 것이다.

그리하여 새로 발견한 진리를 창도하고 그 실천에 노력하려는 사람들은 응당 많은 사람의 공명이 있었지마는 또 반면에 반대하는 이도 많아졌다.

이리하여 폭력으로써 혁명을 성공한 나라에 소련이 있다.

허나, 정치나 외교란 과연 기이한 것이어서 좀처럼 친할 수 없던 예수교의 나라 미국과 예수의 교훈이 실천이 되지 않는 것을 폭력에 호소한 소련과 친해지는 수가 생겼다.

파쇼의 일·독·이(日獨伊)가 천하를 집어삼키려는 통에 두 나라는 서로 굳게 손을 잡고 협조하지 않으면 안 될 처지인 것을 깨달은 때문이었다. 이 두 나라가 각기 자국의 휴척(休戚) 앞에서는 선뜻 종래의 감정을 씻은 듯이 버리고 최대의 우의를 가지는 맹우(盟友)로서 인류의 평화를 옹호하고 민주주의의 위대한 승리를 위하여 협조하였다.

그래서 그들은 이겼고 신성한 목적은 달성하였다.

천국에 있는 예수나 지하에 있는 칼 마르크스도 친애의 미소를 교환하였을 것이다.

이제 와서 유물론 유심론은 한 개의 철학적 사상이면 족해야 옳을 것이다. 예수와 칼 마르크스는 인류의 평등을 이상으로 하는 점에서 아무런 갈등도 있는 것이 아니다. 원래 예수도 부자가 천국에 가기는 낙타가 바늘구멍으로 나가려는 것보다 어려운 일이라고 했으니까, 지상천국을 위해서도 부자의 욕심은 배제할 필요가 있다.

그런데 예수교 신도는 대개 공산주의라면 질색을 한다. 무슨 큰 원수나 만난 듯이 무시무시해하고 사랑할 생각을 아니한다.

그래서 또 '원수도 사랑하라'는 주님의 교훈을 위반한다. 공산주의가 별것이 아니라 그 부를 분배하라는 것인데 그다지도 싫어하는 것은 예수부터도 딱하게 여길 것이며 도대체 예수를 정말 믿는 것이 아닌 것 아니냐 의심스러운 일이다.

하기는 공산주의자도 예수교 신도를 좋아하지 않는다. 그러나 그것도 우스운 일, 예수교 신도라면 예수만 길이 믿으라 하면 고만일 것이다. 잘못 믿으니 부자와 나사로가 있지 잘만 믿으면야 빈부의 차별, 인류의 불평등은 해소될 것 아닌가. 하물며 오늘날 우리에게는 민주주의 원칙 아래 신교(信敎)의 자유가 있다. 얼마든지 믿어도 좋다. 다만 잘만 믿으라고, 그러면 죽어 천당이 있다 없다 하는 토론회는 성립할 가능성이 있으나 토지개혁, 중요 산업 국유화 등을 반대하려고 동포 간에 미워하거나 중상하며 싸울 일은 털끝만치도 없을 것이요 또 없어야 마땅하다.

좌우합작이 있은 지 여러 달에 드디어 7원칙(七原則)＊의 발표를 보았다. 지금 그럴듯한 원칙이라도 세목에 있어서 불만할 여지가 있기 쉽다고 예단할 수 있고 또 현재 불만된 점이라도 장차 그 세목 시행 여하로는 이 불만을 보유할 수도 있을 것이매 따라서 이 7원칙(七原則)은 좌익의 5원칙(五原則)＊이나 우익의 8원칙(八原則)＊보다는 피차 허심탄회하면 합작할 수 있는 기초적 조건으로서 지지할 수 있는 것이라 할 것이다. 그런데 여기 손을 드는 편이 있다. 찬성의 거수가 아니라 반대의 거수다.

지금까지 땅은 다 국유가 가(可)라고 제법 토지국유론을 말하던 이들인데 그 몰수와 분여(分與)의 방법이 틀렸다고 반대하는 것이다. 이 당이 바로 지주당(地主黨)이라 그 심속이 무엇이라는 것은 이제는 얼마큼 알아지기는 하였다. 그러나 묻고 싶은 것은 염치가 있어야 하지 않느냐는 말이다.

＊　**7원칙, 5원칙, 8원칙** 1946년 좌우합작위원회에서 발표된 한국 좌우 정치세력들의 다양한 주장들. 1946년 5월 제1차 미소공동위원회가 결렬되면서 미국은 좌우합작을 적극적으로 추진하기 시작했다. 미국은 남한지역에서 우익 진영의 정치적 영향력이 미약하다는 사실을 고려하여, 미소공위 결렬 직후부터 극좌 세력 고립 및 중도 좌파 견인을 통해 미국의 이해를 대변해 줄 수 있는 정치세력을 전반적으로 강화하고자 했다. 1946년 7월 25일, 미군정의 주도 하에 김규식과 여운형 등이 중심적 역할을 수행하는 좌우합작위원회가 발족되었다. 그러나 7월 26일 제1차 정계회담에서부터 좌익 진영의 합작5원칙과 우익 진영의 합작8원칙이 대립했다. 5원칙은 모스크바 삼상회의지지, 토지개혁, 친일파 청산, 인민위원회로의 정권 이양 등을, 8원칙은 자주독립정신에 의한 신탁문제 해결, 국민대표회의를 통한 제도법령의 결정 등을 주장했다. 첨예한 갈등을 빚던 양측 주장은 1946년 10월 여운형의 절충안인 7원칙에 의해 절충되었다. 그 주요 내용은 삼상회의 결정과 좌우합작에 의한 민주주의 임시정부 수립, 미소공위 속개, 토지개혁 실시, 친일파 처리 조례 추진, 입법기구 운영방안 모색 등으로 구성되었다. 좌우합작운동은 7원칙 작성으로 일정한 진전이 있었지만, 1946년 10월항쟁 이후 미군정과 좌익의 갈등이 심화되면서 표류하다가, 1947년 7월 여운형의 암살 등을 계기로 실질적으로 종료되었다.

허기는 대대손손이 토지를 독점한 채로 소작인을 호령해 가면서 살아온 재미를 일조(一朝)에 내버리기가 어려울 것이다. 애국이란 나라를 사랑한다는 말이거니와 이들도 말인즉 애국을 하자는 것인데 이제 알고 보니 인민이 다 같이 행복할 수 있는 나라를 사랑한다는 것이 아니라 그전처럼 자기만이 부자로 살며 가난한 자를 호령할 수 있는 그런 나라를 사랑한다는 말이었다. 그러니까 결국 뱃속을 들여다보면 그들이 말하는 '나라'는 자기네만 잘사는 '나라'요 자기네 집단보다 몇 백 배 몇 천 배 더 많은 소작인이 사는 나라는 안중에 없는 것이다.

　이것이 합당한가? 때가 민주주의 시대라 하는데 민주주의는 다수인의 복리를 위하여 다수결에 복종하는 신사도라고 알고 있다.

　그런데 불과 십만 명 내외의 지주를 위하여 이천만 이상이 그대로 불행하자는 민주주의란 어느 천당이나 지옥에나 있을 리가 만무다.

　물론 이런 염치없는 지주당(地主黨)과 예수교와는 아무 관련도 없다. 그러나 이미 지적한 바와 같이 예수교 신도들이 주님의 교훈을 잘 지키지 않은 증거로 아직 빈부의 차별과 인류의 불평등이 그대로 존속되어 있기 때문에 이것을 합법적으로 온건하게 다수인의 의사에 의하여 다수인의 행복을 위해서 새 나라의 기초 조건으로 토지개혁, 중요 산업 국유화 등을 주창(主唱)하게 되었으니 이 기회를 놓치지 말고 예수를 믿는 이는 다시 한번 잘 믿어 볼 생각을 해 주기를 실로 진실로 간절히 바라는 것이다.

　그리하여 모두 주님의 은혜 가운데 지주당까지도 감화를 시키고 삼천만이 모두 잘살 수 있는 나라를 세워 볼 것이지, 공연히 좌익은 덮어놓고 미워만 하려 들고 상대를 아니하려 드는 것은 옳지 못하다. 이런 사람들은 대문 앞에 앉아 있는 불쌍한 나사로를 불쌍히 여길 줄 모르던 부자와 다를 것이 없으니 그들은 죽어 천당에 가기는커녕 살아 지상천국을 건설하는 데도 방해스러운 사람들이다.

우리는 지금 대문간은커녕 대문 안에 나사로가 8할 이상이고 제법 부자 축에 들 사람은 1할도 될락말락한 것을 생각하는 동시에 이 8할 이상의 나사로와 더불어 지상천국을 건설할 역사적 임무를 걸머지고 있다.

다시 한번 모두 다 골방 안에 들어가서 조용히 기도를 하십시다. 삼천만이 골고루 은혜를 받도록.

망각법(忘却法)의 제창(提唱)

— 『신천지』 제2권 제1호(1947년 신년호)

새해는 왔다 하건마는 민족의 비운은 의연(依然)하고 도탄의 신산(辛酸)함에 변함이 없으니 무엇으로 기쁘다 할 것이냐.

동상이몽이라 하지마는 해방 후 조선 민족처럼 같은 환희를 맞이하여 서로 다른 감격을 품고 마침내 같은 위기에 미끄러져 들어가건마는 여전히 서로 다른 생각으로 싸운 유례도 남에게 구하여 희귀한 바였다.

드디어 민족 위기라는 두려움 속에서 새해 아침이 밝았다. 희망과 감격은 절망과 비통에 짓눌려 버린 채 밝은 아침이다.

도대체 이 비운의 출처가 어디냐. 무엇이 우리로 하여금 이렇게 서로 싸우고 헐뜯고 골육을 구적(仇敵)이 되게 하였더냐. 기쁜 새해에 슬퍼하는 것조차 등을 돌려 대고 울게 하였더냐.

압박자의 권력 앞에서 우리는 통일체였던 것을 회상한다. 그런데 자유가 오면서 우리는 분열이 되었다. 그러고 보니 우리를 분열시킨 자는 민주주의가 아닌가. 모두가 민주주의 조선을 세우자고 하면서 싸우기에 분열된 것만으로도 분명코 우리를 분열시킨 책임이 민주주의에 있는 상싶다.

그러면 민주주의는 어디서 우리에게 민족 분열의 선물을 가지고 왔느냐. 싸울 때 싸우더라도 알 것은 알고 싸울 필요가 있다.

처음에 민주주의가 발상(發祥)한 후 로마에 수입되었을 때 그들도 많이 싸웠더란다.

민주주의를 신봉하는 이들에게 '로마의 영웅'은, 말에는 웅변가라야 하고 글에는 수사학(修辭學)을 전공한 자라야 자격이 있었다.

그런지라 어제 전 민중(全民衆)의 환호 속에 정권을 잡은 정치가도 오늘 가두에 나서서 사자후(獅子吼)하는 영웅 앞에 그 이론이나 연설 재주가 모자라면 그는 정권을 내놓고 쫓겨나야 했다.

이러한 패잔(敗殘)의 정치가를 위하여 로마의 법률은 보호의 온정을 베풀지 아니하였다. 어제는 영웅이었으나 오늘 인민의 적으로 결정이 되면 그는 일체의 로마의 법률상 보호로부터 제외되었다. 그러므로 이 패잔 정치가는 패잔의 그 시간이 바로 패주(敗走)의 출발시간이 아니면 아니 되었다. 그저 달아나야 했다. 누가 때려죽여도 살인도 되지 아니하는, 이 법률의 보호에서 제외된 가엾은 영웅은 그저 걸음아 날 살려라를 부를 수밖에 없었다. 허나 대개는 얼마를 뛰지 못하고 민중에게 붙들려 매를 맞고 죽고하였다.

이들에게도 물론 당이 있었다. 어제 정권을 잡았다가 오늘 매맞아 죽은 영웅의 당은 다음 날 다시 적을 정권에서 몰아내고 법률상 보호로부터 제외하고 때리고 죽이고 하였다.

그러나 이런 일이 자꾸만 반복될 때에 로마 인구가 줄어들 것을 이들은 깨달았다. 세계를 지배해야 하는 로마의 인구가 이러한 동포상잔으로 줄어드는 것은 사려 있는 로마 민중의 걱정거리가 되었다. 드디어 그들은 위대한 발명을 하였다.

망각법(忘却法)을 창안한 것이다. 정치적으로 싸우되 승패가 결정되면 그뿐이요, 한참 승패를 겨루던 판의 상호 공격이나 원한이나를 잊어버리자는 법률이었다. 이러한 민주주의가 역사의 흐름을 따라 나날이 진보하면서 세계 만방을 주유(周遊)하여 조선까지 와서 우리 민족을 압박자의 철쇄로부터 해방하였다.

그러나 실상 민주주의는 이미 로마에서 망각법의 발명과 함께 동포상잔의 폐습은 일소되었고, 그 후로 발전하고 다시 진보되어 오늘날 조선을 방문한 민주주의는 평화와 자유를 사랑하는 민주주의다.

그런데 이 무슨 괴변이냐. 언제부터 조선 민중은 그렇게 골동품을 상완(賞玩)하였던지 진보적 민주주의가 생긴 이때에 하필 무슨 취미로 망각법 이전의 민주주의를 답습하느라고 싸우고 때리고 거리에서는 쩍하면 총소리 수류탄 터지는 소리가 나느냐 말이다. 그뿐이면 또 나을 것을 민생은 이제야말로 헐벗고 굶주리고 추운 거리에서 하늘을 이불 삼아 누울 수밖에 없는 처지임을 생각할 때에, 우리는 이 민족의 위기가 로마 민중의 망각법을 발명하던 때보다 훨씬 심각하고 훨씬 지독한 것인 줄을 알 만하다. 맘 있는 자 신정(新正)이라 하여 억지로 기쁜 체하려 하여도 도소주(屠蘇酒)* 한잔이나마 참아 목이 메는 아침이다. 울어도 울어도 끝이 없을 일이다.

그러나 초하룻날 아침은 다른 날과 달라서 그냥 울기만 하기에는 그래도 앞날의 364일을 아니 생각할 수도 없는 노릇이다. 한 해의 첫날 아침을 당하여 우리는 지금까지 걸어온 모든 지름길을 버리고 사심 없는 통일의 대도로 나서야 할 것을 기약해야 할 것이요, 그것밖에 우리가 이 도탄에서 벗어나는 방도가 없음을 느낄 때에 이 아침을 우리는 심사묵고(深思默考)

---

* **도소주(屠蘇酒)** 설날에 마시는 세주(歲酒)의 한 가지. 설날에 이 술을 마시면 사기(邪氣)를 물리치고 장수한다고 믿었다.

로 대사일번(大死一番)하지 않으면 안 될 시간으로 삼을 만하다.

라디오를 발명한 이는 몇 해나 걸려서 어떤 고심 끝에 성공했는지 모르나, 이미 원리를 배운 우리들은 어린아이라도 스위치만 틀면 즐길 수 있지 않은가. 구태여 망각법 이전의 민주주의를 기어히 실천하고서야 진보적 민주주의를 실천한다는 것은 대단히 창피한 노릇이다. 허나 어찌하리요. 이런 창피도 기왕지사로 잊어버리는 도리밖에는 없다.

다 잊어버리자. 어제까지의 모든 파쟁도, 모든 중상도, 모략도, 모든 고난도, 원한도 다 잊어버리자.

그러고서 우리를 방문한 새 자유와 새 민주주의를 즐길 수 있는 이해가 되게 하자. 이로써, 새해 첫아침에 망각법(忘却法)을 제창(提唱)하노라.

교육난

― 『신천지』 제2권 제5호(1947년 6월)

일제하의 조선 교육은 노예적이었다. 그러하건마는 배울 수밖에 없는 불행한 운명하의 청소년들이 학교로 몰려들었는데 그 문은 좁았다. 결국 이 노예교육이나마 처참한 시험지옥을 거쳐서 허락받는 행운은 특수 계급의 자제들이었던 것이다. 왜적의 추방과 아울러 그들이 독점하였던 교육기관도 이제는 자유로운 조선 인민의 자제를 위하여 개방되었으니, 응당 전날의 그 잘난 노예교육이나마 열 명에 하나 다섯 명에 하나가 행운의 제비를 뽑던 비극은 해소되어야 마땅할 것이다.

가령 일인(日人)들이 독점하였던 교육기관까지 개방되고도 모자란다면 더 증설할 것이다. 그리하여 진정한 자유조선은 교육받는 자유가 확보된 이후에 비로소 그 기초가 굳어질 것이다.

연합국이 아무리 우리를 도와주고 국제 정세가 아무리 조선을 자주독립 국가로 육성시켜 준다 하지만 우리 스스로 우리 자제를 자유민으로 길러 낼 교육이 없이는 모두가 허망한 꿈일 시 분명하다. 그런지라 늘 당장의 즉시 독립도 급한 일이요 정권 쟁탈도 흥미있는 일이겠으나 실상 천 년 후의 장래는커녕 일 년 후의 조선을 위해서도 무엇보다 급한 것은 교육이다.

그런데 현 사태는 어떤가? 학교 문은 여전히 좁고 입학난은 여전히 심각하리라 하니 한심하단 말이다. 서울만 하더라도 63개의 남녀 중학교 수용

능력은 1만 2천6백 명 내외인데 이 가을에 소학 졸업생만이 1만 3천6백 명 내외라 하니 우선 천 명은 갈 데 없는 낙제다. 거기다가 지방에서 급(笈, 책상자)을 지고 올라오는 지원자가 종래의 통계에 의하여 만 명을 추산한다면 역시 두 사람 중에 한 사람은 떨어질 운명이요, 다시 각자가 학교를 선택하는 방법이 만약 옛날과 같이 어떤 특수한 몇 학교로 몰린다 하면 거기는 적어도 삼사 대 일의 경쟁을 치러야 할 형편이라고 한다.

누구나 배울 권리가 있어야 한다. 나라는 어떤 인민의 자식이나 병신이 아니면 모두 가르쳐 줄 의무가 있어야 한다. 아니 병신이면 병신 따로 가르치는 기관이 있어야 마땅하고 그래서 소학을 졸업하면 당연히 자기가 원하는 대로 중학에 진학할 환경이 되어야 한다. 그런데 그렇지 못할 형편이라니 비극은 여전한 것이며 이 여전한 비극은 진정한 자주독립을 지연시키는 중대한 원인의 하나다. 그러나 비극이 여기 그치는 것이라 하면 차라리 낫다고 할 만한 새로운 비극이 있다.

오늘날과 같이 인플레가 심하고 실업자가 많고 민중의 생활고가 극에 달하고 보니 가르쳐야 할 자식을 두고도 가르칠 수 없는 비극이 그것이다.

집집이 그날그날 먹고살기가 어려운 형편이다. 누가 자식을 가르치고 싶지 않으리요마는 입에 풀칠이 어렵고 보면 무슨 수로 그 많은 교육비를 부담하고 자식을 학교에 보낼 수 있는가. 만일 이 사태가 이대로 계속된다 하면 학교문 앞의 혼란은 저절로 조용해질 것이다. 여기에 교육의 위기가 있고 자주독립 확보의 위기가 있다. 그런데 비극은 또다시 여기에 그치는 것이 아니다. 기왕 입학된 학생들이나 제대로 교육을 받을 수 있게 되었느냐 하면 그렇지 못한 것이 더 심각한 비극이다.

선생은 좌우로 갈려 있다. 처음에 학생들은 어느 선생의 말을 따라가야 할 것인가 주저하는 것이나 이것은 잠깐 동안의 주저요 드디어 자기가 좋아하는 선생과 싫어하는 선생을 구별해 내는 것이다. 이래서 학생도 좌우로 갈려 버렸다. 이 사상전(思想戰)의 격랑 속에서 교육자의 인격이나 학식은 도외시되기에 이르러 있다. 그 선생의 인격이 얼마나 훌륭하거나 그 선생의 학식이 얼마나 심오하거나 문제가 안 되게 되어 있다. 자기가 좋아하는 사상에 공통되는 선생이면 좋지마는 만약 그렇지 아니한 선생이면 그 인격에는 얼마든지 흠이 보이는 것이요, 그 학식은 배울 가치가 없는 것으로 되어 있다.

선생을 존경할 줄 모르는 학생, 학생에게 학식이나 인격보다 사상전의 지도자 노릇을 하는 선생이 모여 있는 학교라 하면 이것은 우리가 냉정하게 생각하는 제2세를 위한 교육의 도장이 아니라 사상전의 연습장에 불과하다.

여기에 더 심각한 교육의 위기가 있고 자주독립 확보의 위기가 있다.

이러고 보면 오늘의 사태는 어떤 것인가? 교육기관은 본시부터 부족하여, 그런데 그나마 모두 다 가르칠 능력을 발휘하기 어려워, 그런데 기왕 배우러 온 학생, 가르칠 직분을 가진 선생마저 재(齋)에는 마음이 없고 절밥에만 생각이 쏠리는 판국이다.

이것을 두려워할 줄 아는 사람이 얼마나 되는가. 그 수가 많지 못하다 하면 그것이 더 두려운 사실이다.

양조 금지(釀造禁止)

— 『신천지』 제1권 제11호(1946년 12월)

　양조금지령(釀造禁止令)이 나왔는데 이것을 음주금지령(飮酒禁止令)으로 알아서 무방하다 하면 참으로 훌륭한 법령이요 시의에 적절한 법령이다. 술이란 먹어서 몸에 해롭다는 것은 누구나 아는 일이다. 먹은 이튿날은 머리가 아프고 몸이 곤해서 일하는 데 영향이 미치는 것이니 이 긴박한 건국 도상에서 누구나 불철주야로 건국 대업에 전(全) 정력을 기울여야 할 이때에 술이나 먹고 엄벙뚱땅한달 수 없음은 너무나 분명한 일이요, 또 술에 취하게 되면 공연한 객기(客氣)가 만장(萬丈)하여 집에서 처자가 강냉이죽에 굶주리고 있는 것을 생각할 줄 모르고 돈을 펑펑 써 버리기 쉬운 것이라 구경(究境) 패가망신의 장본(張本)이다.

　하물며 이 고약한 것을 곡식을 가지고 만든다니 식량 사정이 이렇듯 핍박한 때에 어른·아이·여자·남자가 모두 먹어야 할 귀한 곡식을 일부러 푹푹 썩혀 가지고 남자 중에도 전부가 아니라 예수도 믿지 아니하고 지옥 갈 준비나 하는 일부의 남자만을 위하여 술을 만든다는 것은 대단히 불합리한 일이었다. 그러므로 이번 양조금지령에 의하여 곡식이 절약될 것이요, 일반 가정경제에 술값이 절약될 것이요, 주부들은 남편의 주정에서 해방이 될 것이요, 술 끝에 흔히 일어나는 부부싸움이나 주붕난투(酒朋亂鬪)가 아니 일어날 터이니 부부화합, 동포애에 효과적이다. 실로 이 법령의 공덕은 크고 커서 하해(河海)에 비길 만하다.

이렇게 있어서 나쁘고 없어서 좋은 술을 왜 인간 사회에서 진작 일소하지 못했던가. 조선에서 이렇게 제격 실시할 수 있는 이 좋은 법령을 왜 다른 나라에서는 실시를 못 하는가.

그야 이런 법령을 생각해 내지 못한 다른 나라 정치가들의 머리가 둔한 탓이다. 그런지라 조선의 군정 당국이 이렇게 현명한 법률을 창안한 데 더욱 경복(敬服)할 가치가 있다.

그러나 가만히 생각하니 우리는 일찍 금주법을 실시하였던 나라가 있음을 기억한다. 그 나라가 바로 현재 남조선의 군정을 담당하고 있는 미국이며, 미국은 금주법* 실시에 실패한 나라인 것도 기억하고 있다. 그런데 이들이 자기 나라에서 이미 실패한 경험이 있을 뿐 아니라, 그 밖에 다른 모든 나라에서 꿈에도 생각 못 하는 이 금주령을 조선에 실시할 용기가 났으니 더욱 탄복하지 않을 수 없다.

허기는 한 번 금주에 실패를 맛본 이들이 이런 용기를 혼자 냈으리라고 추단하기는 어렵다. 그래서 미국인 군정관(軍政官)에게만 찬사를 보낼 수 없고, 그들을 협력하고 있는 조선인 관료에게도 당연히 이 찬사를 배급하여야 할 의무를 느낀다.

일찍 식량 대책으로서 밥만 먹으려 들지 말고 과실과 채소와 고기를 먹으라고 우리에게 권고한 미국인 군정관이 있었던 것을 우리는 기억하거니

---

* **미국의 금주법** 1919년에 공포된 미국의 전국 금주법(禁酒法). 제1차 세계대전 참전에 따른 식량절약과 작업능률 향상 등을 위해 시행된 법이다. 그러나 금주법의 완벽한 실시는 매우 곤란하여, 결과적으로 밀주(密酒) 제조와 밀매(密賣) 등에 의한 범죄가 크게 늘게 되었다. 갱이 날뛰던 광란의 20년대(roaring twenties)는 1929년 경제공황으로 사실상 끝을 맺었다. 금주법은 1933년 헌법수정 제21조에 의해 폐지되었다.

와 이들 미국인 군정관에게 이러한 조선 인식을 가지게 하고 이러한 식량 대책을 공언할 수 있도록 지혜를 빌린 조선인 관리들에게 격찬을 보내기에 주저하지 아니하였더니, 이번에 다시 양곡의 소비 절약을 위하여 양조 금지령을 발포함으로써 여러 가지 부차적인 호결과(好結果)까지를 기대할 수 있게 될 것은 정(正)히 일석수조(一石數鳥)의 걸작이다.

그러나 말이다. 좋거나 나쁘거나 간에 주초(酒草, 술과 담배)는 이미 사람에게 생활의 필수품으로 되어 있다. 설교나 이해타산이나 위생 강연(衛生 講演)이나 심지어 어떤 강압 수단으로서도 이 필수품의 절멸을 기한다는 것은 짐짓 용이치 않은 난사업(難事業)이라는 것을 각오해야 하며, 그러므로 이 양조금지령을 일러서 대담한 법령이라 할 수 있고, 이 법령을 만들어낸 이들을 대담한 사람들이라고 놀라워할 수밖에 없는 것이다.

허나 매양 대담이라는 것이 신념과 용기에서 나올 적에 찬탄하고 경복(敬服)하여 마땅하거니와, 만일 무지와 편견에서 나오는 대담인 경우에 위험과 의구를 아니 품을 수 없는 것이다.

그런데 우리는 현재 군정에 협력하고 있는 조선인 고급 관리들의 대개(大槪)가 예수교 신도요 혹은 그 종파에 속하는 신사(紳士)들이며 그들의 가정이나 또는 주위에서는 그야말로 일시 유흥적인 고급 향락의 연석(宴席)은 있으나, 막걸리 한 사발이나 소주 대포 한 잔쯤이 밥보다 귀한 노동자의 생활을 이해하기는 어려울 것이다. 이해는 하더라도 이들에게 술은 몸에 해롭고 불경제(不經濟)며 다시 현하의 식량 사정까지를 타이르면 넉넉히 이들은 대오(大悟) 반성하여 금주당(禁酒黨)에 통일합작할 수 있으리라고 생각하였을 것이다.

그러나 이렇게 간단하고 용이하게 그 성과를 기대할 수 있을까 약간 의

심스러운 바가 있다.

비로소 우리는 이 양조금지령의 효능에는 다음과 같은 부작용이 있을 것도 계산에 넣어 보았던가 궁금하다.

밀주 범죄자를 대량생산할 것이요, 그래서 이 '박 서방'에게 녹아웃 당하는 피해자가 속출할 것이요, 중국 배갈이 더 많이 조선의 면사(綿絲)와 바꿔질 것이요, 여간 빳빳한 사람(주객 만 명에 한 명쯤?)을 빼고는 모두 술 한 잔에 체면을 잃게 될 것이요, 드디어 이래저래 범죄자는 증가할 것이며 실업자가 덩달아 늘 것이다. 그뿐이라면 그러한 희생이 있더라도 곡식을 절약하겠다는 목적만 성공하리라고 보면 또 모르거니와 과연 이것이 가능할까?

물을 것 없이 반대의 결과로 집집에서 숨어서 술을 걸러 먹기에 주부는 다시 바빠야 할 것이요, 곡류의 낭비는 가일층 심할 것을 의심할 여지가 없다.

어시호(於是乎), 본건(本件)은 고양이 목에 방울 다는 꾀에 방불하다.

이상(理想)인즉 좋은데 미안하지마는 성공할 가능성은 절무(絶無)하고 그 대신 실패의 가능성은 누구에게서나 보장을 받을 수 있을 것이다. 그래서 이런 양곡 대책(糧穀對策)을 가로되 고육책(苦肉策)이라 하는 것이요, 아주 만점의 고육책이라는 찬사도 보내게 되는 것이다.

악수

— 『신천지』 제2권 제4호(1947년 5월)

조선에 신문화의 수입과 함께 들어온 예법 가운데 악수가 있다. 옛날 상투 시절에는 윗사람에게는 절을 해야 하고 아랫사람에게는 절을 받는 것이 예법이었지만, 우리가 봉건적 생활 풍습을 벗어나면서 이 절을 하는 예법은 극히 존대를 필요로 하는 경우 이외에는 간편한 악수로써 예(禮)는 충분하였다. 더구나 이 악수는 서로 손을 잡고 힘을 주어 흔드는 순간에 피차의 감촉을 통하여 정의(情誼)를 느끼며 친절을 맛보는 장점이 있다. 일본 녀석들은 전쟁 중에 소위 일본화(日本化)의 한 방법으로 은근히 이 악수하는 예절까지도 구미식이라 하여 배제하고 저희 식대로 까닥까닥하는 방정맞은 절을 더 장려하였던 것이다. 일본의 패망과 함께 우리에게 일찍 이악수의 미풍을 전한 구미의 예절이 또다시 성행하게 되었다.

더구나 미국인들은 누구를 대하거나 선뜻 손을 내밀어 악수를 하므로 조선 사람들도 이제는 어떤 경우에나 제꺽 악수를 청하는 품이 아주 익숙하여 가고 있다. 그러나 딱한 일은 이 악수도 하나의 예법이면 거기 유래가 있고 규범이 있는 것임에 불구하고, 그냥 누구하고나 제꺽 손을 내밀어 악수만 하면 아주 행세를 잘 하는 것인 줄 아는 사람이 많은 것이다. 악수라는 것은 윗사람이 반드시 아랫사람에게 먼저 손을 내밀어야 하는 것이며, 여자가 먼저 손을 내밀어야 남자가 잡는 법이다. 그런데 이건 어떻게 된 셈인지 조선에 와서는 아무개든지 누구에게나 제격하면 손을 내민다. 조선 사람끼리도 연소자가 연장자에게 먼저 손을 내미는 것이 우습고 비례(非禮)이거늘, 서양 여자에게 척 먼저 손을 내미는 광경이란 우스운 정도의 비례가 아니라 무례한 넌센스임이 분명하다.

윗사람을 만나면 허리를 굽히고 공손한 태도로 경의를 표하는 우리의 좋은 풍습은 어디다가 집어치우고 남의 예법을, 그나마 제대로 할 줄도 모르는 예법을 쓰면서 제 잘난 맛에 사는 사람들을 볼 때마다 한심한 생각이 많다.

더구나 이 악수의 예법이 어디서 어째서 유래하였다는 것을 아는 사람은 그 중에도 드물다.

옛날 로마 시대에 칼을 차고 다니는 무사들은 사람을 만날 때마다 우선 상대자의 무기가 있고 없음을 주의하였더란다. 이렇게 서로 만날 때에 저편의 적의(敵意) 유무를 살펴야 하고 이것이 빗나가면 까닭 없이 목숨을 잃거나 까닭없는 목숨을 뺏어야 하기 때문에 적의가 없는 사람을 대할 때에 그 표시로서 손을 내밀었더란다. 상대가 또한 적의가 없으니 손을 내밀어 서로 잡고 흔들며 호의를 표하였는데, 이것이 오늘날 세계에 풍미하는 악수의 유래다.

그런지라 악수는 적의 없는 사이에 정의(情誼)를 교환하자는 표시라 할 것이거늘, 오늘날 조선에는 그와 반대로 적의가 있으면서 억지로 친한 표시를 강요하는 악수가 성행하고 있으니 이것도 괴변의 하나가 아닐 수 없다. 해방 후 급조된 애국자들이 몽둥이를 가지고 억지로 친하자는 데 질색한 사람이 하나둘인가. 분명히 적의가 있으면서 저와 친하자고 손을 내밀어 악수하지 않으면 때려잡는다고 공갈하는 패가 하나둘인가. 가령 이런 일이 서민의 생활을 유린하는 모리배쯤을 쫓아가서 "내게 돈을 바치겠다고 손을 내밀어라." 하는 것은 또 모를 일이지마는, 사상이나 정치 이념이 다른 사람에게 몽둥이를 들고 가서 "나와 같은 사람이 되는 표시로 손을 내밀라."고 악수를 강박하는 것은 비례(非禮)를 넘어서서 확실히 비극이다.

삼천만 명이 모두 민주주의를 떠들지만 정말 민주주의를 알고 민주주의를 실천하는 사람이 적은 증거로 이 땅에 오려던 민주주의가 아직 국경 밖에서 그대로 달아날 지경으로 국내는 소란스럽고 악수의 예법 하나 제대로 지킬 줄 모르고 그나마 이건 막 강제의 악수가 성행하는 판이니 또 한번 한심하고녀.

인도의 비극

— 『신천지』 제2권 제9호(1947년 10월)

인도가 300여 년의 영국의 기반(羈絆, 굴레)으로부터는 해방되었으나, 그러나 종파의 상쟁으로부터는 해탈하지 못하였다. 힌두*도 인도인이요 모슬렘(Moslem, 이슬람교도)도 인도인이다. 이들은 다 같이 영(英) 제국주의와 싸웠고 다 같이 자유인도를 위하여 싸웠다. 그러나 영 제국이 물러가매 이들은 갈렸다. 드디어 인도와 파키스탄의 두 나라로 쪼개진 것이다.

아무리 인도와 파키스탄이 우호의 인방(隣邦)이 된다 하여도 이것은 비극인 것을…, 두 나라는 서로 피를 흘리며 싸움은 그칠 길이 없다. 서부 펀자브에서 피살된 힌두인과 시크인**이 20만 명이요, 동부 펀자브에서 피살

---

* **힌두교** 브라만교를 모체로 하여 인도의 민족적인 제도와 관습을 망라한 민족 종교이다. '힌두'란 원래 인도를 가리키는 말로서, 힌두교는 문자 그대로는 '인도의 종교'를 뜻한다. 보다 일반적으로는 베다의 권위를 인정하지 않는 불교와 자이나교를 배제한 좁은 의미로 사용된다. 힌두교는 특정한 교리나 교조, 중앙집권적 권위나 위계조직이 없으며, 하나의 종교일 뿐 아니라 힌두의 사회·관습·전통 등 모든 것을 포괄하는 힌두의 생활방식이자 힌두 문화의 총체라고 할 수 있다.

** **시크교(Sikhism)** 15세기 인도 북부에서 힌두교적 요소로서의 신애(信愛) 신앙과 이슬람교적 요소로서의 신비(神祕) 사상이 융합되어 탄생한 종교이다. 현재 신도만 전세계적으로 2천3백만에 이르는 세계 5대 종교 중의 하나이다. 시크라는 용어는 산스크리트어로 '교육' 또는 '학습'을 뜻한다. 시크교의 기본 사상은 바히구루(Vahiguru)라는 신의 메시지와 이름 하에 개인적 수양을 통한 해탈을 목적으로 한다. 시크교도들은 주로 펀자브 지방의 역사, 사회, 문화와 관련된 제반사항을 교리에 포함시키고 있으며, 현재 신도들도 대부분 펀자브 지방에 거주한다. 영국으로부터 독립 후 시크교단은 시크교도만의 주(州)를 요구했고, 1962년에는 구래의 펀자브주를 시크교도의 펀자브주와 힌두교도가 다수를 차지하는 하리야나주로 분할하는 데 성공했다.

된 모슬렘이 10만 명이라 하니 이들의 종파 상쟁이 얼마나 산비(酸鼻)할 참극인가를 짐작하고 남음이 있다.

보다 못해 간디* 옹은 결사(決死)의 단식을 결행하였다. 영 제국과 싸우는 것까지도 이 외적과 싸우는 것까지도 무저항과 비폭력을 설(說)한 이 성웅(聖雄)이 이제 자유로운 인도가 자유롭게 탄생하지 못하고 종파가 갈려 나라는 두 개로 쪼개져, 그리고 서로 치고 죽이는 양을 볼 때 그 비통한 심경은 누구나 헤아릴 수 있는 바이거니와 싸움을 그치지 아니하면 죽을 것을 선언하고 옹이 단식을 결행한 보도는 확실히 20세기의 일대 비장한 사실이 아닐 수 없는 것이다.

다행히 인도 민중은 지도자를 아는 민중이다. 옹(翁)이 일단 단식을 결행하매 이들은 싸움을 그쳤다. "우리는 다시 싸우지 아니하리라."고 서로 무기를 거두어 옹의 무릎에 바치고 단식 중지를 청하였다. 인도 민중은 지도자의 뜻을 따를 줄 아는 민중이다.

허기는 세계의 많은 약소민족이 서로 두 개로 쪼개져서 싸우고 있다. 중국도 두 개요, 그리스(希臘)도 두 개요, 스페인(西班牙)도 두 개요, 불행하거니와 우리 조선도 이 축에 들어 있다. 뭉치면 강하고 갈리면 약하다고 한다. 그런데 약한 자는 약할수록 더 잘 갈리는 습성이 있는 상싶기도 하니

---

* **간디**(Mohandas Karamchand Gandhi, 1869-1948) 20세기 인도 민족해방운동의 지도자이자 건국의 아버지이다. 영국에서 변호사 자격을 얻었고, 인도 귀국 후 인도인에 대한 차별에 반대하면서 사티아그라하[진리의 파지(把持)] 투쟁을 조직하여 반영독립운동을 개시한다. 사티아그리하 사상을 구체화하여 비폭력 불복종운동을 전개했다. 국민의회파의 지도자로서 기본적으로 인도 민족자본의 입장에 섰지만, 다른 한편으로 농민쟁의와 노동쟁의를 지도하면서 인도가 독립할 수 있는 기반을 만들어냈다. 국내적으로는 힌두교와 이슬람교도 사이의 적대적 분열과 충돌을 화해시키고 갈등을 해결하고자 혼신의 노력을 기울였다. 그러나 1947년 9월 인도와 파키스탄의 분리독립을 바라보아야 했고, 1948년 1월 30일 반(反)이슬람 극우파 청년에 의해 암살당했다.

이 습성을 어떻게 극복하느냐가 중대한 문제일 것이다. 모르거니와 만약 미국이 남북전쟁을 극복하고 통일하지 못하였다면 오늘의 번영은 없었을 것은 하나의 상식이다.

허지만도 많은 약소민족들이 두 개로 쪼개져서 서로 싸우고 그래서 더욱 더욱 약화해 가고 있는 것이다. 스페인도 일찍은 세계의 최대강국이었다. 이 강자가 지체가 떨어져서 약화해진 뒤에 싸움이 잦으며 그리스는 민주주의의 발상지라 하건마는 이 나라의 좌우파는 민주주의와는 너무나 동떨어진 폭력과 살상을 거듭하고 있다. 좌는 우의 목을 잘라서 노상에 진열하고 우는 좌의 목을 잘라다가 노상에 진열하는—마적시대(馬賊時代) 만주의 풍경을 오늘 그리스에서 찍어 온 사진으로 볼 수 있을 때 오늘날 약소민족들의 골육상쟁의 참상은 실로 언어에 절(絶)한 바다.

불행히 조선도 약소민족이다. 불행히 남북이 갈리고 좌우가 갈려서 싸우고 있다. 서로 죽일 계획까지는 유무 간에 간간히 죽이는 일이 있고 서로 죽여야 할 놈이라는 주장쯤은 아무 거리낌 없이 주저 없이 주장하는 것이 오늘의 조선이다.

오늘의 그리스는 결단코 평화스러운 자유의 그리스가 아니다. 아무리 좌우가 서로 목을 잘라도 이건 자꾸만 목을 잘라야 할 조건과 필요를 더욱 양성시키고 조장하는 결과가 될 뿐이지 자유를 획득하는 방법이 아닐 것쯤을 모를 리 없다.

민주주의 연합국의 일원이라는 중국도 결단코 평화스러운 자유의 중국이 아니다. 지금 조선의 남북과 좌우가 몽상하는 소위 타력 의존(他力依存)의 현상을 우리는 중국에서 보고 있다. 국민정부가 미국의 원조를 받고 공산군이 소련의 원조를 받는다.—그래 중국에 무슨 다행이 있는가 말이다.

그래도 인도에는 민중의 말을 듣는 지도자가 있다. 78세나 된 노옹이 한 번 단식으로서 그 비통한 심정을 표시하였을 때에 아무리 오늘날 나라는 두 개로 쪼개서 세웠다 하더라도 그들의 가슴속에는 다 같이 유혈 상쟁을 그쳐야 할 것을 깨달아 참극은 중지되었다. 그런데 조선은 어떤가?

추기

이 글을 쓴 지 석 달 후 1948년 1월 30일 오후 5시 40분 간디 옹은 마침내 동혈동족(同血同族)의 탄환을 맞고 절명되었다. 비폭력을 설(說)한 이 세기의 성웅(聖雄)이 폭력으로 인하여 그 위대한 일생을 비참하게 끝낼 제에 전세계의 비탄은 당연한 바라 할 것이다.

그는 탄환을 맞고 쓰러지는 순간 손을 이마에 얹었다. 이것은 용서를 표시하는 인도 풍속임을 알 때 세계는 다시 한번 성웅의 최후에 존경을 보낸 것도 당연한 바라 할 것이다.

그러나 인도로서는 그뿐으로써 그칠 수 없는 비통한 심정이 있을 것이다. 대체 이러한 비통한 결과는 어디로부터 유래하였는가. 이야말로 인도의 분할 독립이 가져온 비극이 아니냐. 그런데 조선은 어떤가?

소금과 중국 혁명

— 1948년 6월 25일

국공 전황(國共戰況)*에 대하여 6월 24일 상해발 UP통신이 전하는 바에 의하면 타이위안**전구(太原戰區)의 옌시산군(閻錫山軍)*** 72개사(個師)는 전 멸되었다고 한다. 카이펑 함락(開封陷落)****은 국민정부도 확인하였으며 화

---

* **국공 내전(國共內戰)** 1927년부터 1949년까지 중국공산당과 국민당 사이에 발생한 두 차례의 내 전을 일컫는다. 통상적으로 1927-1936년의 내전을 제1차 국공내전, 제2차 세계대전 후 1946- 1949년의 내전을 제2차 국공내전으로 구분하는데, 이 글에서는 제2차 국공내전을 지칭하고 있다. 미국의 지원을 받은 국민당은 공산당을 공격하여 초기의 우세를 점했지만, 장제스 정부의 총체적 부패, 재정파탄, 전략적 오류 등으로 인하여 마오쩌둥이 이끄는 공산군에 패배하게 된다. 국공내전 에서 승리한 공산당은 중국대륙에 중화인민공화국(1949. 10)을 수립하였고, 대륙에서 패배한 중화 민국 정부는 타이완으로 옮길 수밖에 없었다..

** **태원(太原)** 중국 타이위안[太原]을 지칭한다. 중국 산시성[山西省] 최대의 중공업 도시이며 성도(省 都)이다. 중국에서 가장 큰 산업도시의 하나로, 펀허강[汾河江] 상류의 비옥한 분지 북쪽에 있다. 고 대국가 때부터 교통과 전략, 상업과 행정의 요충이었다. 1911년 이후 산시성은 이 지역의 강력한 군벌인 옌시산[閻錫山]의 지배를 받았다. 1937년 일본군의 이 침략한 뒤에도 타이위안의 공업 발 전은 계속되었다. 1945년 산시성에 주둔하고 있던 일본군은 옌시산군에게 항복했다. 옌시산군은 1948년까지 공산당군과 싸웠으나 결국 점령당한다. 1949년 이후로 타이위안은 철강을 비롯한 가 장 중요한 거대 공업기지로 발전했다.

*** **염석산(閻錫山, 1883-1960)** 중국의 군벌 정치가 옌시산을 지칭한다. 어려서 일본으로 건너가 군사 학을 배웠고, 1909년 일본 육군사관학교를 졸업했다. 귀국하여 산시성[山西省] 육군감독으로서 신 식군대를 만들어 통솔하면서 반청(反淸) 혁명운동에 참가했다. 1927년에는 국민혁명군 북방총사령 관, 1928년에는 제3집단군 총사령관이 되었다. 항일전쟁 시기에 제2전구(戰區) 사령장관 겸 산시성 정부의 주석을 맡아 서북지역에서 일본군을 견제했다. 공산군이 산시성을 점령한 후 타이위안[太 原]에서 철수했다. 타이완으로 건너가 총통부 자정 및 국민당 중앙평의원이 되었다.

**** **개봉 함락** 개봉(開封)은 중국 허난성 북동부 도시 카이펑을 지칭하고, 개봉 함락이란 국민당군이 장악하고 있던 카이펑이 공산군에게 넘어갔음을 뜻한다. 카이펑은 송대에 동양에서 가장 중요한 무

북전선(華北戰線)에서도 국부군(國府軍)*은 고립, 화중전선(華中戰線)의 모든 공로(公路)도 중공군으로 충만하였다고 한다. 광동성(廣東省) 내의 중공군 세력도 축일(逐日) 증대라, 만약 이 광동(廣東)이 붕괴하면 이것은 결정적으로 국민정부 중국의 파멸을 초래하리라 하니 이것은 동시에 중공군에 의한 '해방지구'의 승리적 확대를 의미하는 것이다.

서안(西安)에 잔류한 장개석(蔣介石)** 씨는 연일 군사회의에 몰두하여 난징 귀환(南京歸還)은 언제 될는지 모른다고 한다. 이제야 대통령의 영예를 누리는 장 씨(蔣氏)로되 그는 역시 진중(陣中)에서 더욱 면목이 약여(躍如)한 군인이요 전략가인 것을 말하는 것이다.

허다면 이 근대에 우수한 전략가 장개석 씨가 영도하는 국부군(國府軍)이, 그 좋은 미국 무기를 가진 국부군이 어찌하여 이렇게 연패하는 것인가? 일찍 북벌을 시작하매 승승장구로 군벌을 타도하던 그 국부군이 아닌가? 그런데 그 사기는 다 어디로 가고 이렇게 연패하는 것인가?

여기 국부군에게 사기가 없어졌다는 것을 우리는 주목하는 자이다. 확

역 중심지였다. 4개의 주요 운하가 모여 있는 곳이기 때문에 막대한 양의 세곡(稅穀)과 상품들이 이곳으로 몰려들었다. 또한 철강산업을 포함한 공업단지의 중심지가 되었다. 20세기에 들어 남북 철도의 2개 노선이 모두 카이펑을 우회해 가면서 이곳은 요지로서의 위치를 상실해갔다. 그러나 산업은 상당히 팽창하여 대규모 화학공업의 중심지가 되었다.

* **국부군(國府軍)** 중국 '국민당 정부의 군대'라는 뜻을 지니고 있다. 국부(國府)란 국민당이 장악하고 있는 정부(政府)의 별칭이다. 1924년 6월 16일 중국 국민당의 군대로 창설된 당군(黨軍)으로, 1947년 12월 25일에 중화민국 국군으로 전환되었다.

** **장개석(蔣介石, 1887-1975)** 중화민국의 초대 총통 장제스를 지칭한다. 1928년 난징[南京]에 국민정부를 수립하여 주석이 된 이래, 국민당 내에서 몇 차례 저항에 부딪치면서도 그 실권을 거의 일관되게 장악했다. 1937년 제2차 국공합작으로 육ㆍ해ㆍ공군 총사령관의 책임을 맡아 전면적인 항일전을 개시했다. 항일전쟁 중에는 국민정부 주석, 국민당 총재, 군사위원회 주석 등의 요직을 겸직하면서 최고권력자로 군림했다. 1948년 새 헌정하의 초대 총통에 취임했다. 1949년 대륙을 공산당에게 빼앗기고 타이완[臺灣]으로 탈출한 후, 아시아의 대표적인 반공정치가로 활약했다.

실히 그들에게는 이미 혁명적 사기가 없는 것이다.

군벌 타도의 북벌을 개시하였을 때 그들은 군인 하나하나가 모두 부패한 군벌의 장중(掌中)에서 썩어 가는 조국을 건져 내려는 혁명아(革命兒)였던 것을 우리는 기억한다. 이 구국 전투에서 적군 하나를 무찌르면 그만큼 조국을 부패시키는 요소를 제거하는 것이요, 내 편의 한 목숨을 잃는다는 것은 그만큼 신생 조국을 위하여 초석이 되는 것이라, 그들에게는 혁명적 사기가 있었던 것이다. 그런데 오늘날 국부군은 이 혁명적 사기를 상실하였다.

어찌하여 혁명적 사기를 상실하였는가? 그들은 부패한 것이다.

북벌을 성공하여 나라를 통일하였으나 아직 그 나라는 굳센 나라는 아니었다. 군벌을 타도하였으나 아직 그 군벌적 요소를 완전히 청제(淸除)한 것도 아니었다. 허다면 만약 손중산(孫中山)*이 이 북벌 완수를 본 뒤에 죽었을지라도 그는 역시 '혁명상미성공(革命尚未成功), 동지내수노력(同志乃須努力)'의 교훈을 남겼을 것이다.

허지마는 그들은 상미성공(尚未成功)의 혁명 과업을 위해서 내수노력(乃須努力)함이 없이 권세를 누리며 탐욕에 물들기 시작하였다.

그들은 군벌의 장중(掌中)에서 썩어 가는 나라를 피를 흘려 찾았으나, 그 군벌적 요소의 완전 제거는커녕 그 요소를 받아들임으로써 군벌의 권세와

---

* **손중산(孫中山,1866-1925)** 중국 혁명의 선도자 쑨원을 지칭한다. 어렸을 때의 이름은 제상(帝象)이고, 뒤에 문(文), 중산(中山)으로 바꿨다. 호는 일신(日新), 일선(逸仙)이다. 중화민국(中華民國)과 중국국민당(中國國民黨)의 창설자이자, 삼민주의(三民主義)의 제창자이다. 1911년 신해혁명(辛亥革命) 후에 중화민국(中華民國) 임시대총통(臨時大總統)이 되었다. 공화제 창시자로 국민정부시대에는 '국부(國父)'로서 최고의 존경을 받았다. 그는 자본주의의 폐해를 미연에 막으려는 '자본절제'와 토지개혁을 내용으로 하는 '경자유전(耕者有田)'의 견해를 표명하여, 제국주의 단계의 후진국 혁명이론으로써 특권과 독점을 반대하는 삼민주의(三民主義)를 발전시켰다. 그는 민족주의 · 민권주의 · 민생주의의 3원칙으로 구성된 삼민주의를 중국혁명의 이념적 토대로 삼았다.

탐욕을 계승하였다. 이것은 인민의 처지에서 볼 때 다만 집권자가 바뀌었을 뿐이지 인민 자신은 불행을 행복으로 바꾼 것은 못 되는 것이다. 여전한 가렴주구와 착취 속에서 인민이 그대로 기아 상태를 면치 못하고 여전한 독재적 권력하에서 인민이 그대로 압박되고서는 인민에게는 다시금 해방이 요구되는 것이며 이 요구를 위하여 새로운 혁명의욕이 아니 일어날 수가 없는 것이다.

지난해에 중국의 실태를 조사한 미국 트루먼 대통령의 특사 웨더마이어* 장군은 국민정부**의 부패상을 지적한 바 있었다. 트럭으로 스물 몇 차가 된다는 그 방대한 조사 자료에 의하여 그는 국민정부 상하 관리의 무능과 탐욕을 폭로하였고, "정부 내의 이러한 탐욕의 청제(淸除)와 정치, 경제 제도의 개혁은 이미 약속만으로는 불충분하며 그 실천이 필요하다."고 충고하였다. 이것은 중국인민이 이미 국민정부의 실행 없는 약속에는 신용과 안심을 가지지 아니하는 것을 증거하는 것이며, 따라서 이것은 또 중국인민은 이미 국민정부에 이반하였다는 충분한 설명이 되는 것이다.

장 씨(蔣氏)가 처음에 북벌군을 이끌고 일어섰을 때 그는 오직 나라만을 사랑하는 혁명가였던 것을 의심하는 것은 가혹한 일이다.

---

* **웨더마이어**(Albert Coudy Wedemeyer, 1897-1989) 미국 육군 장성. 1918년 육군사관학교를 졸업하고 1943년 동남아시아 최고연합사령부 참모장을 거쳐, 1944부터 1946년까지 스틸웰(Joseph Warren Stilwell) 장군의 후임으로 재중국(在中國) 미군사령관 겸 합동참모본부장에 취임했다. 중국공산당을 민족주의 세력으로 평가했던 일부 미국인들과는 달리, 일찍부터 중국공산당 경계와 중화민국 원조를 주장했다. 전후 대소정책보다는 대중국정책에 중점을 두고 활동을 하다가 1951년에 퇴역했다.

** **국민정부** 중국국민당 제1기 전국대표대회 결의에 따라 1925년 7월 1일 광둥[廣東]에서 순원[孫文]의 삼민주의(三民主義)를 이념으로 수립된 정부이다. 국부(國府)라고도 한다. 1949년 중국공산당과의 내전에서 패한 후 타이완으로 건너가서 정부를 재조직하여 중국 본토에 대한 지배권을 주장했다.

그러나 이제 와서 그는 나라보다 한 번 잡은 권력을 더 사랑한다는 사실을 의심치 않는다면 이것은 어리석은 일이다.

"군사력만으로 공산주의 예제(艾除)는 불가능하다."고 웨더마이어 장군은 장 씨에게 충고하였거니와, 그러나 그는 연래(年來)로 요구되어 온 국내 개혁에 기울여야 할 노력을 부질없이 골육 전쟁에 허비하고 있어 과거의 신망에도 불구하고 그의 인기는 몰락되어 가고 있다.

나는 권세라는 것은 생선과 같은 것이라고 생각해 본다.

잡을 때는 신선하나 그러나 이것은 곧장 썩기 시작하는 것이다. 장 씨도 처음에 권세를 잡을 때는 신선하였으나, 그는 모처럼 잡은 이 생선을 소금에 절일 것을 잊었기 때문에 아깝게도 썩혀 버린 것이다.

그의 모든 정책이 항상 인민의 비판 속에서 추진되었더라면, 그리하여 인민의 자유를 유린하고 고혈을 착취하는 박테리아와 같은 탐욕의 무리를 정부 내에 길러 두지 않았더라면, 그리하여 권세 그것을 모름지기 인민을 위하고 나라를 위하는 양심으로 절여 두었더라면 오늘의 부패는 면했을 것이다. 확실히 지금 장 씨는 썩은 생선을 가지고 인민과 더불어 친하자고 한다. 그러나 이미 인민은 썩은 생선에 식욕을 잃었을 뿐 아니라 그 냄새에조차 고개를 돌려 버리는 지경이다.

이러한 중에서 그 썩은 생선은 위장에 해롭다고 집어치라고 나서는 사람이 생겼다. 장 씨 자신인들 생선이 썩어 버린 것을 모르기야 하랴마는 기왕 잡았던 것이니 차마 버리기가 아깝다 하는 심정일 것이다.

그러나 이것은 장 씨의 심정이요, 이미 혁명가의 심정은 아니다. 그러므로 인민의 심정에 통할 수 없는 것이다. 그래서 공군(共軍)의 '해방지구'가 날로 늘어 가고 있다.

실업자
― 『신천지』 제1권 제7호(1946년 8월)

해방된 지도 어언 1년이 가깝지마는 아직도 해방 직후 정돈된 산업 기관의 부흥은 까마득하여 실업자 구제 대책은 의연히 시급하고 중대한 문제의 하나다.

이미 관중은 싫증이 났는데도 불구하고 정치 무대에서는 여전히 파쟁극(派爭劇)만을 연출하고 있으니 이들의 눈에는 민족 반역자와 반동분자와 빨갱이 극렬분자만 보이는 모양이고 그 많은 실업자는 눈에 보이지 않는가보다. 이 실업자들이야말로 일제의 잔재가 아니라 일제의 희생자요, 파쇼분자도 아니며 민족을 반역한 일도 없는 소박하고 선량한 조선 동포들인데 어찌하여 민중을 위하노라는 애국자들인 정치가들에게서 이 가엾은 동포들이 간과되고 있는지 알다가도 모를 일이다.

가만히 생각하여 보면 천만 가지 화려한 이론이 제각기 제가 옳고 남이 그르다고 주장하지마는 실상은 제가 정권을 잡아야 한다는 것이 이론의 골자인 양하다. 제가 정권을 잡는 것이 대중의 복이 되는 것이요, 남이 정권을 잡으면 대중은 불행하리라는 것이 주장의 알맹이가 되어 있다.

그럴는지도 모르기는 하다. 하지마는 그렇게 대중을 사랑하는 정치가들이면서 어찌하여 실업 대중은 몰라보며, 조국을 위한다면 그 조국이 '실업자국(失業者國)'이 될 지경으로 지금 인민의 대부분이 실업자가 되어 있는 현실을 광구(匡救)할 역량을 발휘하지 않고 있는가 의문이다. 하물며 이 실업자들도 정권을 맡길 사람을 선택할 권리의 소유자들이요 이들의 투표도 인민의 의사로서 표현될 것이고 보면, 이들에게 아무런 생활의 방도도 열어 주지 아니하고 그저 덮어놓고 내가 잘났으니 나를 대통령으로 투표하라는 주문은 천부당만부당한 몰염치가 아니겠느냐 생각해볼 필요가 있다.

민(民)은 식(食)이 위천(爲天)[民食爲天]이라니 먹을 것 주는 이가 우선 대통령이 되어야지 이론만으로 배는 부르지 않는 것 아닌가.

독립도 고목에 필동 말동한 꽃인지 될 듯 말 듯한데 정치가의 극성스런 아우성 틈에 배곯은 실업자의 처지로서는 밥 주는 곳으로 쫓아가는 수밖에 없이 되어 있다. 그런데 괘씸한 것은 '내가 정치가요…' 하는 점잖은 양반들이 이들 실업자를 정당한 방법으로 구제할 생각은 아니하고 밥을 미끼로 하여 자기 대신 제 욕심대로 폭력주의를 행사하는 것이다. 테러에도 색별(色別)이 자연(自然)한 듯하여 백색테러니 적색테러니 하지마는, 실상은 폭력 행사자 자신에게는 이런 사상적 근거보다도 배고픈 원인이 좀 더 정당한 원인이라 보아야 옳을 상싶다. 배고픈 사람에게 한때 밥을 주니 은혜요, 게다가 동지의 명예와 애국자의 공명(功名)까지 곁들여 주면서 "저놈이 나쁜 놈이다, 쳐라." 하니, 안 치는 사람보다는 치는 사람이 많을 것도 사리(事理)에 그럴듯하다.

이래서 이들은 실업(失業)한 탓으로 배고픈 약점에 잡혀 모략에 이용되고 저도 모르는 새에 동포상잔의 죄를 범하는데, 한 번 더 괘씸한 것은 이들을 이렇게 이용하면서도 언제 제게도 남이 이용하는 테러가 닥칠지 몰라서 테러는 금물이라고 바로 점잔을 빼는 양반들이다. 뱃속을 들여다보면 내 테러는 애국심에 불타는 의거(義擧)요, 저편의 테러만은 배격하자는 것일 거니 사리가 여기 이르면 가위(可謂) 언어도단이다. 이런 인물이 정치 무대에서 날뛰는 날까지는 암만 민중이 속을 태워도 통일은 무망(無望)이요 독립도 피안의 신기루다. 이따위 정치가는 자기의 정치적 실업을 겁내서 정작 민중의 실업을 고려하지 않는 것인데, 하기는 내 코가 석 자면 하가(何暇)에 남의 걱정을 하리요마는, 그런지라 이따위 정치가는 모조리 면직 처분을 하지 않으면 안 된다.

모략과 욕설과 폭력 지도(指導)에는 우등생이요, 정작 정치에는 낙제생인 자들에게 이용되고 있는 실업자가 가엾다면 이것은 조선 전체의 불행이지 결단코 한 개인 개인의 불행이 아니다. 더구나 사흘 굶어 담 넘어가지 않는 사람 없다고 절도 · 강도가 부쩍 늘었는데, 이것을 그저 국민의 도의심(道義心)이 없어진 탓이라고 간단히 밀어 버리고 바로 장탄식을 하는 도의(道義) 정치가들은 우선 자기 자신이 한 사날 굶어 보란 말이다. 노예로는 36년이나 살아 견디었지만 밥을 굶고야 무슨 수로 견딜 수 있겠는가. 한 번 체험해 보게 되면 어시호(於是乎) 배곯은 민중에게 도덕을 요구하고 비판을 요구하고 그뿐인가, 지지(支持)를 강요하니 때는 정히 민주주의 시대로서 그도 케케묵은 옛날의 자본가적 민주주의가 아니라 가장 진보적 민주주의 시대라면서 이건 막 민중을 일종의 도구로 알지 않고는 못 할 노릇이다.

그 많은 직장 그 많은 일감을 내놓고 왜놈은 쫓겨갔으니 응당 일자리가 많아지고 사람이 귀해야 옳겠는데, 어떻게 된 심판인지 사람은 똑같이 천하고 일자리만 귀하니 무슨 요술판인지 모를 일이다. 이만하면 아심 즉하니 정치가 여러분은 제발 민족 반역자 · 반동분자 · 극렬분자만 찾지 말고 죄없는 실업 대중을 건져낼 도리를 차리라.

모리배(謀利輩)

— 『신천지』 제2권 제3호(1947년 3 · 4월)

먹을 것이 없어서 살 수 없다는 말이 어느 세상의 알 수 없는 소리냐고 조선의 서울 종로 한복판에 주지육림(酒池肉林)*이 너더분하다. 그것도 한두 군데가 아니라 군데군데 있는 대로 따져 보면 삼백 곳도 넘는다니 새삼스럽게 일별의 가치가 있는 것이다. 자세히 설명을 하라 하면 종로세무서 관내에만 대중음식점이 217집, 무슨 빠 무슨 식당 하는 것이 38집, 소위 일류 요리점이 14집이란 말이다. 여기서 노세 젊어서 놀아 늙어지면 못 노나니 하며 흥청거리고 먹고 마신 돈이 작년 4월부터 12월까지 아홉 달 동안에만 9천3백만 원이라고 한다. 이만한 것쯤 요새같이 종이 값보다 싼 지폐로써야 대단할 것도 없으려던 대중음식점까지 합쳐야 269집밖에 아니 되는 것을 가지고 300곳도 넘는다고 허풍을 떠느냐고 책망하실 분을 위하여 다시 한번 설명을 하라 하면 이러하다.

즉, 우리가 일상 경험하는 바에 간판도 없고 광고도 없고 이른바 무허가 음식점이 불소(不少)하다는 것이다. 종로세무서 관내를 표준으로 하는 계산이니 이 범위만 쳐 볼지라도 이런 무허가 음식점이 줄잡아서 백 집은 되

---

* **주지육림(酒池肉林)** 술이 연못을 이루고, 고기가 숲과 같이 많다. 사치스럽게 마시고 노는 것을 이르는 표현이다.

리라는 것이 누구나의 상식이다. 그러고 이 백 집에서도 하루 돈 만원이나 수월하게 벌고 있다는 것도 누구나의 상식으로 되어 있다. 허다면 제법 관(官)의 허가를 받은 음식점 외에 이런 무허가 음식점에서만도 매일 백만 원어치는 먹어 내는 셈이라 한 달에 3천만 원, 아홉 달에 2억 7천만 원이요 여기다가 먼저 지적한 허가 있는 음식점의 9천3백만 원을 합해보면 자그마치 3억 6천만 원이다. 이제 다시 한번 서울 전체에 얼마나 될 거냐를 추산할 때에 적어도 종로세무서의 삼배(三倍)를 친다는 것은 아주 줄잡은 상정(想定)이라 할 것이요, 그렇게 해도 10억 원을 넘는 돈이다.

이렇고도 먹을 것이 없다는 게 말이 되는가. 이렇게 먹어 내며 늙기 전에 놀아 보자고 뚱땅거리면서도 건국 대업에 몸을 바치려 하여도 배가 고파 할 수 없다는 말이 가당하냐 하는 것이다. 서울 사람은 모두 이런 거짓 말들만 하고 사는 것인가.

그러나 아니다. 다시 한번 생각해 볼 여지가 있다. 우리가 보는 바에 분명히 밥을 굶는 사람이 많다. 입을 것 없는 사람이 수두룩하다. 그런지라 뚱땅거리고 먹어 내는 이 돈이 서울 사람 전부의 주머니에서 나오는 것이 아니라, 일부의 특수 계급이 흩어 놓는 돈인 줄을 알아야 할 것이다. 그것이 누군가? 우리는 한참 당년(當年)에 광업(鑛業) 브로커들이 요리점을 제 집 삼아 살고 분명코 금은 산에 가서 캐야 할 것을 서울 한복판 요릿집에 들어앉아 금광(金鑛) 하는 사람들을 많이 보았다. 헌데 지금은 금광 세월은 없는 때요, 월급쟁이는 예나 지금이나 월급쟁이인 데다가 확실히 그 곤란한 생활상태가 전날 월부로 견디던 시절보다 훨씬 더하니 이런 소비는 감불생심(敢不生心)일 것이요, 지주(地主)의 성명(聲名) 없어진 것도 어제오늘이 아니니, 이들도 요리점에 산재(散在)할 특권을 잃은 지가 오래다. 그러면 누구란 말인가.

두말할 것 없이 요새에 새로 생긴 모리배라는 특수 계급이야말로 그 장본인인 것이다. 생산자에게로 곧장 바로 흘러가야 할 물자가 이들의 손을 한 번 거쳐서만 가게 된 세상이다. 이들의 손에 이것을 한 번 거쳐 가도록 하기 위해서 우선 한잔 먹어야 한다. 그다음에라도 생산 공장으로 가느냐 하면 그런 것이 아니라 이런 관문을 몇 번이고 거쳐서라야만 가게 마련된 세상이다. 이렇게 딴 길을 빙빙 돌고 돌아서 생산 공장에 가기까지에는 이들의 요리 값을 모두 이 물건값에 몇 곱절 더해 가지고 거기다가 다시 금리를 덧붙이고 또 무엇무엇을 붙여 가지고서야만 가는 것이다.

그래 가지고는 생산품은 다시 곧장 소비자에게 오는 것이 아니라 먼저 순서대로 몇 번이고 요리점 거래를 하고 은행 창고를 몇 군데 거쳐서만 비로소 소비자에게 오게 되어 있는 세상이니 참으로 기묘한 세상이다.

이것은 누구나 아는 일이다. 다만 이러기 위해서 일반 대중은 이들의 유흥비까지를 부담하고서야 비로소 최소한도의 생활이나마 할 수 있게 되어 있는데, 이것이 거의 합리화하여 있다는 사실이 그냥 간과되어 있는 것을 기괴하다 하는 바다.

물가는 이미 백배쯤 오른 것은 싸다고 하게끔 되어 있다. 2백배, 3백배가 보통으로 되어 있다. 이대로 요리점과 빠나 은근한 무허가 음식점이 의연(依然)히 모씨(謀氏)들의 상담실로 되어 있는 한 물가는 계속해 올라갈 것이다.

우리의 현재의 2, 3백배 물가 폭등이 일반 대중 생활을 2, 3백배 파멸의 구렁에 끌어내린 것을 생각할 때에 공포와 전율은 결단코 과장 없이 절망적인 것이다.

전재민(戰災民)들이 해방의 조국이라고 찾아와서 두 겨울째 한천로지(寒天露地)에서 떨며 지냈다. 누가 낸 꾀이건 간에 이들을 위하여 요정을 개방하라는 훌륭한 말을 들은 지도 오래다. 또 그렇게 개방시키겠다는 현명한 당국자의 용감한 방침도 들은 지가 오래다. 그런데 실정은 어떤가? 요정은 여전히 모리배의 상담실로서 호경기를 구가하며 이들과 부동(附同)한 오리(汚吏)들의 독직 장소(瀆職場所)가 되어 있다.

여기 주지육림이 있고 2, 3만 원짜리 치마저고리로 둘러싼 유두분면(油頭粉面)이 있고, 한 갑에 백 원이나 한다는 양담배의 자연(紫煙)이 서려 있다. 요정을 개방하라는 절규는 장구 소리를 헛갈리게 하는 잡음쯤 된 셈이요, 전재민의 기한(飢寒)이 도골(到骨)한 것은 딴 나라의 풍문만큼도 흥미 없는 화제인 모양이다.

도탄에 빠져 물가고에 우는 민생의 비명에 이들이 양심을 환기시키기에는 너무도 이욕(利慾)이 완강한 편이다.

그러니 어쩌면 좋으냐고? 문제는 역시 간단하다. 독립을 포기하거나, 이런 패류(悖類)에게 동족애를 포기하거나 두 가지 길이 있을 따름이다. 그런데 우리는 독립을 포기할 수는 없다. 하물며 우리는 이들 패류에게서 이미 동족으로서의 정의(情誼)에 배반을 하고 있는 것이다. 그런지라 문제는 더욱 간단하다.

공창(公娼)

— 『신천지』 제1권 제8호(1946년 9월)

    법령(法令) 제17호[*]가 인신매매를 금지하고 창기(娼妓)를 포주의 마수로부터 해방하였을 때 모든 사람은 일제가 남기고 간 사회악의 하나였던 공창제도의 폐지라고 박수를 보냈다. 신문은 이들 창기들이 마굴(魔窟)에서 벗어나와 광명한 사회로 진출하려는 모습을 사진 찍어 독자에게 소개하고 경찰은 포주들의 독수(毒手)에 다시 빠지지 않도록 그들을 선도하리라 하였다.

    그러나 이뿐으로써 한 개의 사회제도가 완전히 개선될 수 있는 것인가. 그렇다면야 혁명이라는 것이 어째서 힘이 들며 구악의 복멸(覆滅)이 어째서 어려운 것이겠는가.

    여자의 정조가 왜 상품이 되었으며, 될 수밖에 없었으며, 어째서 그것을 시인하는 사회제도가 생겼으며, 생길 수밖에 없었더냐 하는 것을 고려하지 않고 이것이 거저 법령 하나로 간단히 치워질 수 있는 것인 줄 착각하는 인도주의자들을 위하여 그 뒤에 당연한 사건이 일어났다. 국한된 지역에서 판매가 허락되었던 인육(人肉)의 공설 시장(公設市場)이 이동하였을 뿐이라는 것이다.

---

*   **법령 제17호** 1946년 5월 17일 미군정에 의해 공포된 법령 제70호 〈부녀자의 매매 또는 기(其)매매계약의 금지〉를 지칭한다. 본문상의 '법령 제17호'는 '법령 제70호'의 오기(誤記)이다. 법령 제17호는 〈조선총독부단체 경무국 경제경찰과폐지〉이다.

여자에게 정조는 지귀지선(至貴至善)의 재산이지마는 배가 고플 때에 이 것은 이미 한갓 지켜서 부질없는 사치품이었다. 상품을 발명한 자본주의 는 인간의 노동력을 상품화하는 동시에 여자의 정조까지도 상품화하여 화 폐로 당당히 환산할 수 있게 하였다. 이들에게 정당한 생활의 권리와 기 회를 주지 않고 그들이 현재 생활할 수 있는 유일의 상품마저 팔지 못하게 할 때에 그들에게는 아사(餓死)의 자유가 있을 뿐이다. 이 자유를 선택하지 않고 다시 제 몸을 팔아서라도 구생(苟生)을 유지하려는 것이 부당하다는 설교를 그들에게 이해시킬 수는 없다. 왜냐하면 그들에게 일찍 이런 도덕 적인 자기(自己)를 발견할 만한 교육을 준 일이 없기 때문이다. 뿐만 아니 라 그들은 도덕적인 자기를 몰각(沒却)한 덕택으로 살아온 것이다.

그러니까 공창(公娼)을 해방한다는 말인즉 좋아서 신생(新生)의 재출발 을 하라고 편달을 받기는 하였지마는, 실상은 도색굴(桃色窟)에 누워 있다 들켜서 다시 경찰서 유치장 신세를 질 수밖에 없는 그들로서는 구속을 받 으면 의식주가 있고 해방이 되면 기아가 있다는 까닭을 몰라서 해방과 구 속의 갈피를 잡지 못하게 되었다.

정조를 상품으로 삼는 이외에 아무런 생활 수단도 배운 것이 없고 능력 도 없고 후원도 없는 그들이다. 갑자기 어느 회사의 여사무원이 된달 수도 없고 써 주는 회사도 있을 리 없고 바느질을 배웠으니 침모(針母)가 되나, 반찬을 할 줄 아니 식모(食母)가 되나, 되고 싶으니 써 줄 집이 있나. 시골 가서 농사를 지으라고? 더구나 농사를 지으라고?

가사(假使) 그들은 어떻게든지 없애 버렸다고 치자. 그야말로 소록도 같 은 외따른 섬으로라도 몽땅 이주를 시켜서 선도할 셈치고 우선 현재의 매 음부가 일시에 청소되었다고 치자. 그러고서는 이 사회에 다시 매음부가 아니 생겨날 만큼 이 사회는 그러한 악제도(惡制度)를 낳았던 원인을 제거 하였는가? 그들이라서 나면서부터 창기는 아니었다. 그들도 어엿이 여고 (女高) 여전(女專)을 나와서 부자집 맏며느리가 되는 그런 팔자 좋은 따님 들과 태중(胎中)에서부터 다른 조건이 있었다면 그것은 다만 낙지(落地)에 빈부의 차별이 있었던 그것뿐이다.

그러면 앞으로 조선 사회는 다시 창기 아니고는 먹고살 수 없을 만큼 그 런 참혹한 운명에 놓여 있는 사람이 아주 다 없어졌는가? 그렇지 못하고서 야 정조를 파는 것이 생활의 한 수단일 수밖에 없을 때에 앞으로 또 이런 사람이 많이 생기리라 보아야 옳고, 그러면 이런 사람을 모조리 소록도 같 은 섬으로 이주시킬 도리는 없을 것 아닐까. 소록도(小鹿島)커녕 대록도(大 鹿島)가 몇 백 개 있어도 가능할 수 없을 일이다.

가사 이것도 가능하다고 치자. 그러면 사회는 아주 명랑해질 건가? 아니 다. 천만에 아니다. 창기 되는 자가 본의가 아니면서 되었을 때에 그들을 그렇게 인간 이하로 타락시키는 이유는 다만 그들만이 배가 고파서 그렇 게 된 것은 아니었더라는 것을 깨달아야 할 것이다. 오늘의 사회도덕이 남 자의 방탕을 대범히 시인하면서 이들의 '에로 유희'를 어떻게 방지할 것인 가? 돈만 가지면 무소불위(無所不爲)하고 무소부지(無所不至)하는 패가 있 는데, 이들에게서 여자를 농락하고 싶은 악취미를 완전히 뽑아 버릴 재주 가 오늘의 누구에게 있느냐 말이다. 공개된 공설 시장이 없다고 이들의 악 취미가 없어질 건가? 그렇다면야 창기들은 해방되어 신생의 길을 밟는데, 어째서 또 그들에게 돈을 주는 고객이 이 여관 저 여관에서 들켜 나는가.

가사(假使) 이것도 어떻게든지 없애 버릴 수 있다고 치자. 그야말로 몽땅 감옥에라도 쓸어 넣어 이런 에로당(黨)을 완전히 소탕했다고 치자. 그러나 여인의 육신을 일시의 상품으로서나마 사야만 할 기회조차 없으면 안 되는 독신 노동자(獨身勞動者)·빈민은 어떻게 될 것인가. 이들은 결단코 청교도들이 아니다. 성불(成佛)을 꿈꾸는 스님들도 아니다. 이들 보고 생리의 욕구를 무리하게 거저 참기만 하란다고 사회질서는 명랑하게 유지될 건가. 모두가 안 될 말이다. 인간을 상품화하는 근본적인 모순을 꺾어 버리기 전에, 정당한 일부일처의 정의(正義)가 확립되기 전에, 불평등한 생활과 빈부의 차별을 천국으로 올려 쫓기 전에 매음(賣淫)의 필요와 매음(買淫)의 필요는 아마 존속하지 않을 수 없을 것 아닐까?

그야 공창제도(公娼制度) 그것이 국가의 수치라 하면 없애서 좋다. 그러나 사창(私娼)이 있으리라는 것을 시인하지 않을 수 없는 것일 게다. 그때에 미치는 사회악은 공창제도 그것보다 나을 것이 무엇인가. 뿌리를 뽑지 않고 잎만 잘랐자 또 돋아 나왔지 별수가 무엇일 거냐.

그러고 보니 법령 제70호는 인신매매를 금지하였지 공창제도의 폐지라는 것은 아니었다. 그래서 전염병 예방의 견지에서 공창제도는 필요하다는 예방의국장(豫防醫局長)의 의견은 차라리 지당하다고 볼 만하다.

위에 지적한 여러 가지 점을 발본색원할 만한─공창을 없애는 동시에 사창도 없어지고 현역 공사창(公私娼)이 모두 새로운 여성으로 갱생하는 동시에 장래에 또 이런 여성이 생겨나지 않고 또 그러한 여성의 존재를 필요로 하는 남성의 존재가 없어지는 그러한 사회 건설이 경기도 경찰부에서 가능하다고 척 도장을 찍어서 보장하면야 필자도 물론 경찰부장의 의견과 똑같이, 공창제도 존속의 필요를 말하는 예방의국장의 의견에 동감할 수 없는 것은 두말할 것 아니다.

전재 동포(戰災同胞)
— 『신천지』 제1권 제9호(1946년 10월)

해방 전에 해외에 흩어졌던 동포는 300만이라 하는데, 이들이 어째서 해외에 나갔는가 하는 것은 누구나 아는 일이다.

이들은 조국의 부(富)를 돕기 위하여 해외에 웅비(雄飛)하였던 것은 아니다. 금의(錦衣)를 입고 고국에 올 희망을 품었던 것도 아니다. 일제하의 36년 이들이 두만강을, 압록강을, 현해탄을 건널 때에 가는 이나 보내는 이나 모두 울었다. 마지못해 고국을 등지고 유랑하는 것이었기 때문이다.

기름진 내 고향, 젖과 꿀이 흐르는 내 땅을 뺏기고 이들은 마지못해 바가지를 차고 꽃도 없다는 호지(胡地)의 황야를 갈아먹으러 간 것이요, 몸을 상품으로 삼아서 왜지(倭地)의 노동시장에 팔려 갔던 것이다.

이들을 우대하는 곳이 없었다. 수수와 좁쌀 농사밖에 지을 줄 모르는 위인들에게 기름기 도는 그 귀한 쌀농사의 기술을 가지고서도 온갖 멸시와 천대를 아니 받을 수 없었고, 다 같은 노동자라는데도 '센징'이라면 모욕과 횡포가 새삼스러웠던 것이다.

이렇게 망국민의 슬픔은 해내(海內) 해외(海外)가 다를 것이 없었다. "호마(胡馬)는 북풍을 반기고 월조(越鳥)는 남지(南枝)에 깃을 둔다."*거늘 하물

---

* 출전 : 「古詩十九首 行行重行行」"胡馬依北風, 越鳥巢南枝."

며 사람이랴. 동족에게 재산과 공권(公權)을 뺏기고 쫓겨난 백계로인(白系露人)*들에게도 향수가 있다거늘 하물며 우리 동포랴. 일제에게 쫓겨서 동족의 눈물 속에 고국을 등지고 유랑의 길을 떠났던 우리 동포에게서랴. 죽어도 고국 쪽에 머리를 두고 해골일망정 고국 산야에 묻히기를 바라던 우리 동포에게 있어서랴.

그런데 이것이 무슨 일인가. 꿈에도 그립던 그 고국, 압박자가 쫓겨나고 우리의 땅이 된 해방의 고국으로 돌아오기를 원치 아니하는 재외 동포의 수가 무려 수십만이라고 하지 아니하는가.

이들은 일찍 조국을 배반하고 나갔던 이가 아니니 조국에는 이들을 반겨 줄 동포가 있을 뿐이요, 그 밉던 원수는 모두 쫓겨 간 오늘이다. 모두 다 돌아와서 해방의 기쁨 속에 산천도 새로워진 금수강산에서 서로 붙안고 새 나라를 이룩해야 할 것이거늘 멸시와 천대에 젖은 외지에 그냥 남아 있기를 원한다니 웬일인가. 그러나 기막힌 일이다! 이들은 해방이 되었다고 하나 아직도 완전한 내 나라가 아닌 이 땅에 온대야 즐거움보다는 슬픔이 앞서고 평안함보다는 고생스러움이 더할 것을 알기 때문인 것이다.

그렇지 않은가. 얼마나 많은 전재 동포(戰災同胞)가 해방의 조국이라고 찾아와서 지금 헐벗고 굶주리며 거리에 헤매고 있는가. 그들을 위하여 집을 마련하기 전에 왜놈의 집은 모조리 권세에 등을 댄 양반들이 차지하여 버렸고, 의료품(衣料品)을 독점한 악덕 상인들에게 이들의 헐벗은 모양을 보며 동포애를 느끼라고 외쳐 봤대야 아무 소용이 없었다. 쌀 한 말에 5백

---

*   **백계로인(白系露人)** 백계러시아인(White Russian)을 지칭. 1917년 러시아혁명 이후 소비에트 정권에 반대하여 해외로 망명한 러시아 사람들을 뜻한다. 혁명세력의 상징인 붉은 색에 대항해, 보수적 반혁명세력은 백색을 상징으로 사용하면서 백위군(白衛軍)을 수립했다.

원하는 이 땅에 천 원씩밖에 더 들고 오지 못한 이들을 위하여 먹을 것을 주는 이가 없었고, 만주의 거친 벌판을 옥토로 만들고 왜지의 그 거칠은 노동에도 견디던 이들이언마는 이들에게 일거리를 주는 직장도 농토도 없었다.

아무리 조국의 해방이 기쁘고 어서 바삐 돌아오고 싶다 하더라도 거지가 되기 위하여 고국에 돌아온다는 것은 생각할 일이다. 거지가 될 수 없어서 떠난 고국이 아니냐. 이제 거지가 되자고 고국에 온대서야 이들 자신보다도 고국의 산천이 먼저 통곡할 일이 아니냐.

신문은 한 번 돌아왔던 이들이 밀항선을 타고 왜지로 나가는 이가 많다고 보도하고 있다. 여북하여 도로 나갈까. 그 심정만도 기가 막히거늘 이건 안 된다고 도로 끌어 들여오니…. 끌어 들여다가는 이들에게 안도할 만한 무슨 생업을 주었는가.

얼마나 아름다운 고국인가, 기름진 고국인가. 이 땅을 남에게 뺏기고 쫓겨 나갔던 것도 기막히거늘 그 모든 착취와 학대가 끝나고 이제 다시 우리 손에 돌아온 우리 땅이기는 하지마는 먹을 것 없고 입을 것 없고 쓰고 살 집이 없으면 역시 맘놓고 활개 칠 수 있는 땅이 못 되기는 마찬가지 아닌가.

비행기를 타고 고국에 돌아와서 비단 이불을 선사받고 크고 좋은 집에서 기름진 음식을 잡술 수 있게 된 분들은 일찍 국내에만 있던 사람들보다는 이역 풍찬노숙(風餐露宿)의 쓰라림을 몸소 겪으신 분들이요, 그래서 이 전재 동포들에게는 더한층 동고(同苦)의 정의(情誼)를 느낄 것이다. 굳게 믿거니와 이분들이 어느새 이 동고(同苦)의 정은 잊고 지금 그 크고 좋은 집을 둘러싸고 있는 사람들과의 동락(同樂)의 정에만 흡족해하지 않을 것이다.

허다면 이들을 위하여 무슨 대책이 있어야 할 것이요, 우리는 그것을 알고 싶다. 물론 이 대책을 세우는 책임을 누구누구 몇 사람에게 지운 것은 아니다. 그러나 그 지긋지긋한 분열 파쟁을 완화시키는 한 방편으로서도 이런 싸움에 낭비되는 정열을 재민 구제(災民救濟)의 국민운동에 전환하면 얼마나 좋을 거냐 생각해 볼 필요가 있다.

선량(善良)의 질식(窒息)

— 『신천지』 제2권 제2호(1947년 2월)

애꾸만 사는 세상에 두 눈을 가지고 갔더니 병신 구실을 하였다든가. 확실히 지금 이 판국에 맘 바르고 행실이 똑똑한 사람은 병신 구실을 할 수밖에 없다. 모리배가 신사요 수회 관리(收賄官吏)가 유능한 관리요 친일파가 애국자로 되어 있는 세상에서 청렴한 자 밥을 굶고, 개결(介潔)한 관리는 미움을 받아야 하며, 애국자는 감옥이나 가야 하는 것은 의당한 일이라 기괴할 것이 없을 것이다. 그런데 이것이 남의 이야기가 아니라 우리가 당하고 있는 일이니 한심타 하는 바다. 그 간악한 일제의 폭압에서 벗어나 평화와 자유와 평등을 누리는 한 나라를 세워서 인민을 위하여 인민의 손으로 인민의 정치를 하자던 노릇이 세상이 거꾸로 되기로니 이 지경으로 거꾸로 되어야 옳단 말인가.

이것을 탄식이나 하고 말기에는 오늘날 이들의 작폐(作弊)가 너무도 심하여 얻은 줄 알았던 독립은 까마득하게 되었다. 옛시절의 그 지긋지긋하던 배급쌀 타령이 도리어 규칙적이요 제법 믿을 만하였던 것이라고 보게 되었고, 해방 이후의 감옥이란 친일파·민족 반역자와 파렴치범죄한(破廉恥犯罪漢)을 위해서만 필요할 줄 알았던 것이 뒤집혀서 여전히 애국자의 갈 곳이 여기요, 자유로운 대로(大路)는 군자 아닌 저들 악질분자의 활개치는 마당이 되어 버렸으니 아무리 성미를 누그러뜨릴지라도 기가 막힌 세상이라 아니할 수 없다. 꼴 보기 싫은 세상이라고 잊어버리기에는 이 땅에 이 기회가 그래도 우리를 갱생시키는 기회라 하니 그래서 설마설마하며 참아 온 지도 이미 오래다. 그런데 여전히 돈이면 만사형통이라 믿는 자가 있고 그래서 또 먹을 수만 있으면 먹어 주자는 패가 있다.

옛날 일본의 어느 대신(大臣)은 자갈을 협잡(挾雜)해 먹고도 이빨이 건전(健全)하여 그 민중이 놀랐더니, 그담 어느 대신은 철도를 먹고서도 역시 건강하여 세상을 아연케 했다지만, 오늘 조선의 관리 중에는 복중(腹中)에 잡화상을 차리려는 모양인지 닥치는 대로 마구 들어가는데 고무신도 좋고 가죽도 좋고 병정구두도 좋고 빨랫비누도 좋고, 광목도 좋고 그나마 또 식량(食量)이 어떻게 거량(巨量)인지 가죽을 한꺼번에 6백만 원어치도 꿀떡 하면 집어삼키는 판이니 송도(松都) 말년(末年)의 불가살이(不可殺爾)*도 기절할 지경쯤 되어 있다.

또 하나 알다가도 모를 일이 있다. 이렇게 뱃속에 잡화상을 차려 놓은 관리 중에 혹 체증이 생겨서 소화불량 끝에 철창 있는 입원실에 모셔 가게 되면, 의술도 각양각색인 모양이라 집증(執症)도 서로 달라서 입원 자격이 있네 없네 하고 옥신각신하는 소문이 쩍 하면 세상 밖에까지 나오는 것이다. 어떤 환자는 18만 원 짜리를 백 몇 십만 원인가로 불려 먹다가 체증이 걸린 모양인데, 한 의사는 단단히 입원할 필요가 있다고 하는데 한 의사는 또 뭐 그럴 것 없다고 퇴원을 시켰다. 허기는 나중 의사의 집증은 옳은 양

---

* **불가살이(不可殺爾)** 흔히 '불가사리[不可殺伊]'로 알려져 있다. 고려 말에서 조선 초, 나라가 어수선 할 때 나타났다는 상상의 동물이다. 닥치는 대로 쇠를 먹으며 계속 성장하여 사람들을 공포에 떨게 만들었다고 한다. 민간에서는 재앙과 화재를 예방해주는 존재로 여겨져 병풍이나 굴뚝에 새겨 넣기 도 했다.

하여 그는 퇴원하는 날로 다시 대도(大道)에 활보한다는 신문 기사가 나는 판이다. 신문은 다시 이들 의사들이 집중(執症)의 한계를 정하기 위하여 회의까지 하였다고 전한다. 그러나 궁금한 것은 이 한계를 정하는 회의에서 어느 만한 한계로 국민의 보건을 고려한 것이냐 하는 것이다.

거기다가 모를 일이 또 하나 있다. 이들 모리배와 악질 관리와 친일파의 작폐가 이렇듯 심한 것은 이제 와서 전 민중의 일상생활에서 체험하고 남은 일임에도 불구하고 이들을 숙청하라는 주장이 대단히 극렬한 사상의 발로로 인정되는 점이다. 친일파가 친일하던 수단으로 또다시 친미를 하되 진실된 친미가 아니라 제 버릇 개 주지 못하여 사리사욕을 위한 친미인지라, 모리의 원천이 여기 있고 선량한 인민의 생활고가 여기서 말미암음을 누구나 알고 있건만 어째서 이들을 시급히 숙청하라는 주장이 어느 한편의 주장으로만 되어 있으며 그래서 그들을 싸고 도는 편에서는 이것이 정쟁(政爭)의 한 표어쯤으로 인정하는 태도를 취하느냐 하는 것이다.

한때 술이 귀해졌을 때 술에다가 물을 타서 파는 자가 있었다. 이것이 더욱 발달한 나머지 물에다가 술을 타서 파는 자가 보통으로 되었던 것을 우리는 기억한다. 요즘 세상도 이보다 나을 것이 없기는커녕 역사는 발전한다는 법칙이 여기도 응용되는 것인지 악덕상의 악덕 수단은 시대와 함께 발전하는 모양이다. 그리하여 드디어 선량한 사람이 도적놈의 틈에 끼어 사는 세상이 되어 버렸다. 선량한 인민 속에 역시 한두 불량한 분자가 끼어 살되 숨도 크게 못 쉬며 몰래 살던 옛 시절에 비하여, 도적놈 틈에 끼어서 질식 상태에 빠져 있는 선량한 인민의 신세가 그저 딱하다고만 보아 두는 것으로 고만이라야 옳은가? 어디 두고 보자.

DDT와 일제 잔재
— 『신천지』 제2권 제6호(1947년 7월)

　삼복더위가 열도(熱度)를 올리고 보니 이래저래 짜증나는 일이 한두 가지가 아니다. 쓰레기는 많아, 썩는 냄새가 코를 찔러, 그래서 서울시 당국은 무얼 하는 게냐고 원성이 자못 하늘에 닿았다. 더구나 이로 인하여 파리의 성세(盛勢)가 자못 대단하다. 작년에는 미국 비행기가 DDT를 뿌려준 덕에 파리 성화는 모르고 살았더니, 금년에는 이런 덕도 볼 길이 없어 파리는 여전히 제 세상을 즐기고 있고, 그래서 사람마다 짜증은 참을 도리가 없어 홧김에 나오는 말인즉 시 당국은 무얼 하는 게냐 하는 것이다. 그러나 이건 정말 시 당국의 대변(代辯)이 아니다. 시민은 반성할 점이 없는가?

　옛날도 아닌 3년 전까지도 왜경(倭警)이 무서워서 쓰레기를 함부로 내버리지 못하던 시민이었다. 쓰레기를 잘 치우라는 것에 불평이 있었거나 없었거나 일단 복종하여 부녀까지 동원하여 동리마다 쓰레기 처치에 땀을 흘리던 시민이었다. 그런데 오늘의 사태는 어떤가? 어느 동리에서 합심하여 쓰레기 한 번 치운 일이 있는가? 물론 시 당국이 해야 할 일이지마는 시 당국인들 해도 해도 안 되는 딱한 사정도 있을 것이요 설사 그 사정이 타당치 아니하다 할지라도 시비는 나중에 가리고 우선 집집마다 동리마다 청소쯤은 자치(自治)가 어떤가.

　하물며 우리는 DDT를 공중에서 뿌려 주지 않는다는 불평은 실상 남이

들으면 일종의 난센스라는 것을 깨달아야 한다. 왜냐하면 아무리 미국의 원조를 받는다 하기로니 비행기로 파리약 뿌려 주지 않는 것까지야 불평할 바도 못 되고 불평할 필요도 없는 일이다. 그들의 비행기는 이 땅의 일제를 몰아내러 왔지, 파리 폭격을 위해서 온 것도 아닐 것이요, 또 우리가 그것까지를 바랐던 것도 아니다.

일제를 몰아낸다는 말이 났으니 우리의 주위에서 아직도 일제의 잔재는 저 오물과 진개(塵芥)처럼 불결한 냄새를 풍기며 거리거리에 그대로 널려 있음을 본다. 이 일제 잔재를 숙청하라는 소리가 귀에 못이 박일 지경으로 높고, 이것을 숙청하지 않는다는 원성도 자못 높음을 듣는다. 그러나 우리는 다시 한번 생각해 볼 필요가 있다. 이 일제 잔재를 누구더러 숙청하라는 말인가. 집집에 왜습(倭習)이 그냥 남아 있고 사람의 머릿속 청결은 아직 완전치 못한 채 거리에는 오물, 진개와 같은 일제잔재가 너더분한데 이것을 대체 누구더러 숙청하라는 것인가? 내 머릿속과 내 생활 속에 스며있는 일제 잔재를 누구더러 숙청하라는 것인가? 입법의원이 부일(附日) 협력자 처단법을 냈다는데, 구경(究竟)은 미국 비행기를 얻어 타고 그들의 DDT를 얻어서 파리를 잡자는 말과 다를 것이 있는가. 미국 트럭이라도 얻어서 쓰레기를 치우자는 말이나 다를 것이 있는가. 아니다. 남의 등을 댈 일이 따로 있고 남을 원망할 일이 따로 있다. 오물과 진개쯤은 시민 각자의 협력으로 우선 집집에서 마당에라도 파묻고, 그래도 남거든 동리끼리 나서서 청소 작업을 할 일이다. 저마다 파리채를 잡자! DDT 없이는 파리를 못 잡았더냐? 일제 잔재 숙청도 같은 방식을 써 보면 어떤가—우선 이렇게라도 해야 이 나라가 명랑해질 것이다.

정치도(政治道)

―『신천지』제2권 제7호(1947년 8월)

　사람이 죽음에 당(當)하여 모든 애증과 시비를 초월하는 것은 지극히 아름다운 인정(人情)이다.

　이 인정은 이미 하나의 윤리요 도덕으로서 생전에 피차 어떠한 원한이나 증오를 가졌던 사이라도 이것을 다 풀어 버리고 다만 그 죽음을 아끼는 것이며 그렇지 못한 사람은 결국 옹졸한 인간임을 면하지 못하는 것이다. 예로부터 간과(干戈)와 총화(銃火)를 나누던 적군이라 할지라도 일단 그 죽음을 볼 때에는 그 혼에 위로의 뜻을 표하며 후하게 장(葬)하는 것은 엄숙한 전쟁도(戰爭道)요, 피차에 정치 이념이 달라서 격렬히 싸우던 정적이라 할지라도 한편이 죽으면 한편은 애도의 정을 표하고 생전에 적대적이던 모든 조건보다 같이 국사(國事)를 걸머졌던 우의를 표하는 것이 당연한 정치도(政治道)다.

　그러나 이것은 어디까지든지 하나의 예의요, 죽은 그 사람의 생전의 시비가 그대로 말살되는 것은 아니다. 하물며 정치인에게 그 생전의 공과는 크면 클수록 그 민족의 역사와 함께 영구히 소멸될 수 없는 것이다.

　예컨대 저 멸망 직전의 고구려를 위하여 피차 위국진충(爲國盡忠)의 뜻은 좋았을까 몰라도 연개소문 아들들의 골육상쟁의 죄악을 용인할 수는 없다. 왜냐하면 그것이 다만 일가(一家) 일문(一門)의 장내(墻內)의 형제 상쟁이 아니라 조국의 운명을 멸망에로 빠뜨리는 주인(主因)을 지었기 때문이다. 또 김유신의 신라 통일의 대업은 물론 훌륭하다 하겠으나 당나라 군사를 불러들여 동족을 친 죄악은 씻을 수 없는 죄악으로서 천 년을 넘은 오늘에도 그대로 죄악인 것이다.

정몽주가 고려왕조를 위하여 이성계의 철퇴에 피를 흘리고 죽은 그것은 장렬하되, 실상 정몽주의 원나라를 고려보다 더 위하던 사대사상은 오늘에서도 탄핵되어 마땅하다. 하지만 이순신의 일시의 곤욕은 당시 조선의 부패를 설명하는 재료는 될지언정 그의 애국의 충성에는 흠될 것 없었고, 아무리 조선이 홍경래를 역적으로 친다 하여도 공정한 사필(史筆)은 그를 하나의 혁명가로 허(許)하는 것이다.

그런지라 한 정치인이 죽을 때에 일단 그 생전에 그에 대한 시비와 공과는 가라앉는다 하더라도, 후일의 사필(史筆)은 그 시비를 가리고 공과를 갈라놓을 것이요 그냥 묵살될 리는 없다. 비록 당시에 호사스런 죽음이었거나 초라한 죽음이었거나 그것은 그 당시의 영욕일 뿐이요, 후일의 사필은 이런 것에 구애함이 없을 것이다. 그런데 이제 한 정치가가 죽었다.* 그래서 그를 위하여 좌우가 다 같이 죽음을 통석(痛惜)하는 것은 지극히 마땅한 예의일 것이다. 그러나 이것이 그 생전의 시비공과(是非功過)를 초월했을 때에 아름다운 예의일 것이지, 죽은 이의 입에 말이 없음을 다행히 여겨 저마다 제 소리로 고인을 떠받드는 것은 여기 정치적 의도가 섞였음을 간파할 때에 예의와는 거리가 멀고 요술과는 근사하다는 것을 지적한다.

---

* **여운형(1886-1947)의 죽음을 지칭한다.** 해방 이래 지속적으로 좌우합작을 추진했던 여운형은 1947년 7월 19일 서울 혜화동 로터리에서 한지근이라는 우익 청년에게 암살당했다.

그것이 무슨 소리냐고? 그러면 아주 까서 말하거니와 적귀(赤鬼)라고까지 하고 여적(呂賊)이라고까지 하던 이들이 그를 갑자기 '우리 편의 애국자'라고 성명(聲明)하는 것은 무엇이며, 기회주의자라고 공공연히 경멸하고 심하게는 '인민의 적'으로까지 몰아칠 듯하던 이들이 갑자기 위대한 민족의 지도자라는 시호(諡號)를 보내고 상제[근민당(勤民黨)]보다 더 서러워하는 복상제가 나타나는 것은 무어냐 말이다. 그가 죽었다고 하여서 그 죽음을 삼팔선으로 하고 갑자기 그의 정치 이념이 달라졌을 까닭은 없다. 허다면 생전에 그를 욕하던 것이 옳았다 할진대 사후의 칭송이 우스운 일이요, 사후의 통석(痛惜)이 옳다 할진대 생전의 경멸이 부당하였던 것일 것이다. 그는 호협(豪俠)하고 너그러운 이었던 분이라 생전의 자신에 대한 포폄(褒貶)에 개의하지 않았듯이 사후의 '비례적(非禮的)인 과공(過恭)'도 웃고 볼는지 모르나, 후일의 사필은 그의 정치적 공과를 논하는 동시(同時)에 그에 대한 시비를 표변(豹變)하는 이들의 시비도 가릴 것이다.

인플레
— 1948년 8월 1일

미화(美貨)가 천정을 뚫을 작정인지, 중화(中貨)가 지심(地心)을 뚫을 작정인지, 날로 현격해 가는 양자(兩者)의 교환율(交換率)은 드디어 1달러 대 칠백 오십만 원(元)의 시세를 현출(現出)하였다.

등귀(騰貴) 일로의 미화(美貨) 권위는 그럴 법하나, 무저나락(無底奈落)의 중화(中貨) 신세는 처참 이상의 처참이라, 마침내 몇 천만 원짜리 지폐가 생길 지경이고 쌀값은 조선의 말풀이로 한 말에 사천만 원(元)대까지 상승하였다 하니 놀라운 일이다.

물가가 2억 3천5백만 배나 올랐다는 헝가리(洪牙利)도 있기는 하지마는 오늘날 전승(戰勝) 연합국의 일원이라고 하는 중국이 통일 부흥과는 뒤쪽으로 내쟁(內爭)과 피폐에 허덕이는 참담한 현실은 상상하고 남음이 있다.

그러나 우리는 어떤가? 일찍 차 한 잔에 5원(元), 성냥 한 갑에 1원 하던 중국의 인플레를 악성이라 하고 딴 세상의 기문(奇聞)처럼 여기던 우리의 오늘 형편은 어떤가?

타성이라는 것은 진실로 무서운 것이다. 중국의 5원짜리 찻값을 놀라던 예민한 신경이 어느 틈에 이렇게 마비가 되어 버려 이제는 우리 자신이 5원(圓)은커녕 50원짜리 차를 대담히 마시고 1원은커녕 10원(圓)짜리 성냥을 익숙하게 쓰되 대체로 태연하다. 쌀값이 1천6백 원(圓)이라니 기막히지 않음이 아니나 놀라서 밥숟갈을 떨어뜨리는 사람은 없고, 한 말에 4천만 원(元)이라는 소식쯤 들어야 겨우 왕년의 차 한 잔 5원이라는 기문(奇聞)을 놀라던 정도다.

진실로 무서운 타성이요 악성적인 신경마비다. 어쩌면 우리의 예민하던 신경이 이렇게 둔감하여졌는가 생각하면 할수록 기막힌 일이다.

그러나 생리학자의 입장에서 보면 이러한 마비 상태는 생존을 위한 본능적 작용의 결과일는지 모른다. 아무리 인플레가 악성적으로 심각해 갈지라도 그날그날 시세에 익숙해져야지 왕년 1전에 성냥 세 갑을 살 수 있던 시세만 생각하다가는 아마 정신이상이라도 일으키게 될는지 모를 일이다. 뿐만 아니라 위정자의 입장에서도 이러한 마비 상태는 치안과 사회질서를 위하여 필요할 것이다. 그렇지 않다면 그야말로 무서운 일일 것이다.

그러니까 이러한 신경의 마비 상태는 생존과 질서를 위하여 필요한 작용인 것을 짐작할 수 있다. 그래서 우리는 비로소 지폐 홍수에 빠진 중국 민중이 그 지폐 홍수 속에서 다시 동족 전쟁의 포화를 만나 이리저리 쫓기면서도 살아가는 이치를 알 수 있다.

그러나 이것이 좋은 일은 아니다. 인플레 있는 곳에 민생의 안태(安泰)는 없는 법이니, 중국의 민중만이 아니라 1천6백 원(圓)짜리 쌀을 사먹는 우리 민생의 형편도 왕년 2원(圓) 몇 십 전(錢)짜리 쌀을 사먹던 시절보다 확실히 악화되어 있다. 쌀값이 천 배까지는 아니 올랐으나 민생은 천 장(千丈)*도 더 되는 깊은 도탄에 빠진 것이 확실하다. 그런데 이것을 염려해야 할 위정자의 신경조차 마비되어 우둔한 건장(健壯) 상태를 유지한다는 사

---

* **천 장(千丈)** 한 장(丈)은 한 자[尺]의 열 배로 약 3미터.

실이 더 기막힌 사실이다.

무엇보다도 나는 걱정이, 아이들의 화폐에 대한 가치 관념이다. 웬만한 경우에 백원짜리는 시들하고 천원이라는 말에도 대단할 것이 없어 한다. 학교 다니는 아이를 넷씩이나 거느리고 보니 아침마다 아이들이 들고 가는 돈만도 대개가 5, 6백 원이라 월 4십 원짜리 봉급생활자로 출발한 나로서는 매일같이 왕년의 1년 수입을 아이들에게 주어야 하는 것이지만 아이들은 심상(尋常)하게 이 돈을 쓰는 것이다.

그나마 그 뒤를 척척 치를 만하다면야 무슨 걱정이 있으랴마는 월정 수입(月定收入)은 불과 몇 천 원이라 드디어 십오년 근검에서 겨우 잡은 집 한 채를 비행기를 태워서 날려보냈다.

그러나 나는 집 한 채 잃은 것 때문에 우울한 것은 아니다. 집 한 채를 먹고도 먹은 줄을 모르는 아이들에게, 백 원짜리를 그전에 내가 1원짜리 만지던 것보다도 확실히 시들하게 여기는 아이들에게 장차 화폐에 대한 가치 관념을 어떻게 시정할까가 걱정인 것이다.

별걱정을 다 한다고 웃는 이가 많다. 돈값이 비싸지면 비싸진 그대로 가치 관념이 시정되리라는 말이다.

그러나 이 아이들의 머리에서 아무때는 1천 원이나 썼는데, 몇 천 원씩도 썼는데 하는 기억이 쉽사리 없어질 리가 없고 이것은 저절로 질소(質素) 검박(儉朴)한 생활 태도를 가지는 데 불소(不少)한 방해 작용을 일으킬 것이다.

자식들에게 물려줄 재산이라고는 오직 질소검박의 생활정신 그것뿐인 나 같은 사람으로서는 이것이 아니할 수 없는 걱정이다.

설사 나 같은 가난뱅이가 아닌 분으로서도 가령 요새에 딸 하나를 시집

보내고 이담에 또 하나 보낸다고 하자.

"언니 때는 몇 십만 원(圓)어치나 해주고 나는…."이라고 울고 짜는 불평은 면하지 못할 것을 각오해 두는 것이 필요할 것이다.

중국서는 조폐소에서 각 지방으로 지폐를 운송하기 위해서만도 수십억 원(元)의 예산이 필요하다 하지만 우리 지폐도 종전 전(終戰前) 전 조선에서 사십억 원(圓)이면 족하던 것이 지금 남조선에서만 3백5십억 원이라, 이미 지폐 그 자체의 원가계산상 수지 균형이 궁금하게끔 되어 있다.

근래에 위조지폐가 나오지 않는 이유가 지폐 위조업은 이익이 없는 때문이라니 이로써 가히 짐작되는 바이다. 그러므로 7백5십만 원(元)의 시세도 있다 해서 왕년 1달러 대 2원이던 것을 잊어버리고 1달러 대 4백 원(圓)의 시세를 심상타 할 수 없는 일이요, 한발 앞선 중국의 인플레를 따라가는 추세의 이 땅 인플레와 그로 인한 화폐가치의 저락에서 내두(來頭)의 우리 경제 사정이 두렵다 하는 바이다.

확실히 이 땅의 인플레는 더 악성화할 모양이다. 그런데 가령 민생은 생존을 위한 본능적 작용으로 악성 인플레 현상에 대한 감각이 악성적 마비 상태에 빠져 있을지라도, 위정자의 위(位)에 있는 이의 신경만은 이러한 마비 상태에서 벗어나서 하루속히 민생을 도탄에서 건져 주기를 바라는 마음이 간절하다.

유흥 금지
— 『신천지』 제2권 제10호(1947년 11월)

자주독립 정부가 서기까지 요정과 카페, 빠를 폐지하고 기생 영업을 중지시키자는 법령이 심의되고 있다고 한다.

민족의 독립이 될 듯 말 듯하고 자칫하면 또다시 자멸의 위기조차 두려워 아니할 수 없는 이 판국에 전 민족이 옷깃을 여미고 분발 자숙하며 독립을 전취(戰取)하기까지는 방탕하지 말자는 이 주창(主唱)은, 과연 하염직한 민족적 기개요 우리가 얼마나 핍진(逼眞)하게 독립을 갈망하느냐는 것과 독립을 위하여는 무엇이든지 희생하겠다는 결의의 표징으로서 지당한 법령이기는 하다.

나 역시 술도 좋아하며, 평생불음무화주(平生不飮無花酒)까지는 못 가지마는 이왕이면 기회 있어 미기(美妓)를 앞에 놓고 마시는 술이 더욱 흥취 있는 것도 체험한 바라, 미상불(未嘗不) 선술집보다는 요릿집 술에 장구 치며 가무를 즐기는 것이 아니 좋은 것은 결단코 아니로되 한 번 마음을 도사려 먹고서 독립하기까지는 술을 딱 끊고 요정 출입을 고만두어야겠다는 결심을 하여 보려 한 적도 없지 않았다. 다만 이것이 생각뿐으로서 실행에 이르지 못한 까닭은 거세개탁아독청(擧世皆濁我獨淸)의 굴원(屈原)*도 필경

---

* 굴원(屈原, BC 343-BC 289 경) 중국 전국시대의 정치가이자 시인. 독창적이고 개성적인 그의 시

은 어복장(魚腹葬)을 지냈거늘 거세개취(舉世皆醉)에 아독성(我獨醒)이 청교
도 아닌 범인으로서 될 수 없는 일이기 때문이었다. 요릿집이 있고 기생이
있는 바에 같은 값이면 요릿집 가서 한잔 먹을 기회를 선뜻 거절하기 어려
운 것은 나의 수양의 부족이요 실행의 결심이 모질지 못한 탓이기는 하나,
때로는 세상 살아가는 법이 나 혼자만 찬물을 튀겨 본댔자 별수가 무어냐
싶어 그냥 그날그날을 지내 오기도 하였던 것이다.

그래서 때로는 도대체 요릿집이며 기생 영업이라는 것이 없어지면 나의
결심을 위하여 얼마나 큰 도움이 될까 하고 생각한 적도 있었다. 나의 이
러한 염원이 나 하나만의 염원이 아니라 분명 이것이 민심이었던 모양이
라, 드디어 민의는 쾌히 입법의원에 반영되어 그 폐지 법령의 심의를 보게
되었으니 대단히 기쁜 일이다. 어서 이 법령안이 통과되어 실시되기를 바
라거니와 따라서 우리 민중으로서도 이 법령의 실시를 몸소 협력할 필요
가 있을 것이다.

물론 이 법령으로 인하여 불편할 것까지는 없으련마는 그래도 이 법령
을 좋게 생각치 아니하는 불평분자도 있을 것이다. 그들은 또 어떻게든지
위반할 방도와 기회만 있으면 잠깐 준법정신을 몰각하고 이런 방도와 기
회를 선용(善用)하려고 할 것이다. 회고컨대 일제가 전쟁을 완수하기까지
소위 고급 유흥(高級遊興) 정지법(停止法)이라는 것을 만들어서 요정과 카
페와 빠를 폐지하고 기생 영업을 정지시켰던 예가 있다. 그런데 이것이 과

들은 초기 중국 시단에 많은 영향을 주었다. 굴원의 대표작인 『어부사(漁父詞)』는 정계에서 쫓겨나
강남에 머물며 집필한 작품이다. 창강에서 고기를 잡는 어부를 만나 대화를 나누고 깨달은 바를 집
필한 책이다. 굴원은 어부사에서 "擧世皆濁我獨淸, 衆人皆醉我獨醒(온 세상이 다 혼탁한데 나 홀로
깨끗하고, 모든 사람이 다 취해 있는데 나만이 깨어 있다)"고 한탄했다. 그의 작품들은 한부(漢賦)에
큰 영향을 주었고 오늘날에도 높이 평가되고 있다.

연 성공하였던가? 우리는 일제 법률을 그다지 꼭 지키고 싶지도 않았고 또 이따위 불편까지 참아야 할 의리도 없어서 슬금슬금 '몰래 유흥'에 도리어 재미를 본 사람도 있었거니와 돌이라도 깨물고 이 전쟁을 이기자고 날뛰던 왜자(倭者)들도 이 법을 꼭꼭 지키지 않았던 것을 우리는 기억할 필요가 있다.

허기는 왜자(倭者)들은 전쟁을 하느라고 그따위 법을 낸 것이요 우리 입법의원은 독립을 위해서 낸 법이매 성질이 다르기는 하다. 우리 민중은 누구나 독립을 갈망하는지라 반드시 전 민중의 협력을 받을 수 있어야 할 것이다. 그러나 아무리 생각해 보아도 약간의 의문이 없지도 아니하다. 그야 이런 법령은 단기간 성공은 대체로 보장이 가능할 수는 있을 것이다. 그러나 조국의 독립을 얻기까지 이 법령은 존속하는 것이다. 허다면 독립은 과연 단기간에 가능한가? 과연 가능한가? 의문이 여기 이를 때에 이 법령의 실시가 장기간 성공할 수는 없다는 것과 아울러서 모처럼 좋은 법령도 실상 허울만 좋을 우려가 없지 않음을 깨닫게 된다. 필자는 일찍 당국이 양조금지령(釀造禁止令)을 내렸을 때에 그 좋은 법이 실행될 수 없는 것임을 지적한 바 있었고 그것이 또 사실로서 나타났거니와, 이제 유감이나마 이 법도 동교이곡(同巧異曲)이고 보니 또 한 번 예단은 차라리 부질없는 일이다.

체납 세금
— 1948년 6월 18일

전(前)이라고 체납 세금이 없기야 했으랴마는 현재 서울시의 체납 세금이 90만 건에 4억 원이라 하니 실로 전고(前古) 미증유의 파천황적(破天荒的) 기록이다. 처음에 나는 이 신문 기사가 활자의 오식이거나 혹은 숫자에 머리가 부족한 신문기자의 오보나 아닌가 하였더니 그렇지 않은 정말이라는 데는 다시 한번 놀라지 않을 수 없었다.

대체 일호(一戶) 당 몇 건의 체납이라야 9십만 건이 되는 것이며, 그 액수가 4억 원이라 하면 서울 시민은 젖먹이까지도 4백 원의 체납이니 기납(旣納)까지 합쳐 보면 대체 1인당 세금 부담이 얼마나 되는 것인지 끔찍도 하다. 뿐만 아니라 서울 시민이라고 세금을 서울시에만 내는 것이 아니다. 시에는 시행정을 위해서 내는 것이요, 다시 국고를 위하여 세무서에 바치는 세금이 있다.

여기라고 체납 세금이 없을 리 없으니 그건 또 몇 십만 건에 몇 억 원이나 되는 것인지, 이것저것을 합치면 대체 얼마나 끔찍한 숫자가 나타날 것이며, 기납까지 합쳐서 1인당 부담액을 따져 보면 얼마나 되는 것인지 정말 끔찍한 일이다. 아무리 인플레 시대라고는 하나 이러한 숫자를 앞에 놓고서는 이해하기 어려운 여러 가지 사태를 아니 생각하지 못한다.

고물가(高物價)와 팽대(膨大)한 인건비로 인하여 시도 할 수 없이 고율의 세금을 시민에게 요구하겠지마는, 오물 청소 하나 성의 있게 깨끗이 못 해내는 시 당국이고 보면 도대체 무슨 일을 하느라고 그 많은 직원들이 필요한 것이며 그들의 생활비를 시민에게 요구하는 거냐고 물어보고 싶다.

청소자동차에 노란 뼁끼칠을 한 까닭은 이 자동차의 운송업 전용(運送業轉用)을 방지하기 위한 시장의 묘안이라고 들었거니와, 그 효과가 얼마나 났는지는 모르나 어쨌든 이런 식─ 시 직원의 운송업 자동차의 구입과 그 수선비도 시민의 세금으로 지불되는 식으로 모든 다른 경비도 지출되고 있는 거냐 아니냐고도 좀 심하지마는 물어보고 싶은 것이다.

5천 원 월급이라 하면 요새 시세로 치면 쌀 닷 말에 불과하다. 다섯 식구를 치면 한 달 월급을 탄대야 한 식구 앞에 쌀 한 말밖에는 아니 되는 것이다. 쌀 한 말 가지고 어떤 죽을 끓여 먹으면 살아갈 수 있는지도 알지 못하겠거니와, 그럼에도 불구하고 5천 원 월급을 받는 사람이면 1년의 세금이 1만 원이라 하니, 어떻게 하면 이 정도의 수입을 가지고 굶지도 않고 세금도 잘 낼 수 있을 것인지 당국은 마땅히 이것을 모르는 시민을 위하여 강습회라도 주최할 필요가 있겠는데 이러한 친절과 계몽운동을 계획하는 바는 없는가 하는 것도 물어보고 싶다.

시민 중에는 유직자(有職者)보다 무직자(無職者)가 점점 많아 가고 있다. 만일 이러한 상태로 모든 산업이 일로 위축된다 하면 필경은 서울시는 실업자로 꽉 차 버리는 실업시(失業市)가 될 지경이다. 유직자라야 고작 한 식구에 쌀 한 말을 벌까 말까 하고 그걸로는 그날그날 먹고살 수가 없는 형편이라 하가(何暇)에 세금 걱정을 할 수가 없거늘 하물며 실업한 시민층이야 더 말할 것이 없는 일이다.

현실이 이만하면 시민의 담세능력(擔稅能力)도 신중한 재고가 필요할 것이다. 고지서만 발부한대야 부질없이 체납 세금의 지수만 파천황적으로 올려놓는 것뿐이라 하면, 다시금 시민의 담세력(擔稅力)을 고려하여 정말 출력(出力) 있는 세원을 탐사(探査)할 필요가 있을 것 아니냐고도 물어보고 싶은 것이다.

그뿐이 아니다. 내라는 것이 어디 세금뿐이냐 하는 말이다. 국민교육은 의무교육이 된다 하는데, 의무교육이라는 것은 국가가 책임을 지고 서울 시면 시 당국이 책임을 지고 적령 아동에게는 모두를 교육하는 책임을 지고 시민은 다른 부담이 없이 자제를 학교에 보낼 수 있어야 한다.

그런데 지금 아이 하나가 소학교에 입학하려면 얼마나 돈을 내야 하는지 시 당국은 아는가? 다달이 얼마나 돈을 내야 하는지 아는가? 그 외에 또 동회비(洞會費)를 내야 하고 야경비(夜警費)를 내야 하고 무슨 행사가 있을 때마다 또 돈을 내야 하고 자고 나면 내라는 것이 돈, 돈이다.

여기 공과(公課)*에 대한 권위 실추가 있다.

하도 내라는 것이 많으니 그걸 다 이루 어떻게 내느냐 하는 말이다. 강제, 반강제로 바쳐야만 하는 그 다종다양의 공식, 비공식 부과로 인하여 정말 공과금인 세납(稅納)의 권위가 땅에 떨어지고 만 것이다.

시 당국은 점잖게 고지서만 발부하고 예전처럼 심한 독촉도 없으니 이 것도 실상은 시정(市政)의 태만이나, 이런 태만은 시민으로서는 고마운 태만이다.

그러니 한 번 내라고 하여서 미처 못 내면 쌀 배급을 아니 준다, 혹은 어

---

* **공과(公課)** 국가나 공공단체가 국민에게 부과하는 금전상의 부담이나 육체적인 일.

떤 공포가 온다 하는 갹금(醵金)이 많으니 당장 독촉 없는 세금보다는 이런 돈을 먼저 낼 수밖에는 없다.

세금 한 가지만 내면 또다시 무슨 부과(賦課), 무슨 갹금 하는 걱정이 없이 시민은 안도하고 생활할 수 있는 방도를 시 당국은 생각해 본 일이 있는가 하는 것도 물어보고 싶은 일이다. 물론 시민으로서 공과(公課)의 의무를 성실히 이행하지 못하여 젖먹이까지도 평균 4백 원이나 되는, 그러한 체납이 있다는 것은 결코 명예스러운 사실은 아니다. 명예스럽지 못할 뿐 아니라 확실히 명예의 정반대되는 불명예의 사실이라 할 것이다.

그래도 체납보다 기납이 더 많다 하면 이것은 불행 중 다행이기는 하지마는 만약 유직자보다 무직자가 많아지듯이 기납보다 체납이 많아지는 날에는 이 노릇을 어찌할 것인가. 충성스런 시민으로서는 이러한 시정 파산의 위기를 깊이 근심하지 않을 수 없는 일이요, 이러한 위기에 당면한 시장의 우울할 심중을 능히 짐작할 수도 있다. 그러므로 시장의 우울한 심중은 곧 시민의 우울이라, 나도 역시 우울하지 않을 수 없다.

그러나 이러한 우울한 사태의 원인은 민생에 안태(安泰)가 없다는 것을 생각하게 된다.

직업이 없어, 직업이 있다 해도 수입이 생활을 보장하지 못해, 게다가 단정코 가연(苛捐)이라 원망하지 않을 수 없는 가지가지 명목의 갹출(醵出)을 강제, 반강제적으로 부담하여야 하는 것을 생각할 때에 더욱 우울하지 않을 수 없는 것이다. 언제나 서울 시민은 이러한 우울을 불식하고 명랑하게 체납 없는 시민의 명예를 누려 보나….

거지 추방

— 『신천지』 제2권 제8호(1947년 9월)

서울 장안에서 거지가 일소된다. 적어도 서울을 중심으로 3백리 내외서
는 거지가 일소된다. 참으로 반갑고 명랑한 시책이다. 현명한 시 당국의
이러한 현명한 시책에 서울 시민은 누구나 당연히 찬의(贊意)를 표하였다.
사실 일국의 수도는 수도다워야 할 것이었다. 외국 사람의 내왕이 많은 이
서울은 조선의 얼굴이다. 이 얼굴에 깨끗하고 명랑한 표정이 있고 없는 것
이 이 나라가 명랑하고 깨끗하냐 못 하냐를 외국인의 인상에 영향시키는
것인 만큼 조선은 가난하고 게으르고 피폐하다는 것을 남의 눈에 띄지 않
게 해야 하겠다.

그뿐 아니라 이 나라의 사회정책이 어떻게 되었기에 이렇게 거지가 많
으냐는 경멸을 받지 않아야 할 것이요, 이 나라의 경제정책, 산업정책이
어떻게 되었기에 이렇게 건장한 거지가 가로에 범람하느냐 하는 의심도
없이 하여야 할 것이다. 그런지라 일국의 수도 서울에서 거지를 일소하는
것은 지극히 현명한 시책이다. 여기 시민들이 찬의를 표하는 것도 지극히
당연한 일이다.

물론 서울시로서는 세금 한푼 안 내는 이들 귀찮고 지저분한 손님을 그
냥 지경(地境) 밖으로 추방만 하면 되는 것이지 그 이상의 시책을 강구할
필요까지는 없었다. 그러니까 이들을 트럭에 실어서 지정된 구역, 삼백리

밖에 내려놓으면 그뿐이었다. 그걸로 책임 완수요 시민의 찬성을 받을 만하였다.

그러나 앉아서 떡을 받는다는 말은 있지마는 앉아서 거지떼를 받는다는—이 전고(前古)에 들어 본 일도 없는 돌연한 사태에 지방 관민의 경악과 낭패는 과연 언어에 절(絶)한 바라 할 것이다.

거지의 본업이 구걸인 바에 배고프면 아무 집에서나 한때 얻어먹고 볼 판이다. 게다가 삼백 리 길을 트럭에 실려 갔으니 목도 마르고 배도 고플 판이다. 우선 내려놓아 준 그 지방 그 동리에서부터 다시 구걸을 개시하는 것도 그들을 위해서는 당연한 일이었다.

한 동리라야 몇십 호, 한 읍이라야 몇백 호에서 천 호 내외일 것인데 여기다가 세 대(臺), 네 대 트럭에 실려 온 수백 명 거지떼가 호별 방문을 일제히 개시하였을 그 광경과 그 지방 가가호호의 경악과 낭패를 상상해 보라. 웃지 말고 엄숙히 상상해 보란 말이다.

자, 이 노릇을 어찌하잔 말인가. 갑자기 거지 합숙소를 준비할 수도 없고 그들을 위하여 집집이 밥을 더 짓는달 수도 없고….

그러니 이 동리에서도 유일의 현명한 방책은 역시 이 거지떼를 지경 밖으로 추방하는 수밖에 없다. 우차(牛車), 마차, 모두 있는 대로 징발하여 거지들을 또 실어라, 우리도 우리 지경 밖으로 몰아내자.

그럴 것 없이 거지들도 도로 서울로 가면 그만이었다. 올 때처럼 트럭은 못 타더라도 걸어서라도 도로 가자. 서울시 어느 곳에도 '걸인 물입(勿入)'이라는 간판은 없더라.

그보다도 또 조금 꾀 있는 지방에서는 이 거지떼를 일당(一堂)에 모아 놓고 정말 거지냐 아니냐를 감정하였다. 그 결과 거지 아닌 사람이 얼마든지 나섰다. 비록 겉은 거지 같으나 주머니에서 십만 원 돈뭉치가 나오는, 비록 행상이로되 훌륭한 상업가도 있었다. 물론 정말 거지라도 거지 아니라고 나서는 패가 많다. 그러나 그건 또 그 지방에서 그다지 깊이 캐 볼 필요까지는 없는 일이다. 5백 명 중에서 거지 아니라는 사람 4백 명을 골라서 기차를 태워 서울로 돌려보내면 그뿐이었다.

이제야 생각해 보니 거지를 일소한다는 것은 그들에게 생업을 주고 임금을 살포할 것이요, 그래서도 안 되는 성격 파산자는 어떤 일정한 장소에 강제 수용하고 강제 노역이라도 시켜서 제 밥을 제가 벌어먹는 인간을 만들어야만 할 것이었다.

그냥 트럭에 실어 내몰았다는 것은 수고도 헛수고려니와 조선산 아닌 수입품 가솔린만 낭비한 것이었다.

예로부터 궁민 구제(窮民救濟) 공사(工事)라는 것이 있다. 이것은 도로 개수(道路改修), 미간지 개간(未墾地開墾) 같은 사업에 의하여 임금을 살포하는 것이다.

기왕 거지를 추방하려거든 어떤 미간지 개간이라도 시켰더라면 그들도 먹고살고 식량 증산도 되는 일석이조일 것을. 이건 또 거창한 사업이라면 도로 개수 공사라도 일으켰으면 일석이조일 것을. 이것도 거창한 사업이라면 서울 시내의 청소 작업과 오물 처치 인부로라도 썼더라면 수도 서울은 거지가 없어져, 오물이 없어져, 전염병이 없어져, 일석에 이조, 삼조, 사조, 오조의 효과가 있었을 것을. 아까워라.

제주도 사태*
— 1948년 6월 20일

　동족상잔의 유혈이 임리(淋漓)한 제주도 사태에 대하여 현지를 시찰한 검찰관 박근영(朴根榮) 씨는 그 원인을 경찰관의 그릇된 행동이라고 단언하여 경민 대립(警民對立)의 실정을 발표하였다. 그리고 애당초 문제가 발단되었을 때 경찰이 좀더 아량을 가졌더라면 그렇게 악화하지는 않았을 것이라 하였다. 다시 이(李) 검찰총장(檢察總長)**은 관공리의 부패상을 지적하고, 이 사태는 벌써 지난해 검찰총장 자신이 현지를 시찰하였을 때 경

＊　**제주도 사태**　1948-1949년 약 3만 명의 희생자를 발생시켰던 제주4·3사건을 지칭한다. 해방 이후 제주도에서 뿌리를 내린 좌익세력과 미군정·경찰·우익세력 사이의 갈등이 심화되어가던 중, 1947년 3·1절 기념집회 과정에서 경찰이 군중에게 발포하여 주민들이 사망하는 사건이 발생했다. 이후 제주도민과 미군정 및 우익세력 사이의 갈등은 걷잡을 수 없이 악화되었다. 1948년 4월 3일 제주도 무장대가 일제히 봉기하여 폭력적 탄압 중지, 반(反)단독선거, 민족통일 등의 구호를 내걸고 경찰과 우익세력을 공격했다. 사건 초기에 미군정은 경찰을 동원하여 이를 진압하려 했으나 사태가 악화되자 군을 투입하여 진압했다. 그 결과 제주도 전체 인구의 약 10%에 달하는 3만여 명의 희생자가 발생했고, 사건 발발 1년여 뒤인 1949년 6월 무장대 총책의 사살과 함께 무장대는 사실상 궤멸되었다.

＊＊　**이(李) 검찰총장(李仁, 1896-1979)** 변호사이자 정치가로 활약했던 이인을 지칭한다. 일제강점기에 민족주의 변호사로 각종 항일사건의 변호를 맡았다. 1927년 신간회의 창립과 더불어 중앙위원으로 선출되었으며, 이후 신간회의 해소론이 제기되자 비타협적 민족주의자들만의 민족단체를 조직할 것을 주장했다. 1945년 9월 한국민주당이 창당되자 당무부장이 되었고, 1946년 검찰총장이 되어 조선정판사위폐사건 등의 수사를 지휘했다. 1948년 8월 초대 법무부장관을 지냈다. 1949년 3월 보궐선거에서 당선하여 제헌국회의원이 되었고, 그해 7월에는 반민족행위특별조사위원회 위원장으로 활약하기도 했다.

고를 발(發)한 것이며, 이제 와서는 '곪을 대로 곪은 것을 좌익이 파종을 시켰을 뿐'이라고 하였다.

어느 섬이나 대체로 배육적(排陸的) 기풍이 있지마는 특히 제주도는 육지와의 거리가 먼 그만큼 이 배육(排陸) 기풍도 강하다고 듣고 있다.

그런데 여기에 그 지방의 고유한 풍속 습관을 모르는 사람들이 경찰의 권력을 띠고 들어갔다 하면 그 사실 자체가 주민들의 감정과 충돌되는 것임을 부인하지 못한다. 우선 특이한 인정, 풍습을 미처 이해치 못하였기 때문으로서의 은위(恩威)의 전도(轉倒)라든가, 또는 언어가 잘 통하지 않는— 사투리와 사투리의 상충에서 본의 아닌 오해의 발생을 생각할 수도 있다.

그러나 이만 이유로 저러한 폭동이 일어날 수 있을까? 허다면 지금 제주도 경찰서 유치장에는 살인죄로 구속된 수명의 경찰관이 있다는 것은 어떻게 설명되는 것인가? 물론 폭동 진압에 있어서 폭도라고 그릇 인정한 살상이 있을 수 있다고 하겠지마는 이러한 사실에서 벌써 이 사태 수습에 대한 경찰 측의 흥분한 감정 상태를 알 수 있는 것이다. 따라서 그러한 흥분 상태는 그전에 이미 발생되고 계속되어 온—그리하여 이것이 경민 대립(警民對立)의 한 원인인 것을 충분히 짐작할 수 있다. 뿐만 아니라 이러한 흥분상태가 적색 탄압이라는 명목하에서 의외에도 많은 적색분자를 제조한 것이나 아닐까?

더구나 검찰총장의 담화에 의하면 제주도의 관리는 모두가 부패하였으며 오래전부터 이곳은 모리배의 소굴로 변하였다고 한다.

허다면 관리는 모리배와 부동(附同)하여 회뢰(賄賂)에 눈이 멀고 경찰은 경찰에 대한 비협력자는 모조리 적색분자로 몰아치는 중에 그렇지 않아도 석연(釋然)히 융합할 수 없는 배육(排陸) 기풍이 강한 주민에게는 오직 생활난과 압박감만이 있었다 하면 여기에 어떤 사태가 벌어질 것인가? 곪을 대로 곪은 것을 좌익이 파종시켰다는 진단은 정당한 진단이라고 할 것이다.

법률과 질서를 무시하고 살상을 자행하는 폭동 그것을 옳다고 할 사람은 아무도 없다. 물론 이것은 부당한 것이다. 그러나 곪은 것을 파종시켰다는 정당한 진단에 대하여 우리는 냉정한 사려로써 이 사태를 비판할 필요가 있는 것이다.

물어보기에는 이미 때가 늦었지마는 곪은 것이 사실이라 하면 애당초 왜 이러한 화농(化膿)을 그대로 버려두었는가. 애당초 곪지 않도록 하였어야 할 것이요, 만약 곪은 것이 기왕 부득이하였다 하면 정상적인 수술이 필요치 아니하였을 것인가.

정상적인 수술이 없는 데서 무리한 파종을 보게 된 것이다. 말하자면 무면허 의사의 비위생적 수술이다. 수술자가 무면허 의사요 수술 방식이 비위생적이라 마침내 불필요한 유혈이 임리(淋漓)하게 되었다.

당국은 지금 이 무면허 의사의 비위생적 수술을 질책하고 있다. 과다한 유혈을 보게 된 이 결과로 보아서 이 질책은 지당한 질책이다. 그러나 이 질책보다는 곪는 것도 그냥 두고 곪은 뒤에도 그냥 내버려둔 것을 질책하는 것이 더 지당하여야 하지 않을까?

그러나 질책만 하고 있기에는 끊임없는 출혈이 너무나 과다하다. 그래서 우선 시급한 지혈 처치가 더 지당하다고 본다.

이 시급한 지혈 처치에는 어떠한 대책이 요청되는가?

우선 시급한 것이 부패한 환부에 대하여 정상적인 재수술이 필요할 것이다. 사태 수습이 하루가 급할수록 이 사태를 빚어낸 원인부터 제거하는 것이 긴절(緊切)한 일이다. 이 원인을 그대로 두고서는 선무공작(宣撫工作)

도 신임을 받지 못할 것이다. 하물며 탄압이랴.

다행히 이 원인을 제거하는 현명한 용단이 당국에 있다 하면 그다음으로 우리는 아량과 관용이 필요할 것이라고 믿는다. 애초에 문제가 발단되었을 때 당국이 아량을 가졌더라면 이렇게까지는 악화하지 않았으리라 한다면 사태가 악화된 지금에 있어서는 발단 시초보다 몇 십 배, 몇 백 배의 아량이 필요할 것이다.

지금 우리 앞에는 하나의 생생한 교훈을 필리핀(比律賓) 반란 사태의 수습에서 배울 수 있다.

후바라합 농민반란군(農民叛亂軍)*에 대하여 퀴 대통령(大統領)**은 반란군이 무기만 포기하면 대사령(大赦令)을 발포할 것을 선언하였다.

이에 의하여 농민 게릴라대(隊) 영도자 타룩*** 씨는 사용(私用) 비행기로 근거지 중부 루손 지구로부터 수도 마닐라에 출현, 대통령과 회견하였다.

---

* **후바라합(Hukbalahap) 농민반란군** 후바라합은 1942년에 결성된 필리핀의 항일인민의용군 후크발라합(Hukbalahap)을 지칭한다. 1942년 일본군의 필리핀 침공 당시 루손섬의 전국농민조합을 중심으로 조직된 항일 게릴라 조직이었다. 1946년 필리핀 독립 이후에는 이를 참된 독립이 아니라고 규정하고, 공화국정부와 대립하면서 반미·반정부 무장투쟁을 개시했다. 1950년 단원 7만 명, 동조자 50만 명에 달할 정도로 강성했으나, 미국 첨단무기의 지원을 받은 필리핀 정부의 강력한 진압에 의해 1954년 사실상 반란은 종결되었다.

** **퀴 대통령(Elpidio Quirino, 1890-1956)** 필리핀의 정치가 엘피디오 키리노를 지칭한다. 키리노는 제2차 세계대전 후 독립국이 된 필리핀의 초대 대통령 로하스(Manuel Roxas) 밑에서 부통령으로 일했다. 1948년 4월 로하스가 죽자 키리노가 대통령직을 승계했으며, 다음해에 실시된 선거에서 대통령으로 선출되었다. 그의 행정부는 후크발라합(Hukbalahap)의 활동으로 심각한 위기에 직면했다. 1948년 키리노와 후크발라합의 지도자인 루이스 타룩과의 협상이 있었으나, 일견 성공적으로 보이던 협상은 끝내 결렬되었다. 1953년 국민당의 막사이사이에게 패배하여 정계에서 은퇴했다.

*** **타룩(Louis Taruk, 1913-2005)** 필리핀 후크발라합의 지도자 루이스 타룩을 지칭한다. 1942년 일본이 필리핀을 침략했을 때 루손 중부지역에서 항일인민군을 조직하여 총사령관이 되었다. 1945년 민주동맹 소속으로 국회의원에 당선되었으나 선거위원회로부터 테러리즘을 사용했다고 고발되어 의원직을 박탈당했다. 1954년 후크발라합 세력이 약화되자 항복했고, 반란과 테러 협의로 기소되어 12년형을 선고받았다

그리하여 무기 포기를 조인, 대사령 발포(大赦令發布), 그리고 대통령과 반란군 영도자는 만족한 표정으로 화기(和氣)롭게 악수를 교환하였다. 이 결과로 5만의 반란군은 2년 동안의 전투 행위를 중지하고 정부는 반란군을 가두었던 옥문을 개방하였다.

우리는 필리핀 농민군이 어째서 반란을 일으켰는지 그 시비와 곡직을 가릴 필요는 없는 것이다. 그리고 2년 동안의 이 반란으로 인하여 얼마나 많은 피를 희생하였으며 이러한 희생이 신생 필리핀 국가 전체에 얼마나 영향을 끼쳤는지도 계산할 필요는 없는 것이다. 다만 원만한 항복과 적의 없이 양자의 화기로운 악수 교환에서 필리핀 국가의 다행을 위하여 축복하는 것으로써 족할 것이다.

그런데 우리는 어떤가? 제주도 사태는, 지리산 사태는….

기아수입(飢餓輸入)

— 1948년 7월 1일

　해방 후 남조선에서 소비한 휘발유, 중유, 기계유, 석유 등은 도합 이백만 석에 달하여 그 값이 56억 8천만 원이라 한다.

　우리 조선에 유원(油源)이 없는 것은 누구나 아는 게니 이 이백만 석의 기름이 몽땅 외화요 그 값 56억 8천만 원이 그대로 전부 부채라는 것도 누구나 알 수 있는 일이다.

　허다면 우리는 이 휘발유, 중유, 석유 등을 수입하여다가 무엇을 얼마큼이나 생산해서 부채를 갚을 만큼 외화를 획득하였는가.

　만약 그렇지 못한 채 호강 삼아 타고 다닌 택시에, 또는 요즘 암흑 세상을 만난 백성이 전등 대신 쓰는 석유 등잔에, 혹은 적자만 날 뿐으로 수지를 맞출 길 없는 공장 운영에 그럭저럭 흐지부지 써 버린 것이, 그야말로 흐지부지 '소비'된 것이 집계를 하고 보니 이만큼 된다 하면 그야말로 누구나 다시금 깜짝 놀라야 할 일이다. 대체 이 빚을 무엇으로 갚는다는 말인가. 그야말로 기름값이니 우리 몸에서 기름이나 짜내서 갚아야 하나?

　넉넉한 살림을 못하는 이 나라 백성이 지금 거의 전부가 영양부족에 빠져서 빼빼 말라 들어가는 판인데 몸에선들 짜낼 기름이 있는가. 딱하고 한심한 일이다.

　상무 당국(商務當局)이 발표하는 바에 의하면 금년 오월 한 달에만도 대외 무역 상황은 수입이 5억 288만 3천562만 원인데 수출은 3억 9천498만 9천246원으로 1억 700만 원의 입초(入超)라고 한다. 다시 금년 일월부터 다섯 달 동안의 집계를 보더라도 수입 28억 3천652만 1천922원에, 수출은 27억 1천556만 9천273원이라, 결국 1억 2천만 원의 입초를 표시하고 있다.

조선은행 조사에 의하면 우리는 이미 1946년도에 1억 2천100만 원, 1947년도에 9억 2천600만 원의 입초를 보고 있으니 외상(外上)이면 소도 잡아먹는다는 식인가, 우리는 지금 자꾸만 빚을 지고 있는 중이다.

이렇게 수입 초과를 보게 되는 바터제(制)*하의 남조선 무역 상태를 시정하려는 당국의 고심 노력은 어떠한 것인가?

이른바 피동적 편무역(偏貿易) 시정과 자본 도피 방지에 안목을 두었다는 수출 우선주의하의 무역금융체제와 위탁수출제 등의 창설과 수출입 품목 통제, 수출입 가격 사정 위원회 등 노력의 자취 없음이 아니다.

그러나 사배공반(事倍功半)이라 할건가, 이 노력이 헛노력이라고 아니하지 못하게, 결국 입초에 입초를 계속하고 있다. 아무리 피동적 편무역제를 시정하려 하나 아직까지도 이 나라 상품을 배에 싣고 외국 항구에 나가기는 자유롭지 못하고 반대로 우리 항구에 척척 들어올 수 있는 외국 선박은 자유로 꼬리를 물고 들어오고 있으니 여기서 나타나는 결과가 무엇인가.

이미 이 나라의 무역선이 수출품을 싣고 해외에 진출하여 다시 외화를 싣고 들어오는 것이 아니라 외국 상선이 제 맘대로 싣고 들어온 상품을 피동적으로 사들이는 그것인 데서 수출입 품목 통제의 효능은 반감(半減)을

---

* **바터제(barter制, Barter System)** 두 나라 사이에 협정을 맺어 일정 기간 서로 수출을 균등하게 하여 무역 차액이 발생하지 않도록 하는 무역을 지칭한다. 흔히 구상무역(求償貿易), 바터무역 등으로 불린다.

면치 못한다.

게다가 국내에는 무슨 무역상, 무슨 무역회사라는 간판들은 번쩍번쩍하고 흥청거리는 모양은 그럴듯하지마는 알고 보면 대개가 보트 한 척 없는 무역상들이다. 이러한 무역상들이 인천, 부산 같은 항구마다 그물을 치고 앉았다가 외국 배가 들어오면 그 손님을 요릿집으로 모셔다가 기생을 앵겨 주고—그나마 경쟁이 붙으니 저마다 요리를 많이 내고, 기생을 많이 앵겨주고, 물건값을 올리고, 그렇게 해서 우리 손으로 올려놓은 비싼 값에 짐을 풀게 하는 이러한 무역상들이 태반이라고 듣고 있다.

그러면 물건을 팔 때는 어떤가? 이편이 살 때에 경쟁을 하였으니 저편도 살 때에는 경쟁을 해서 비싸게 사가나?

천만에, 아니다. 살 때에 경쟁한 그 솜씨로 물건을 팔 때에도 경쟁을 하는 것이다. 외국 손님을 요릿집에 모셔다 놓고, 기생을 앵겨 주고, 여기 경쟁이 붙으니 저마다 요리를 많이 내고 기생을 많이 앵겨 주고….

다만 다른 것은 물건을 살 때에 값을 올리던 것과는 반대로 값을 내리는 경쟁이다. 저마다 싸게, 더 싸게…. 이렇게 우리 손으로 값을 깎은 물건을 싣고 외국 상선은 돌아가는 것이다.

이리하고서 당국이 아무리 입초 시정책에 노력을 한다 하나 거기에는 성공 대신에 실패가 따를 수밖에 없지 않을까?

우리는 지금 이러한 무역 상태 하에서 오징어쯤을 내보내고 외국상품을 들여다 소비하는 중이다. 자주경제가 없이 자주독립이 없다는 말은 차라리 새삼스러운 설교에 불과한 것이다. 누가 그것을 모르는가. 알지마는 그렇지 못하니 딱하고 한심할 따름이다.

여기서도 우리는 우리 자신의 자주정신의 결핍을 인식하는 바이다. 경제적 재건을 위하여는 외화 수입도 부득이하고 또 필요하기도 하기는 하다. 그러나 우리는 과연 자주적 경제 재건이라는 뚜렷한 목표와 의욕을 가지고서 외화를 수입하고 있는가? 과연 앞으로 갚을 능력이 있는 외채(外債)를 걸머지는 중인가? 그나마 정말 장사꾼답게, 내 물건도 내 물건값을 받고 팔며 남의 물건도 물건값 이상은 주지 않고 사서 쓰는 것이면 얼마나 불행 중 다행일 것인가.

제1차 세계대전 후 패전국 독일은 많은 배상을 걸머졌다. 물다 물다 못해 중간에 가서는 나가 넘어지고 말았지마는 처음에 그들은 배상 지불을 위하여 먹지 않고 쓰지 않고 생산품은 모조리 외국에 내다가 팔았다.

이른바 기아수출(飢餓輸出)이라는 것이다. 자신은 굶지마는, 자신에게도 필요한 생산품이지마는 수출 우선주의를 강행하였던 것이다.

그런데 오늘날 우리는 어떤가? 기막힌 말이나, 우리는 지금 그야말로 기아수입을, 기아수출의 정반대되는 기아수입을 하고 있는 것이다. 갚을 길도 없고, 갚을 예산도 없는 외화를 들여다가 흐지부지 소비하는 중이다.

수출품이라야 기껏 오징어라 하면 들어오는 물건은 무엇인가? 생고무는 또 우리가 이제 다시 짚신 감발을 못할 처지에 맨발로 살 수 없으니 부득이하다고 하자. 그 비싼 종이를 사다가 우리는 무엇에 쓰는 중인가?

나부터도 종이를 소비하는 부류에 속한 인간이지마는 그 비싼 값에 들여온 종이가 파쟁의 선전용에 하염없이 소비되는 것을 생각할 때에, 우리는 지금 민족 분열 작용을 위하여 기아수입을 하고 있는 중이 아닌가.

여기 민족 자립의 위기가 있다. 자립정신이 결핍한 채로 비자주적인 피동적 편무역에 의하여 경제적 혼란과 정치적 혼란을 조장하고 있는—이 민족 위기를 남이 슬퍼해 주어야 할 것인가?

양피(羊皮) 속의 일제
— 1948년 7월 6일

제국주의 일본이 3년 전에 패망하기에, 우리는 알기를—그 수백년래의 관영(貫盈, 가득 참)한 죄악으로 말미암아 드디어 천주(天誅, 천벌)를 입는가 하였다.

그리하여 그 완전 무장해제와 헌법상 전쟁포기는 이 영맹(獰猛)한 표랑(豹狼, 표범과 이리)의 독한 이빨을 뽑고 인방(隣邦)을 할퀴던 발톱을 갉아 버리는 것인 줄 알았다.

그러나 그를 평화로운 천지에 그대로 내어놓기에는 3년 전까지 너무도 영맹하던 표랑이라, 순량(淳良)한 양의 성질을 가지기까지 상당한 기간 태평양 고도(孤島)에 가둬 놓고 길을 들여야 할 필요가 절실한 바 있었다.

이 상당한 기간이라는 것은 구체적으로 말하면 몇 십 년이면 될 것인가? 혹은 30년, 혹은 50년의 엄중한 감시의 필요가 역설되었던 것이다.

그러면 이렇게 한 30년이나 50년쯤의 세월을 두고 애써서 길을 들이면 이 영맹한 표랑은 과연 순량한 양으로 변할 수 있을까? 남의 피를 마셔야만 하던 악습을 버리고 그는 과연 세계 평화를 위하여 기여함이 있는 민주주의 일본으로 재생할 수 있을까? 이것을 믿을 수 있을까?

한일합병이 되기 20여 년 전—한말사(韓末史)에 의하여 정확히 말하면

1881년 12월, 어윤중(魚允中)*은 일본을 방문한 일이 있었다.

그때 일본에서 학자요 정치가로 이름 높은 소에지마 다네오미(副島種臣)**와 어윤중과의 대담 가운데 다음과 같은 말이 있다고 일본의 사가(史家) 도쿠토미 소호(德富蘇峯)***는 그의 저술『근세일본국민사(近世日本國民史)』「임진란편(壬辰亂篇)」에 기술한 것이 있다. 즉,

소에지마(副島): "조선 민족은 아직도 일본 민족에게 임진란(壬辰亂)에 대한 원한이 있는가?"

어(魚): "정직히 말해서 그러하다."

소에지마(副島): "그럴 것이다. 허나 임진란은 일본이 조선에게 원구(元寇)의 부채(負債)를 갚은 것이다."

라는 것이다. 원구의 부채란 600년 전 여몽(麗蒙) 연합군의 일본 공략을 말하는 것이다.

---

* **어윤중(魚允中, 1848-1896)** 조선 후기의 문신, 개화사상가, 재정전문가. 온건개화파로서 1894년 갑오개혁 내각이 수립되자 김홍집 내각과 박정양 내각에서 탁지부대신이 되어 재정·경제 부문의 개혁을 단행했다. 1881년 조사시찰단(朝士視察團)의 일원으로 일본에 파견되어 약 3개월 동안 일본 메이지유신[明治維新]의 시설·문물·제도 등을 상세히 시찰하고 많은 자료를 수집했다. 이어 청나라에도 방문하여 초기 개화정책을 추진하는 데 큰 역할을 했다. 1896년 아관파천으로 갑오개혁 내각이 붕괴되자 고향인 보은으로 피신하던 중 용인에서 향반(鄕班) 무리에게 피살되었다.

** **소에지마 다네오미(副島種臣, 1828-1905)** 에도·메이지 시기의 관료이자 정치가. 메이지 유신[明治維新]에 혁혁한 공을 세운 뒤, 메이지 정부에서 참여(參與), 참의(參議), 외무경(外務卿) 등을 지냈으며 그밖에도 추밀원(樞密院) 고문관, 내무대신(內務大臣) 등을 역임하였다. 사이고 다카모리 등과 함께 정한론을 주창하였으나, 국내 통치 안정을 우선시한 이와쿠마 도모리 등의 주장이 채택되면서 관직에서 물러났다.

*** **도쿠토미 소호(德富蘇峰, 1863-1957)** 일본의 메이지·쇼와 시기의 역사가이자 언론인. 초기의 저서에는 서양식의 자유 민주주의적 개혁이 일본에서도 이루어져야 한다고 주장했다. 그러나 3국간섭 등으로 인해 국제사회는 무엇보다 국가의 힘이 우선한다는 인식에 서게 되어, 이상론을 배척한 현실주의적인 정치론을 전개하게 된다. 이후 제국주의 일본을 지지하는 호전적 국가주의자로 활동했다. 언론계의 중진으로서 그 논의는 정계에도 큰 영향력을 미쳤다. 전후 A급 전범이 되었다.

600년 전, 원(元)나라가 일본을 공략할 때에 해양에 대한 지식이 부족한 원나라로서는 고려에 힘입음이 컸으므로 대일 공략의 책원지(策源地)를 고려라고 볼 수 있다. 그리고 고려의 조선술(造船術)과 그 길잡이에 의하여 공략되었던 것도 사실이라 할 수 있다.

일본은 그로부터 300년 후의 임진란을 여기에 대한 보복이라는 것이다. 이러한 논리하에서 그 뒤의 러일전쟁(俄日戰爭), 청일전쟁, 한일합병, 만주 침략, 중국 본토 침략의 소위(所爲)는 실로 600년 전 원구(元寇)에 대한 보복 행위로서의 임진란의 재판, 삼판인 것을 알 수 있다.

이로써 그 영맹한 표랑의 근성을 타고난 왜족의 육백년래 그 피의 전통은 실로 인방(隣邦)에 대한 침략으로 일관한 것을 알 수 있는 것이다.

그런데 우리는 어떤가? 600년 전의 유한(遺恨)을 대대의 혈맥 속에 계승시켜 온 왜족(倭族)에 비하여 우리는 어떤가?

실제에 있어서 300년 전 임진왜란의 참화에 대하여 지금의 우리는 분할 줄이나 알고 있나? 러일전(俄日戰), 청일전(淸日戰)을 일으킨 왜족 때문에 우리가 입은 피해를 기억하는가? 그보다도 우리 당대에, 우리 자신이 40년간 겪은 망국의 치욕과 압박과 약탈은 3년 전까지 계속되었다. 그런데 이 3년 전의 원한을 우리는 기억하고 있나? 벌써 어느새, 차츰 잊어버리는 중이나 아닌가?

결코 결단코 보복을 하기 위해서 이것을 기억하자는 말은 아니다. 그리고 우리는 왜구에 대한 최선의 보복은 그를 장래에 무력적으로 제압하는 것보다 덕력(德力)으로써 길을 들여 평화롭고 민주적인 족속으로서 우리의 선린(善隣)을 만드는 그것인 줄도 잘 알고 있는 것이다.

그러나 이러한 최선의 보복을 완수하기 위하여서는 우리는 그를 장기간 감시할 필요가 있고, 우리 자신이 민족적 기혼(氣魂)을 진작하기 위하여 그들로부터 받은 수 세기 간의 참화를 결단코 잊어서는 안 되는 것이다. 적어도 우리 민족이 왜보다 훨씬 더 우수한 국가(國家)를 가지는 날까지는, 그리고 그를 진정한 우리의 선린(善隣)으로 확인할 수 있는 날까지는 결단코 잊어서는 아니될 3년 전까지의 치욕이다. 이것을 우리는 자손대대에 계승시킴으로써 민족 자체의 공고한 단결력을 길러야 하며 우리 자손으로 하여금 이리를 양으로 잘못 알고 사귀었다가 낭패하는 일을 경계할 필요가 있는 것이다.

그런데 이것은 무슨 일인가? 완전 무장해제라던 일본에 재무장설이 들리고 있다. 그 설은 이미 하나의 기우가 생산한 풍설(風說)이 아니라, 이제야 은폐할 수 없는 너무나 여러 가지의 구체적 사실로써 나타나고 있다.

미국이 일본의 군수공업과 거대한 경제력을 부흥시키고 있다는 비난은 불합리적이며 날조적이라고 맥아더 사령부는 정식으로 부인하였거니와, 허다면야 작히나 좋으랴마는, 우리는 이 표랑의 영맹성이 어떤 일국(一國)의 장래 대소(對蘇) 전쟁 대비에 지극히 유용하다는 사실만은 부인할 수 없는 것이다. 그리고 이 일본이 재기하기 위하여서는 어떤 일국(一國)의 대소전(對蘇戰)에 피를 바쳐야 할 것을 각오하고 있다는 사실도 부인할 수는 없는 것이다.

본래부터 육백년래의 침략 근성을 일조일석에 불식하고 패망 3년에 민주화하였다면 이것을 믿을 수는 없는 것이다. 만약 이것을 믿는다 하면 실로 비과학적인 우론(愚論)의 극이라고 할 것이었다.

그런데 미국은 자꾸만 일본이 쾌속도적(快速度的)으로 민주화하는 것을 매우 만족하게 칭찬하고 있다. 우리는 이것을 믿어야 하나? 믿는다면 비과학적이다.

확실히 이 표랑(豹狼)은 지금 양의 껍질을 쓰고 있다. 미국에 대하여 종순(從順)을 위장하고 장차 대소전이 열리는 날 대륙 재침공의 권토중래(捲土重來)를 대기하고 있는 것이다.

그런지라 그 깎지 아니한 발톱, 뽑히지 않은 독한 이빨이 건전(健全)하다. 우리는 이것을 보기 때문에 우리의 생존을 위하여, 동양의 안전을 위하여, 세계의 평화를 위하여 의구(疑懼)하는 것이다.

그런데 미국은 이 표랑에게 민주화라는 양피를 씌워 놓고 그 발톱과 이빨을 감추게 하면서 이것을 자꾸만 양이라고 말한다. 이리를 이리라고 지적하는 것을 날조적이라고 한다.

생활의 전화(電化)
— 1948년 7월 4일

　산명수려(山明水麗)한 이 땅이요, 백의를 즐기는 민족이라, 냄새 고약한 석유나 보기도 숭하게 시꺼먼 석탄 따위는 태초부터 땅속엘망정 있을 리 만무였던 모양이다. 그런데 과학이 발달하면서 석유, 석탄은 인류 생존에 불가결의 필수품이 되고 보니, 이러한 지하자원의 결핍은 딱한 일이 아닐 수 없다.

　그러나 걱정할 필요는 없다. 맑은 물은 그냥 맑은 물로서만 좋은 것이 아니라 전기도 낳아 주는 생산자라는 것을 과학은 발견하였다. 그러고 보니 조선은 전기의 나라다.

　발견된 전원이 1000만 킬로와트, 개발계획권 내(開發計劃圈內)에 들어 있는 것이 250만 킬로와트, 이미 개발된 것만도 120만 킬로와트라 하니 현재로도 이미 세계적으로 유수한 전기의 나라요, 장차 발견될 모든 전원의 일체 개발과 다시 새로이 개발 가능한 전원의 개척에 의하면 이 나라는 세계에 관절(冠絶)할 전기의 나라인 것이다.

　우리는 이 전기만 이용하는 것으로써 넉넉히 석유와 석탄 없는 비애를 벗어날 수가 있다. 뿐만 아니라 쓰고 남는 전기를 만주 일대에 팔아서 부를 얻을 수도 있을 것이다.

그러건마는 농촌전화(農村電化)라는 말이 있은 지 오래면서 이 전기의 나라에서 아직 원시적 농경 상태를 면하지 못하고 있어서 현재 농업 전력 수요는 전(全) 전력 수요의 단 2%에 불과한다.

덴마크(丁抹), 프랑스 같은 나라는 전 전력 수요량의 40%가 농업용이라는 것을 볼 때, 우리의 농촌전화(農村電化)가 얼마나 시급한 문제인 것을 알 수 있다.

첫째로 전기를 이용하여 농구를 기계화함으로써 원시적 생산방식을 벗어나야 할 것이 무엇보다 시급한 동시에, 이로써 노력(勞力)은 60% 이상의 절약이 가능할 것이다. 뿐만 아니라 논마다, 밭마다 밤에 불을 밝혀 해충을 구제하면 20% 이상의 수확 증가를 볼 수 있다는 것도 다른 나라의 실례가 증명하는 일이다.

탈곡의 전화(電化)는 타작마당에서 곧장 쌀을 만들 수 있을 것이니 도시에서는 정미소를 추방할 수 있고, 이에 의한 도시의 정화, 수송의 간이화를 초래할 것이다.

그뿐 아니라 공업 입국의 견지에서도 우리 전기의 나라는 호조건을 가지고 있다. 모든 선진국도 이미 원동력의 중추는 석탄에서 전기로 대치되어 가지마는, 우리의 공업상 후진성을 극복함에 있어서 더욱 이것이 필요한 것이다.

특히 간접 원료가 아니라 직접 원료로서 전기가 58%나 필요한 화학공업을 우리는 발달시킬 수 있고, 그중에도 물과 공기와 유황을 원료로 전기적 처리에 의하여 생산하는 황산[硫安]암모늄의 대량생산은 농촌의 비료문제를 해결할 것이요, 퇴비 축적에 드는 노력의 부업 전화(轉化)와 아울러 구린내 나는 농촌을 정화시킬 것이다.

우리는 무진장한 텅스텐이 있으니 이것을 원광(原鑛)으로 수출하고 가공품을 역수입할 것이 아니라 국내에서 공업화할 필요는 물론이려니와 우리에게는 여기 필요한 고도의 열을 전기에 의하여 해결할 수 있다고 한다.

그런데 우리는 아직 전기를 이용하지 못하고 있다. 겨우 도시 중심의 등화용(燈火用)이 전 수요량의 50%나 된다는 것으로서 천혜를 이용 못하는 우리인 것을 알 수 있다. 무엇보다도 이렇게 전화의 후진으로 인하여 대중은 고가의 전기료를 부담하고 있는 것이다. 동력용으로 많이 쓰이고 동력 요금에 의한 수익으로써 등화용 요금의 절감을 기(期)하여야 비로소 국가는 인민의 생활을 위하여 봉사할 수 있을 것이다.

이것은 여담이지마는 나는 한때 전기회사의 업무부장으로서, 어찌하면 전등료를 실비 이하로 낮추어서 수용가에게 봉사할 수 있을까를 생각해 보았다. 그러나 아무리 수판을 놓아 보아도 지금 같은 전력 소비의 분야에서는 하나의 이상론에 불과하지 그 실현은 불가능하다는 숫자의 지시에 우울하였다.

지금 산이란 산은 모두가 새빨갛다. 그도 그럴 것이, 10년 이상 기른 것을 한 해 겨울 장작으로 아궁이에 넣어 버리는 형편으로서는 산에 나무가 자랄래야 자랄 새가 없는 것이다.

사람보다 삼림이 많던 원시시대에는 몰라도, 현대에서는 이 불합리를 극복하여야만 한다. 온돌의 전화(電化)는 편리하고 경제적이고 위생적인 문화생활상의 필요 이상으로 녹화 계획을 위하여서도 긴절한 바가 있다.

나는 늘 우리의 생활을 이렇게 완전히 전화(電化)할 필요를 느낄 때마다, 어느 두메 산골의 외따른 오막살이 한 채라도 문등(門燈)을 밝히고 해중(海中) 고도(孤島)의 한 줄기 어화(漁火)까지라도 철저히 전화(電化)한 조선을 생각해 본다.

가솔린을 수입하여다가 소비할 것 없이 전기 자동차를 달리고 석탄을 사다 때는 기차 대신에 전 철도를 전화(電化)함으로써 연기 안 들어오는 차창을 열고 수려한 풍광을 내다보는 여행이 얼마나 쾌적할까를 생각해 본다.

그런데 지금 이렇게 쾌적한 여행을 그리며 이 글을 쓰는 중에 전등이 꺼졌다. 이것이 북조선으로부터 송전이 중지된 이래 전력 기근 상태하에 있는 남조선의 냉엄한 현실이다.

어두운 촛불 밑에서 원고를 정리하려다가 잉크를 엎질렀다…. 우울할 수밖에 없다.

단전(斷電)
— 1948년 7월 4일

교섭 대상이 문제라서 남조선 인민이 단전을 당하고 암흑 상태하에서 원시적 생활을 감수해야 한다면 대관절 전기는 누구의 전기냐고 물어볼 밖에 없는 일이다.

허리가 잘렸다 뿐이지 조선은 조선. 조선의 전기는 조선 인민의 생존을 위하여 쓸 수 있는 권리가 조선 인민에게 있는 것이 아니냐고 물어보자는 말이다.

그런데 지금 조선의 허리를 잘라 놓은 미소(美蘇)는 단 한 가지, 삼팔선을 통하던 전기마저 피차의 옥신각신 끝에 끊어 버려, 이천만 생령(生靈)에게서 등화(燈火)의 만족조차 상실시켜 놓는 것이 어째서 정당하냐고 물어보자는 말이다.

본시(本是)가 농업 지구인 남조선이라 공업 생산이 빈약한 데다가 그나마 단전이 되고 보니 생산은 2할 이하로 저하(低下)라, 이만하면 완전에 가까운 파탄이다. 그런데 교섭 대상이 소련이 아니면 안 된다 하여서 단전이 계속되고 생산이 완전히 정지된다 하면, 이것은 장차 미국의 좋은 상품이 쏟아져 들어와서 해결할 건가?

그는 그렇다 하고 양수(揚水), 배수(排水)의 불능으로 지금 벼농사조차 대타격이라, 이십만 석 감수 예상(減收豫想)이 반드시 김해평야만의 실정이 아니니, 그렇잖아도 부족한 식량 생산에 이것은 또 외미(外米)를 들여다가 해결할 건가?

다른 것은 다 미국 것이 조선 것보다 좋을지 몰라도 쌀만은 조선 사람 입에 조선 쌀 이상 좋은 것이 없으니 외미는 첫째로 먹을 맛이 없는 것이다. 그야 굶게 되면 할 수 없이 먹을 수밖에는 없겠으나, 가난한 이 나라 백성에게 그때는 또 돈이 있어야 사 먹지 않느냐는 문제가 있으니, 이건 '달러' 원조에 의하여 해결할 건가?

그러고 보니 현재도 우리는 미국의 원조하에 살아가고 있다. 부족한 공업 생산을 보충하기 위하여 운라 구제품*도 가져다주었고 부족한 식량 때문에 밀가루와 통밀과 또 초콜릿과 사탕도 받아먹고 살아가는 중이다.

이번 단전도 되자마자 인천, 부산에 대기하였던 발전선(發電船)이 기능을 발휘하고 경전(京電)**의 당인리(唐人里) 화력발전을 위하여 하루 400톤이나 소용되는 석탄을 일본으로부터 실어다 주고 있다.

물론 고마운 일이다.

그러나 당인리 화력발전을 위해서 하루 400톤씩을 소비해야 하는 석탄 값을 일본에 줘야 한다면 우리는 마음이 아프지 않을 수 없는 것이다. 조

---

* **운라 구제품** 연합국구제부흥기구(UNRRA)의 구제품(救濟品)을 지칭한다. UNRRA는 United Nations Relief and Rehabilitation Administration의 약칭이다. 1943년 11월, 제2차 세계대전으로 인한 여러 전재국(戰災國)의 구제를 목적으로, 44개국의 협정에 의해 설립된 국제적인 원조기관이다. 1946년 8월에 그 해체가 결정되었으나, 유럽에서의 활동은 1947년 6월까지, 중국에서의 활동은 1949년 3월까지 계속되었다. 미완결 업무는 국제난민기구(IRO), 세계보건기구(WHO), 유엔 등으로 이관되었다.

** **경전(京電)** 경성전기주식회사(京城電氣株式會社)를 지칭한다. 1898년 1월 수립된 한성전기회사가 전신이다. 한성전기회사는 1899년 서대문과 청량리 사이에 전차를 개통했고, 1900년 4월 국내 최초로 종로에 가로등을 점등했다. 1915년 경성전기로 상호를 변경했다. 경성전기는 해방 후 1961년까지 존속하다가 조선전업, 남선전기와 합병하여 한국전력주식회사가 되었다.

선에 있는 전기를 아니 쓰고 조선 사람에게 전기료를 지불하는 대신에 저, 불공대천의 원수 일본에다 석탄값을 지불해야 한다는 우리의 아픈 심정은 어디에다 호소할 것인가.

아직은 원가조차 알 수 없는 미국 발전선의 전력료는, 그 고가의 중유(重油)로 발전(發電)한 대가는 얼마나, 무엇으로 지불해야 할 것이며 우리에게 그러한 지불 능력이 있는가를 생각할 때에 고마움에 앞서는 두려움이 있는 것이다.

조선은 지금 미소 두 나라의 책임하에 점령되어 있고 전력협정도 미소 양 주둔 사령관 사이에 체결되었던 것이니, 이제 와서 인민위원회를 상대하라는 소련의 주장이 반드시 무리하고, 미국은 소련을 상대로 할 것이지 인민위원회를 상대하지 않는다는 그 주장이 반드시 지당할는지는 여기서 판단할 필요가 없는 일이다.

또 미국은 뒤에 생긴 베를린(伯林)의 단전을 예증으로 이러한 수단은 소련의 상투 수단이라 하려니와 과연 그 말이 옳은지, 혹은 조선서나 독일서나 미국은 그 민족의 희생은 여하간에 소련과 싸우기에 열중하고 있다는 그 말이 옳은지, 어느 것이 옳은지, 여기서 새삼스럽게 판단할 필요는 없는 일이다.

다만 우리는 지금 우리 자신으로서는 하등의 이유도, 하등의 필요도 없이 미국의 말마따나 '불의의 곤경'에 빠져서 불의의 희생을 당하고 있다는 그 사실만을 지적하고 강조하는 이외에 아무 다른 할 말이 없는 것이다.

물론 미국의 결의를 이해한다면 지금 이 땅은 엄숙한 의미에서 전장(戰場)인 것이다.

3차 대전의 소음이 요란한 이때에 소련의 동방 전략선(戰略線)과 접촉하고 있는 남조선이라는 것을 생각한다면 지금 당장 포화가 일어나지 않을 따름이지, 어느 때 포문을 열어야 할지 모르는 전장인 것이 분명하다.

이러한 관점에서 우리는 미국이 태평양 제도(諸島)의 상륙작전을 감행하고 그 찬란한 전과를 거둔 것이 모두 다 전등불이 휘황한 광명한 시야에서가 아니라 촌보(寸步)의 분별이 어려웠을 암흑한 가운데서라는 그것도 알기는 하는 바이다.

하물며 전장에 무슨 공장 운영이 필요하며 농경 작업이 중점적인 것이랴. 허다한 신문을 인쇄하며, 문화를 선양한다는 평화스런 사업을 고려할 수 있을 것이랴. 물론 우리는 이것을 이해하여야 한다. 그러나 해방의 감격도 잠깐이요 이제는 다시 전장적(戰場的)인 암흑 상태와 생산 정지를 체관(諦觀)하기에는 우리 심정은 너무나 아픔을 참기가 어렵다.

북조선은 말하기를 조선인 대표끼리 만나면 문제는 해결할 수 있다고 한다. 똑같은 문제로 송수(送水)가 끊어졌던 연백(延白) 수조(水組, 수리조합) 문제가 이번에 남조선 농민 대표와 북조선 농림국장과의 직접 교섭에 의하여—미소 간의 교섭이 아니라 조선인 골육 간의 교섭에 의하여 송수가 개시되고 그리하여 균열지경(龜裂地境)의 2만 4천 정보에서 벼가 소생된 이 사실로써 우리는 전기 문제도 해결될 수 있는 방법을 알 수 있다.

미국으로서는 그 권위상(權威上) 소련만을 상대하겠다고 주장할 필요가 있을 것이요, 또 만약 인민위원회와 상대하면 그것을 승인하는 결과를 두려워하는 것이겠으나 우리로서는 우리 자신의 생존 이상의 더 중대한 문제는 없는 것이다.

그래서 전력대책위원회도 생겼다 하려니와 허다면 이 대책위원회로서는 하지 중장*에게 서한이나 보내는 것쯤으로 만전의 대책은 아닐 것이다.

가라, 북으로! 가서라도 해결하라. 우리에게는 민족도의(民族道義)가 있다. 이 도의에 입각하면 우리 문제는 우리끼리 해결할 수 있을 것이다.

---

* **하지 중장**(John Rheed Hodge,1893-1963) 해방 직후 주한미군정 사령관을 역임했던 미국의 군인이다. 1917년 육군 소위로 임관하여 제1차 세계대전에 참전했고, 2차대전 시기에는 태평양전쟁에 참전하여 일본군과 싸웠다. 1945년 6월 오키나와 전투에 참전했으며, 일본군에 승리하여 미24군단 사령관으로 오키나와에 주둔했다. 1945년 8월 27일 주한미군 사령관으로 임명받아 같은 해 9월 8일 제24군단을 이끌고 남한에 진주했다. 미군정 수립 후 미군정청 사령관으로 지내면서 남한지역의 실질적인 통치 업무를 관장했다. 1948년 대한민국 정부가 수립되자 8월 17일 주한미군 사령관 직을 사임하고 미국으로 돌아갔다.

경찰과 수사학(修辭學)
— 1948년 3월 1일

UN임시조선위원단 메논[*] 의장이 소총회에서 행한 연설 가운데 경찰국가라는 문구가 있어서, 그렇다 안 그렇다 하는 말이 많았다.

그러나 그 말이 옳거나 그르거나 간에 실제 지금 남조선은 어느 행정 부문보다도 경찰의 존재가 뚜렷한 것만은 감출 수 없는 사실이다.

그만큼 현하 정세로서는 치안 유지가 가장 중대한 문제인 것이다. 경무부장 발 앞에 수류탄을 던지고 수도청장 피습이 거듭되며 경찰서 습격, 방화, 경관 살상 사건이 빈발하는 상태하에서는 경찰의 존재가 또한 뚜렷하지 않을래야 않을 수 없는 것도 사실이다.

따라서 경찰 당국으로서 가끔 성명서를 발표하는 것도 예전에는 볼 수 없던 현상이되, 이것이 또한 비상 상태하의 경찰 책임자로서는 그 심정을 민중의 심정에 연결시키려는 노력이라는 점에서 충분히 이해할 수 있는 사실인 것이다. 그러므로 경찰 당국이 성명서 발표 혹은 포고문의 첨부(貼付)가 빈번하다 해서 비난할 이유는 추호도 없는 일이다.

가령 병이 나지 않으면 의사의 존재쯤 무관심할 수 있듯이, 질서와 평화

---

[*] 메논(V. K. Krishna Menon, 1897-1974) 인도의 정치가, 반식민주의·중립주의의 옹호자. 인도인 최초의 고등판무관, 유엔 총회 인도 대표, 유엔 주재 차석대표 등을 역임했다. 1948년 유엔한국임시위원단 의장 겸 인도 대표로 한국을 방문했다.

를 누리는 사회에서는 실상 그 질서와 평화를 위하여 치안을 확보하고 있는 경찰의 존재쯤 범죄자나 피해자 아닌 보통 사람으로서는 신뢰적인 의미에서 무관심할 수도 있을 것이다. 그러나 오늘과 같은 혼란한 중에서는 경찰 자신이 항상 긴장한 그만큼 일반 민중으로서는 경찰의 동향에 긴장한 관심을 가지게 되고, 그래서 경찰 당국의 성명서 혹은 포고문은 문맹자만을 빼고서는 누구나 주의 깊게 읽게 되는 것이다.

그런지라, 이 성명서나 포고문을 작성함에 있어서는 당국으로서도 일언일구에 주의를 가하여 민중의 긴장한 관심을 선용할 필요가 있다고 본다.

지금까지 많은 정당, 사회단체가 성명서 인플레를 내고 있거니와 내가 그 모든 성명서 중에서 정당한 우리 국어 문법이 사용된 것을 본 것은 지극히 드물었다. '에'와 '의', '과'와 '와', '를'과 '을'이 뒤집혀 씌우는 것은 항다반(恒茶飯)이요, 어떤 경우에는 문맥을 가리기 어려운 때조차 없지 아니하다.

그러나 이러한 권위 없는 성명서 종류와 달라서 지금 치안 행정의 책임을 지고 있는 경찰 당국의 성명, 포고문 중에서도 역시 이러한 문법상 어긋나는 작문을 보게 되는 수가 있으니, 예전에 일어 사용에는 탁음 하나 잘못된 일이 없었을 분들이 의외로 우리 국어에 대하여 그 정확을 기하려는 성의의 결여가 아닌가 싶어서 매우 섭섭한 일이다.

국립대학이나 국립경찰이나 다 같은 우리 국립이라, 우리 국어를 위하여 그 문법에 대하여는 다 같은 성의로써 정확을 기하여야 할 것이다. 게다가 가끔 용어의 선택에서 소홀한 점을 발견할 수 있고, 심지어 우리 국어 아닌, 일본어 문구가 그대로 사용되는 것은 유쾌한 일이 아니다.

"전가(傳家)의 보도(寶刀)를 뽑겠다."는 문구를 읽은 기억이 있는데, 일본에는 '사무라이' 전통이 있었고 그래서 정말 문무의 별(別)이 없이 웬만한 사람이면 대대로 내려오는 '전가의 보도'가 있었으니까 이런 문자가 있지마는 조선에는 없는 말이다. 더구나 일본에서도 경찰 자신이 이 말을 쓰는 법은 없었고, 신문이 경찰의 비상수단을 표현하는 말로 써 온 줄 생각한다. 그런데 이제 겨우 3년의 짧은 역사를 가진 조선의 국립경찰은 지금이 바로 시초라, 앞으로 전해 줄 보도는 있어야 하겠지만 선대가 없음에 불구하고 누구에게서 전해 받은 보도가 있는가.

그는 또 그렇다 하고 '보호의 은전'이란 무엇인가. 은전(恩典)이란 말은 천황이 적자(赤子)에게 내리는 것이었다. 일본의 천황 그 존재부터가 비민주적인데 하물며 은전이라는 용어의 정의상 비민주적 본질은 재론의 여지가 없다.

민주주의 조선의 국립경찰은 국가의 공복이다. 봉사와 질서의 표어가 가슴 위에 빛나고 있는 이 민주적 공복이 무슨 말을 못 써서 저 비민주적 일본 제국의 군국제도에서 사용되던 군주적 용어를 쓰는가. 모르거니와 일본에서도 지금은 이러한 용어가 말살되었을 것이다.

이보다도 더 놀라운 용어로서 '보복(報復)'이라는 문구를 읽은 일이 있다. 국가의 공복으로서 국민 앞에 보복을 선언한다 하면 이는 괴변이거니와, 물론 이것은 살인, 방화를 자행하고 평화한 질서를 파괴하는 '적비(赤匪)'에 대한 보복인 줄은 잘 알고 있다.

그러나 이 '적비'라는 용어의 유래가 무엇인가? 일제가 일찍 우리 독립단을 비적(匪賊)이라 하였던 것이다. 일제가 다시 만주를 침략한 뒤에 반만군(反滿軍)이 봉기하자, 그들은 '비적(匪賊)'을 분류하여 조선독립단을 '선비(鮮匪)'라, 반만군을 '만비(滿匪)'라 불렀던 것이다.

선비도 만비도 혁명 투사로 된 오늘날 적비라는 새 용어가 생겼으니 가령 우익 폭도(右翼暴徒)는 백비라 불러야 허나? 다행히 아직 백비(白匪)라는 용어는 사용된 일이 없었다.

이만하면 제주도 사태, 지리산 사태 같은 경우에 '토벌(討伐)'이라, '소탕(掃蕩)'이라 하는 문구를 사용하는 것은 적절한 표현쯤으로 생각되게 되었다. 그러나 이러한 용어 대신에 '진압(鎭壓)'이나 '수습(收拾)'이라는 용어가 차라리 더 낫지 않을까 생각해 보는 사람은 결코 나 하나뿐은 아니다.

내란이 일어나서 정부군과 반란군이 대규모의 전투 행위를 할지라도 이것이 골육상쟁임을 면치 못할 때에 '적(敵)'이라는 용어는 삼가야 하는 것이라, 그래서 적군이라는 용어 대신에 반란군이라 하는 것이다. 하물며 '전과(戰果)'라는 용어에 있어서랴. 민중으로서는 이 '전과'라는 단 두 글자로써 표현되는 현 사태에서 무엇을 느끼는 것인가? 토벌 작전에 의하여 소탕을 완료한 그 전과는 어떤 유혈 참극이었을까? 이것이 적군(敵軍)에 대한 경우라면 민족은 사기가 떨치겠지만, 골육상잔인 경우에 민족의 전율은 어떠한 것인가? 가슴을 두드려야 할 일이다. 피눈물을 쏟아야 할 일이다.

경찰은 수사기관이니까 수사학(搜査學)에는 능하겠지만 문자나 희롱하는 서생들처럼 수사학(修辭學)에 능통할 필요까지는 없는 일이다.

그러나 이상의 인례(引例) 몇 가지는 단순한 수사학상(修辭學上)의 결함이 아니라 그 용어의 근본 개념이 다르다는 점에서 문제는 중대한 것이다.

'수사'와 '수사'는 국문으로 쓸 때에 똑같은 글자지만, 한자로 표현되는 '수사(搜査)'와 '수사(修辭)'는 그 개념에 근본적으로 판이한 바가 있다. 그뿐 아니라 똑같은 한자로서도 '사회(社會)'와 '회사(會社)'는 글자의 배치상 그 순위의 상하가 다를 뿐이지만, 회사는 일정한 자본금으로써 조직된 법인으로서의 기업체요, 사회는 광범한 자연인으로서 조직된 공동생활체를 말하는 것으로서 그 개념은 근본적으로 판이한 바가 있다.

국제법상 '합병(合倂)'과 '병합(倂合)'을 이해하지 못한 저 이완용(李完用)의 무식을 다시금 상기할 때에 용어의 선택과 용어에 대한 개념의 이해, 몰이해는 중대한 화복(禍福)의 원인이 되는 것을 생각하게 하는 바이다.

물론 나는 당국이 용어 선택에 소홀하였다는 점은 지적하는 바이나, 그 이상의 어떤 정신적인 점을 곡해하거나 비난은 하지 않으려 한다.

같은 글자라도 개념이 다르다 하지마는 당국은 이 점에 주의를 소홀하였을 것일지언정 고의로 이런 용어를 선택하여다가 민중의 긴장한 관심을 자극하였다고 생각한다면 이것은 가혹한 오해일 것이다.

그러나 이런 용어로 인하여 민중 간에 어떤 심리 현상(心理現象)이 일어나고 있느냐 하는 것까지는 대담히 지적할 의무가 있다고 믿는다.

그것은 다른 것이 아니라 민중이 경찰을 무서워하는─위압을 느끼는 심리 현상이다. 어쩐지 친근한 신뢰감보다는 소원한 위압감을 일으킬 우려가 있다. 그러한 현상이 발전하면 무엇이 되느냐 하면 경찰과 민중은 유리(遊離)하게 되기 쉬울 것이다.

민주주의 제1장 제1과는 무서운 경찰이 없는 사회─위압과 혐오가 없이 경민(警民)간의 따뜻한 신뢰감을 말하는 것이라 한다면 용어의 선택에서부터 세심한 주의가 필요함을 여기에 역설하는 바이다. 나는 이러한 충정으로써 충고를 달게 받는 당국자의 아량에 기대하여 수사학(搜査學)과 동시에 수사학(修辭學)도 틈틈이 연구하여 두기를 바라는 바이다.

적산(敵産)의 견해
— 1948년 7월 8일

적산(敵産)이라는 견해에 대하여 이즈음 괴이한 이론이 제헌회의에서 논란되고 있다.

일제 패망과 함께 우리는 조선 내의 모든 재산은 우리의 재산으로 알았거니와, 그래서 처음 미국의 포레 사절(使節)*이 조선 내의 일인 재산(日人財産)이 연합국에 대한 일본의 배상 대상(賠償對象)처럼 언급한 적이 있어서 우리는 민족적으로 분격(憤激)하였던 것이다.

그 뒤에 하지 주둔군 사령관으로부터 조선 내의 일체 재산(一切財産)은 일체 조선인의 재산이요 조선을 위하여 소유되는 것이라고 명확한 성명이 있었던 것이며, 그러므로 우리는 이제 새삼스럽게 이 소위 적산(敵産)이 누구의 재산이냐라는 의심이 있을 까닭이 없거늘 새삼스럽게 괴이한 이론이 나온다는 것은 단정코 반민족적 언동이라고 규탄하지 않을 수 없는 바다.

현재 남조선에서 공식상 명칭으로서 '적산(敵産)'이라는 칭호는 존재하지 않는다.

---

* **포레 사절(使節)** 연합국배상위원회의 미국 대사 에드윈 폴리(Edwin Pauley, 1903-1981)를 지칭한다. 폴리는 석유 사업가로서 민주당 재정 부문에서 중요한 역할을 담당했던 인물이다. 트루만의 각별한 친구로서, 1941년 소련과 영국을 위한 렌드-리스(Lend-Lease) 지원 정책의 석유 담당관으로 활약했고, 트루만 취임 후 배상위원회 대사를 역임했다.

소위 적산에 대한 공식상 칭호는 '귀속사업체(歸屬事業體)'라 한다. 어디에 귀속하는 사업체냐 하면 두말할 것 없이 조선을 위하여, 조선의 재산으로서, 조선 국가에 귀속하는 것을 명백히 표시하는 것이다.

그러므로 '적산'이라는 용어는 일본은 조선에도 적(敵)이었다는 의미에서 혹은 우리가 적산이라 부를 수는 있을는지 모르나, 미국도 '조선에 귀속할 재산'으로 인정하는 것을 조선 민족의 견해로서 적산은 연합국의 적산처럼 승인하는 언동은 용인될 수 없다는 말이다.

이것이 가령 용어상 견해에 대한 어떤 착각의 소치라면 그 시정은 발언자의 취소쯤으로 가능할는지 모르나, 만에 만일 어떤 그릇된 사상의 발로라하면 이는 지극히 중대한 문제라 가열(苛烈)한 규탄을 면하지 못할 것이다.

일제의 조선에 대한 40년간 강도 행위는 이제야 세계의 상식이다. 이것을 모르는 조선 사람이 있다 하면 우리는 그가 조선 사람인가를 의심하여 마땅할 것이다.

무엇보다도 우리는 조선에서 일제가 소유하고 있던 그 모든 재산이 일본으로부터의 투자였더냐, 조선에서의 축자(蓄資)였더냐 하는 것이 분명하다면 더 다른 논리는 불필요하다.

그들은 우리의 고혈(膏血)을 긁어서 재산을 모았고 그것으로 호사하였으며 자기 나라에 가져가기까지 하였지마는, 그들의 재산이 이 땅에 흘러들어 온 것은 없는 것이다. 40년 전에 보리밥만 먹던 본국을 떠나 게다짝만 들고 온 왜구가 이 땅에서 모두 부를 이루고 살아온 것을 우리가 증거하지 않고 누가 증거할 것이냐.

그러므로 도적에게서 찾은 물건은 물건의 주인 이상 더 잘 가려낼 사람은 없는 것이며, 그러므로 귀속사업체라는 용어는 약탈되었던 사람에게로 다시 귀속한다는 의미로서 지극히 당연한 귀결이라 환기본처(還其本處)의 대의가 명백하다.

그뿐 아니라 우리는 더 찾아올 것이 있다. 게다짝만 들고 왔던 왜구(倭寇)를 게다짝만 들려서 쫓아버리기는 하였으나, 그가 약탈한 재산은 조선 안에 남아 있는 것뿐이 아니라 이미 지적한 바와 같이 40년 동안을 두고 왜지(倭地)로 실어 간 재산이 얼마든지 있다.

그러므로 우리는 조선 내에 있던 적산의 귀속으로서만도 만족한 것이 아니다. 더 찾아와야 할 재산을 찾아오자는 주장이 필요한 것이다.

이 주장은 지나친 주장인가? 국내에 있는 것조차 연합국의 전리품처럼 생각하는 사람들로서는 이 주장은 지나친 주장일 것이다. 미국이 그 전리품을 조선에 주면 고맙고 아니 주어도 할 수 없다는 노예근성을 가진 무리로서는 이러한 주장은 지나친 주장일 뿐 아니라 부당한 주장일 것이다. 그러니까 이러한 지나치고 부당한 주장을 하는 조선 민족과 그들은 공동한 이해(利害)와 흥망의 운명을 가지는 조선 민족일 수는 없는 것이다.

여기 일제의 잔재가 있다. 그 소행이 일제적(日帝的)이었거나 배족적(背族的)이었거나는 물을 것 없이 그 배운 법률 지식을 활용하는 법이 일제적이라 하면—일제의 부당한 이익을 합리화하고 조선 민족의 정당한 이익을 배반하는 그 이론의 근거와 사상의 본원이 일제적이라 하면 이것이 민족반역 도당이 아니고 무엇이라 할 것이냐. 그런데 이러한 언동이 미국의 단독 조처에 의하여 남조선에 정부를 수립하겠다는 소위 제헌회의라는 데서 공식적으로 논의된다는 것은 무엇을 의미하는 것이냐.

설혹 그들의 논리를 타당하다고 하자. 그렇기로서니 미국도 아니하는 말을 우리가 할 필요는 무엇이냐. 미국이 그렇게 말하더라도 우리는 우리의 이익을 주장하여야 할 것이 아니냐. 자기의 이익을 주장할 줄 모르고 그와는 반대로 남의 이익을 주장한다 하면, 그것도 일견에 자기를 돕는 미국의 이익을 주장하는 것 같으나, 실에 있어서 우리의 원수, 일본의 이익을 주장하는 것이라 하면 어떻게 이것이 민족 독립을 가져올 것이냐.

조선의 부의 8할을 왜구가 약탈 소유하였던 것을 우리는 기억하는 것이다. 그 8할의 재산을 농단(壟斷)하는 왜구의 호사를 위하여 우리는 초근목피로 구구히 연명하였다. 그나마 필경에는 산야의 솔뿌리와 칡뿌리마저 저들의 전력 보급을 위하여 바치지 않으면 안 되었던 철천지한을 회상할 필요가 있다. 우리는 실로 빼앗기다 빼앗기다 더 빼앗길 것이 없을 만할 때에 알몸뚱이로 해방되었다는 것을 생각할 필요가 있다.

이제 이 8할의 재산이 만약 연합국의 전리품이라 가정하면, 우리는 무엇으로 자주독립의 자주경제를 가질 수 있느냐. 자주독립의 기초가 될 경제력은 남의 것으로 치어다볼 것도 못 된다 하고 그리고 껍데기 독립을 얻는다 하면 어떻게 될 것이냐. 권세를 잡는 자 기개인(幾個人)에게 혹은 호사가 있을까 모르나 인민은 의연히 가난하고 굶주릴 것이다.

이것을 생각한다 하면 소위 적산은 우리 것이 아닌 것처럼 아는 그 따위 배족적(背族的) 사고방법은 우환(憂患)의 지식이다. 단연코 게다짝과 함께 왜지(倭地)로 추방하라!

다소동락(多少同樂)

― 1948년 7월 10일

민주주의를 가리켜서 다수결에 복종하는 신사도라고 할 것이나, 이 다수결이라는 그 자체가 다수 의견의 전단(專斷)을 의미하는 것은 아니다.

실로 민주주의의 원칙은 소수 의견의 존중에 있는 것이다. 그렇지 아니할 때에 이것은 전제요 독재지 결코 민주주의는 아니다. 왜냐하면 독재정치도 다수 의견을 토대로 한 것에는 틀림이 없는 것이다.

무솔리니* 집권하의 이탈리아에는 파시즘**이 절대다수였고 히틀러 집권하의 독일에는 나치즘이 절대다수였던 것이다. 이들도 이 다수파의 조직에 성공함으로써 다수파의 조직력에 의하여 정치를 한 것임에는 조금도 다를 것이 없는 것이다.

---

* **무솔리니**(Benito Mussolini, 1883-1945) 이탈리아의 정치가. 유럽 최초의 파시스트 지도자로 파시스트당의 당수와 총리를 역임했다. 히틀러와 함께 파시즘적 독재자의 대표적인 인물로, 이탈리아를 세계대전 속으로 끌어들여 엄청난 재앙을 초래했다. 1939년 독일과 군사동맹을 체결하고 독일·일본과 함께 국제파시즘 진영을 구축했다. 1945년 4월 이탈리아의 반(反)파쇼 파르티잔에게 체포되어 사살되었다.

** **파시즘** 정치 운동의 일종. 이탈리아어 파쇼(fascio)에서 유래한 말로서, 원래 의미는 '묶음'이었으나, '단결' 혹은 '결속'의 뜻으로 전용(轉用)되었다. 이 운동은 1922-1943년 이탈리아, 1933-1945년 독일, 1939-1975년 스페인 정계를 지배했으며, 일본 군국주의도 이 정치운동의 일종으로 볼 수 있다. 파시즘의 가장 중요한 특징은 국가의 절대 우위이다. 개인은 뜻을 굽혀 국가가 명시한 대로 국민의 통합된 뜻에 따르고, 국가를 상징하는 카리스마적인 지도자에게 완전히 복종하는 것이 파시즘의 특징이다. 또한 군사적 가치관과 전투 및 정복을 찬양하고, 민주주의와 합리주의 등을 낮게 평가했다.

오늘날 소련의 정치 방식도 또한 그러하다. 소련연방 내에는 절대다수파에 속하는 공산당에 의하여 정치가 추진되고 있다. 그런데 과거 이탈리아나 독일의 전체주의를 독재라 할 뿐 아니라 오늘 소련의 진보적 민주주의 정치 방식도 독재라고 하는 이유는 그 속에는 다수파가 있을 뿐이요 소수파의 존재가 용인되지 아니하기 때문이다.

여기서 민주주의와 독재주의의 구별이 엄연하다. 두말할 것 없이 민주주의는 소수파의 존재를 인정하고 그 자유로운 의견을 경청하고 존중하는 거기에서 비로소 기초적인 원칙을 발견하는 것이다.

다수 의견에 의하여 다수결에 복종하면 그뿐이지 여기 반대하는 소수의견이 무엇 때문에 필요한가? 이 반대자의 의견은 때로는 그 반대로 인하여 혼란을 초래하며 단결을 파괴하고, 내지 국가조직을 약화시킬 우려가 있지 아니한가. 뿐만 아니라 아무래도 콩인 것을 답답하게도 팥이라고 주장하는 반대 의견 때문에 의회는 시간을 허비해야 하고 민중은 현혹하게 되며 시정(施政)은 속결(速決)에 방해를 받을 것이다.

함에도 불구하고 소수파의 존재가 필요하다는 이유는 그러한 폐해보다는 훨씬 더 좋은 이유가 있어야 한다.

그 이유는 무엇인가? 비판의 자유를 용인하는 그것이다. 비판이 없는 곳에는 자유가 없는 것이다. 비판의 자유가 없는 자유는 복종의 자유다. 복종의 자유와 비판의 자유가 구별되는 데 독재주의와 민주주의의 구별이 있는 것이다.

소수파의 비판의 자유는 다수파에게 어떤 의미로 좋은 영향을 끼치는 것인가?

다수파가 그 영도적 지위를 악용하려는 전제적 현상을 견제하는 것이다. 진리라는 것은 반드시 다수 의견 속에만 있는 것은 결단코 아니다. 소수 의견 속에서도 얼마든지 있을 수 있으니, 이것은 우리가 개인의 창의라는 것을 생각할 때에 얼핏 알 수 있을 것이다.

이순신의 거북선에 대한 창의는 결코 정부의 지시에 의한 것은 아니다. 에디슨의 모든 발명도 인민투표에 의한 것은 아니다. 이렇게 사람은 누구나 다 각기 최선의 의견이 있다. 이 최선의 의견이 다수의 복리상 실익이 있느냐 없느냐 하는 점에서 여러 가지 비판이 있을 수는 있으나 다수 의견에 통하는 것만이 반드시 진리라고 할 수는 없는 것이다. 개인의 창의를 최고도로 발휘할 때에 소수 의견 속에서 발견되는 진리가 의외로 다수의 복리에 합치하는 경우는 얼마든지 있을 수 있다.

그러므로 다수와 소수의 구별이 없이 모든 인민의 최선의 창의가 아무런 제약을 받음이 없이 발휘되지 않는 한 이것은 불행한 일이다.

뿐만 아니라 사람이란 말하는 동물이다. 하고 싶은 말을 하지 못하면 부자유를 느끼는데, 이 부자유가 자의로 자기수양에 의하여 불필요한 말, 해로운 말을 아니하는 도덕적 구속은 매우 좋은 일이나 그렇지 아니한─어떤 압력이나 위력에 눌려서 속으로는 부글부글 끓는 것을 발표하지 못할 때에 여기서 인간 생래(生來)의 자유는 구속을 받는 것이 된다. 사람은 이러한 구속하에서는 견디지 못하는 습성이 있다.

개인 개인의 가슴속에 부글부글 끓는 것을 누르다 누르다 못해서 필경은 폭발된 것이 저 18세기 프랑스 혁명을 비롯하여 역사상 많은 혁명으로 나타난 것이며, 그 위대하다던 지도자 무솔리니의 시체가 이탈리아 민중의 짓밟힘이 된 것도 그 때문이다.

여기서 민주주의 정치도(政治道)가 소수 의견도 존중하는 이유를 알 수 있고, 집권자가 못 될 소수파 인물에게도 투표하여 의회에 보내는 이유를 알 수 있다.

이번 미국 의회에 징병법안(徵兵法案)이 상정되는 것을 반대하기 위하여 소수파인 제3당(三黨) 월리스* 편에서는 이 법안 상정을 방지하는 수단으로 뚱단지 같은 연설을 장시간 계속하였다. 이 장시간이라는 것이 놀라웁게도 첫 사람이 8시간 40분, 둘째 사람이 4시간, 그리고 다시 교대로 또 연설자의 통고(通告)를 하였다는 것이다.

나는 이 신문 기사를 읽으면서 만일 이러한 사태가 지금 민주주의를 저마다 떠드는 아시아의 어떤 나라 회의 중에 생겼다 하면 어떠하였을까 하고 그 굉장할 광경을 생각해 보았다.

어떤 반대 의견이 8시간커녕 8분 이상만 계속되었더라도 욕설이 나왔을 것이요, 고함을 쳐서 방해했을 것이요, 그래도 수작을 늘어놓으면 쫓아가서 끌어내렸을 것이다.

물론 나는 의사 진행을 방해하는 수단의 장시간 연설을 훌륭하다는 것이 아니다. 조용히 그 반대 의견을 듣고 음미하며 연설이 끝나기를 기다리는 그 태도가 민주주의적이라는 말이다. 만일 이것을 아시아 일국의 방식

---

* **월리스**(Henry A. Wallace, 1888-1965) 미국의 제33대 부통령. 루스벨트의 세 번째 임기인 1941-1945년 부통령으로 있으면서 미국이 제2차 세계대전에 개입하게 되자 그는 긴급업무, 특히 경제 문제를 담당하는 여러 업무를 맡아보게 되었다. 당내 보수파, 특히 남부 출신자들이 1944년 그의 재임용 반대를 표명하여 상원의원 해리 트루먼에게 부통령 자리를 넘겨주어야 했다. 그는 그 후 2년 동안 상무부 장관직을 맡았다. 그러나 소련에 대한 트루먼 행정부의 강경한 냉전 정책을 계속 비판하다 장관직에서 해임되었다. 그 후 1946-1947년 자유주의 주간지 『뉴 리퍼블릭(The New Republic)』의 편집자로 있으면서 새 좌익정당인 진보당(Progressive Party)의 결성을 도와주었다. 1948년 소련과 긴밀하게 협력하고, 국제연합이 모든 외국원조를 관장하도록 하며, 군비를 축소하겠다는 공약을 내걸고 대통령 선거에 출마했다가 낙선하였다.

으로 욕설을 하거나 끄집어내린다면 이것은 난장판이요 소련식으로 이러한 인물은 미리 다 숙청하여 버렸다 하면 이것은 독재이겠는데, 여기 독재도 아니요 난장판도 아닌 민주주의적 회의 방식이 있다는 그것이다.

아시아의 일국에서는 이러한 회의만이 난장판은 아니다. 무엇이나 다제 의견과 다르면 반역자요 매국노요 극렬분자라는 최고급의 불명예를 받아야 할 뿐 아니라 때로는 매를 맞아야 하고 좀더 심하게는 목숨도 잃어야 하는 것이다.

이 아시아 일국에도 다수파와 소수파가 있어서 각기 상반되는 의견이 있음은 물론 민주주의 정치의 발전을 위해서 다행한 일이라 할 것임에 불구하고 소수파가 다수파에게 욕설과 권력으로써 제압을 당하는 것은 독재적인 것이라 불행한 일임에 틀림없다.

이 일방으로 민주적인 듯하나 일방으로 독재적 현상이 나타나서 유혈의 혼란을 겪고 있는 이 땅에서 어쩌면 진정한 민주 정신을 발휘할 수 있을까 하는 문제는 진실로 중대한 문제다.

워낙 민주주의 그것이 외래품이라 이것을 갑자기 소화하지 못하고 조선화(朝鮮化)하지 못하는 데 고통이 있는 것이지마는 다수파와 소수파가 각기 자기 의견을 최선을 다해서 발휘하되 이것을 평화적으로 경청하고 존중할까는 누구나 깊이 생각할 문제라고 믿는다. 만약 여기에 대한 어떤 묘방이 발견되어 진정한 민주주의적 발전을 보지 못한다 하면 우리는 그 반대로 다시금 말하는 자유조차 가지지 못한 불행한 제도하에 억압될 우려가 있는 것이다.

그러던 참에 나는 우연히 이 나라 미풍에 노소동락(老少同樂)이 있음을 생각하였다. 장유유서(長幼有序)의 엄격한 제약하에 재하자(在下者) 유구무언(有口無言)이라는 케케묵은 도덕 속에서도, 그래도 청년의 기백을 사랑하는 이들의 관용으로서 노소동락은 대단히 좋은 일이었다.

정치도덕을 민주주의적으로 발전시킴에 있어서 이 미풍을 작흥(作興)하면 얼마나 좋을까.

다소동락(多少同樂)—다수파와 소수파가 같이 즐기는 나라가 되면 얼마나 좋을까. 본래 있는 노소동락의 미풍으로 청년의 사기를 진작하고, 다소동락의 미풍을 길러 민주적 정치도(政治道)를 수립할 때에 이 나라는 그야말로 전인민동락(全人民同樂)의 나라가 될 것이다.

독산(禿山)과 성선설(性善說)

— 1948년 7월 9일

산이라는 산마다 모두가 새빨갛다. 봄이 되면 그래도 잔디가 돋아나서 그야말로 억지로나마 푸르르나 해가 갈수록 산이라는 산은 점점 더 새빨개 간다.

적치하(敵治下) 사십년에 기껏 그들의 선정(善政)이라고 할 것은 강제적 이나마 녹화 계획이라 할 만하여 그동안 산림은 어지간히 무성하기도 하 였었다. 그러나 이것은 왜구(倭寇)의 대륙 침략 전쟁을 위한 장구한 준비에 불과하였다. 그들은 전쟁 중에 사십년 자란 나무만 베어 간 것이 아니라 수백 년 묵은 나무까지도 모주리 베어 갔다.

이것을 다시 그만큼 녹화를 하자 하면 수십 년의 노력이 필요하게 되었 다. 그런데 이 노력은커녕 해방 후 점점 더 새빨개 간다. 모주리 베어 먹는 판이다. 저마다 제 성미에 맞지 않으면 빨갱이라고 몰아붙이지만 이건 정 말 적화(赤化)가 아닌 한 대수롭지 않으나, 이렇게 산마다 빨갱이가 되는 청산(靑山)의 적화(赤化)야말로 조국 재건에 근본적인 중대 문제라고 지적 한다.

검찰관 엄상섭(嚴詳燮) 씨의 '법창정필(法窓正筆)'에 의하면 소위 삼림 위 반자가 많이 검거되어 온다고 한다. 그러나 이 위반자 중에는 남의 삼림을 도벌하여 팔아먹는 영업자도 있지마는 거개가 극빈자요 남의 삼림을 도벌치 않고는 면한(免寒)할 수 없는 사람들이라 한다.

가만히 앉아서 얼어죽을 수 없으니 누구의 소유거나 우선 베어다가 때야만 한다. 이러한 삼림절도(森林竊盜)는 실에 있어서 형법상 위법성이 조각(阻却)되는 정당방위나 긴급피난에 해당하지마는 삼림 보호라는 중대 국책(重大國策)을 위하여 무자비한 처벌을 아니하지 못하는 고충을 알 수 있다.

여기서 우리는 심각한 민생고를 다시금 느낀다. 원시적인 보온(保溫) 생활 제도를 벗어나지 못한 오늘날 정당히 신탄(薪炭)을 사서 쓸 수 없는 민생을 그냥 다 얼어죽으라고 하지 못할 바에는 처벌만 가지고는 삼림 보호는 성공하지 못할 것이다.

옛날 이야기에 공자(孔子)가 제국을 순유(巡遊)할 때, 한 나라에 들어서면서 그 나라의 푸른 산을 보고 위정자의 선치(善治)를 칭찬하였다고 한다. 그 나라에 도적이 없다는 것이다.

"청산이 무엇으로 도적 없음을 증명합니까?"고 제자가 물을 때에, "민생이 굶주리면 네 산 내 산을 어찌 가리며 쓸 나무 못 쓸 나무를 어찌 가리랴."고 답하였다는 것이다.

그러니까 오늘 조선은 정히 그 반대인 것이다. 산이 붉은 것은 도적이 많다는 증거요 이 도적은 실상 굶주린 민생이 네 산 내 산을 가릴 여유와 쓸 나무 못 쓸 나무를 가릴 형편이 못 되는 증거가 된다. 그러니까 이것은 근본적으로 민생이 도적이 되지 않도록 하여야지, 그야말로 형법상 위법성이 조각(阻却)되는 정당방위와 긴급피난에 해당한 이들 삼림절도(森林竊盜)나 잡아다가 처벌하는 것은 커다란 삼림 문제에서 조그만 지엽 문제라 할 것이다.

사실 절도는 이 삼림 절도만이 문제가 아니다. 해방 후 수도 없이 늘었거니와 절도 방식은 장족의 진보를 하여서 미국 영화의 무슨 탐정극이나 보는 것처럼 '스릴'을 느낄 정도의 대담한 절도가 부쩍 늘었다.

권총 찬 MP(헌병)가 지켜 섰는 옆에서 미군 자동차 타이어를 떼어 간다든가, 때로는 MP의 옆구리에서 권총을 슬쩍 실례해 가는 것쯤 보통이요, 미군 창고와 군용품을 배로부터 풀어 내리는 장소에서 백주(白晝)에 연출되는 가지가지 절도 기술의 대담한 진보는 미국 사람으로 하여금 조선 사람은 절도 천재라고 감탄하게끔 되었다. 이것이 결코 민족의 명예가 아니다. 미국 사람 생각에 조선 사람이면 우선 도적으로 보게끔 되고서는 민족적으로 느끼는 모욕도 지대한 바가 있다. 그런데 우리는 과연 본시가 이렇게 남의 물건을 잘 훔치는 민족적 습성이 있었던가? 아니다. 결단코 아니다. 그런데 우리는 현재 그러한 상태하에 있는 것도 사실이다.

나는 여기서 지금 새빨개진 우리나라 삼림의 황폐 상태와 아울러 우리 민심의 이러한 악화가 우리 민족의 본성이 아닌 것을 밝히기 위하여 맹자(孟子)의 성선설을 인용(『맹자』,「告子章句上」참조)하려고 한다.

우산(牛山)에는 본시 삼림이 울창하였다. 그것을 사람들이 벌채를 하고 우양(牛羊)을 방목하니 필경 황폐해지고 말았다. 그런데 그 사실을 모르는 후인(後人)들이 우산은 독산(禿山, 나무가 없어 헐벗은 산)이라고 한다. 그러나 실상 우산은 본래 독산은 아니었다. 사람들이 나무를 모두 찍어 버리고 또 나무가 자랄 수 없도록 우양을 방목한 것이다.

이것은 맹자가 인간의 성선설을 말함에 있어서 이욕(利慾)의 염(念)이 인간의 선성(善性)을 흐리게 혹은 없어지게 한 것이지, 사람은 본래 선성(善性)이라는 것이려니와 오늘 우리 민족의 형편은 정히 이러한 것이다.

남의 것을 탐낼 줄 모르고 오직 자기 노력에 의하여 살아오던 이 민족은 본래가 선량하고 정직하고 근면한 민족이다. 그런데 미국 사람 눈에 우리는 모두 부정직하게 인식되고 있다.

우산의 울창하던 삼림을 찍어 먹지 않을 수 없게 맨든 자가 누구냐. 거기다가 우양을 방목하여 다시 나무가 자랄 수 없이 한 자가 누구냐. 이리하고 독산(禿山)된 것만을 경멸한다 하면 이것이 한 우화(寓話)가 아니라 현재 우리가 겪는 현실일 때에 문제는 작은 문제가 아니다.

만일 우리의 이 민생고를 해결할 정치가 있었다 하면, 우리는 우리의 선량하고 근면한 민족성의 벌채를 당하지 않았을 것이다. 설혹, 한 번 벌채되었다 할지라도 미군 중의 절도범, 또는 흑인 부대의 그 기발한 절도 기술을 배울 기회가 없었다 하면—우리 시야에 그러한 우양의 방목이 없었다 하면 우리의 가슴속에서 이 선량과 근면은 곧장 다시 새싹이 돋아날 것이다.

일찍 일본이 조선 민족의 단처(短處)를 말하는 중에 애림 사상(愛林思想)의 결여를 말해 왔다. 종전 후 조선 독립 문제에 대하여 독립하기 어려운 조건으로 역시 이 애림 사상의 결여를 지적한 일본 신문이 있었는데 이것을 그냥 얄밉다고만 할 수 있을까?

나는 어느 선배로부터 조선은 현재 붉은 산이 다시 푸르러지는 날이라야 독립할 것이라는 말을 들은 일이 있다. 실제에 있어서 지금 우리의 이 애림 사상의 결여는 조국 재건에 지극히 중대한 문제의 하나라는 것을 깨달을 필요가 있다. 어서어서 울창하게 푸른 삼림을 가진 나라가 되었으면…. 그리고 우리는 선량하고 근면한 본래의 민족적 선성(善性)을 세계에 보여줄 수 있었으면…. 그러한 선정(善政)이 어느 날에나 오려나.

적색과 백색

— 1948년 6월 25일

사상을 빛깔로 표시하여 소위 적색, 백색이 세계적으로 통한 지는 퍽 오래전부터다.

한때 무솔리니 파시즘의 흑색이 있었고, 지금도 장개석(蔣介石) 씨는 남색을 사랑하지만, 이것은 모두가 통틀어 백색 자본주의 사상의 분파적 형색에 불과하는 것이라, 구경(究竟) 백색의 범주에 속하는 것으로서 공산주의의 적색과 대조되는 것이다.

공산주의의 적색이 저 핏빛과 같이 새빨간 빛깔로 그 혁명 의욕을 상징하는 데 비하여 자본주의의 백색은 대단 온화한 상징이다. 그러나 이 온화는 보수를 의미하는 것이라, 그래서 또 진보적인 적색과 대척적(對蹠的)이다.

보수주의 사상은 진취(進就)를 기피하고 현상에 만족하려 들기 때문에 그래서 온화한 백색에는 반동성이 포함되어 있다. 그런데 역사의 진보를 믿는 공산주의는 자본주의 사회제도의 현상을 유지하려는 이 반동성과 가차없이 투쟁하고 있다. 그래서 지금 적색과 백색은 세계 어디서나 싸우는 중이다.

제2차 대전의 종결과 함께 전승(戰勝) 소련의 세력권은 확대되었다. 이것은 적색 세계의 확대를 의미하는 것이다.

동유럽 제국(諸國)과 조선의 북반(北半)이 그 세력권에 들어서 적색 세계는 지금 유럽과 아시아(歐亞兩洲)를 관통하여 확대되고 있으며, 만주를 겸(兼)쳐서 중국의 태반도 적색 세계의 일환이 되어 있다.

이러한 적색 세계의 확대는 따라서 백색 세계의 축소를 의미하는 것이다. 여기 적, 백 양 세계의 쉬움 없는 싸움이 있다. 그러므로 백색은 적색을 경계하지 않을 수 없고, 적색도 백색을 경계하지 않을 수 없다.

표면상 일단 적화는 되었다 할지라도 정말 속속들이 적화된 완전 적색인가 아닌가, 혹은 표면상 백색은 백색이로되 속이 차츰 적화해 가는 현상이 있나 없나, 이런 것이 다 적, 백 양 세계의 신경을 과민하게 하는 경계의 초점이다.

지금 북조선에는 홍당무라는 말이 있다. 겉은 새빨갛되 실속은 백색이라는 뜻이다. 이 적색 북조선에 대하여 백색 세계로서는 정말 홍당무이기를 바라는 마음이 간절하다. 언제나 껍질만 벗기면 백색이기를 바라는 마음이다.

그러나 적색 세계로서는 이것은 큰 걱정이다. 일단 표면의 적색만으로 만족할 수는 없는 것이다. 그 속살이 반동적인 백색이어서는 안 된다. 그래서 이들은 지금 속속들이 완전 적화를 위하여 노력하고 있다.

그런데 체코슬로바키아에서는 적색 정변 후(赤色政變後)에 수박이라는 말이 유행했다. 겉은 그렇지 않더니 실상 속살이 새빨갛다는 말이다. 백색 세계로서는 이런 낭패가 다시 없도록 경계하여야 한다. 겉이 빨갛지 않다고 거저 믿었다가 한 껍질 벗고 나니 새빨개서는 큰일이다.

남조선에서도 지금 이러한 수박을 경계하는 노력이 비상하게 되었다. 겉은 멀쩡한 백색이건마는 속살이 새빨간 수박을 경계하기에 그만 눈알이 새빨개진 형편이다.

그런데 이번에는 AP 평론의 일 평론가는 조선문제 평론 중에서, 속살만 새빨간 수박과 겉만 새빨간 사과와 속도 겉도 모두 새빨간 토마토를 인용하였다.

거기 의하면 소위 가능 지역 선거(可能地域選擧)에 의해서 선출된 국회의원의 3분지 1은 수박이라는 것이다. 이들은 지금 미국 정책을 따라서 단독선거에 출마하였고 단독정부 수립을 찬성하지만, 통일조선 실현의 가능성이 있을 때에는 미국 정책 항거에 전환(轉換)할 용의가 있다는 말이다.

우리는 여기서 과반선거(過般選擧) 때에 이승만 박사로부터 좌익과 중간파의 출마를 경계하라는 담화의 발표가 있었던 것을 기억하거니와 그렇게 완전 백색으로 구성된 이 국회에 대하여 그 3분지 1이나 수박으로 의심하는 일 평론가의 요언(妖言)은 당연히 국회의 정론(正論)으로써 탄핵할 필요가 있다고 본다. 완전 백색의 명예를 위하여서나, 미국에 대한 백색 남조선의 신용(信用)의 저해(沮害)를 방지하기 위하여서나 당당히 탄핵할 필요가 있다고 본다.

그러나 문제는 그러한 데 있는 것이 아니라 미국 정책에 항거하여 통일조선 실현에 협력할 용의만 있어도 수박이라고 인정하는 그 사고방식의 정부(正否)에 있는 것이다. 이 논법에 의하면 현재 통일독립을 지향하고 있는 사람들은 그야말로 토마토로 인정될 것이다. 허다면 이 논리의 결론은 통일독립을 지향하는 것은 빨갱이나 하는 일이라는 말이 될 것이다.

이 말이 옳은가? 과연 이 나라의 통일독립운동은 공산주의 적색사상의 전용물인가?

무서운 중상이다. 남의 허리를 잘라 놓고, 그리고 그 잘리운 상태의 항구화를 도모하기 위하여 통일을 지향하는 사람은 반미적(反美的)이라 단정하고 더 지나쳐서 토마토로 인정하며, 그리고도 부족하여 현재 미국 정책을 추수(追隨)하는 충성스런 완전 백색까지를 수박으로 의심하는 것은 해괴할 정도의 우스운 신경과민이다.

그러나 적색, 백색의 상호 시의(相互猜疑)는 여하간에, 그 두 세계의 냉정전(冷靜戰)은 여하간에, 우리는 통일을 지향하지 않을 수 없으니 이것은 우리의 생존을 위한 절대적인 명제다.

허다면 통일독립을 바란다는 의미에서 수박이라 하면, 이것은 국회의원의 3분지 1이 겨우 수박이라는 논리는 또다시 부당하다. 이 점에서는 당연히 삼천만 전부가 수박일 것이다. 그러니까 통일운동의 본질적 성격을 수박적(的)으로 왜곡하는 그 태도의 시정이 필요할 것이다.

지금 적, 백 두 세계의 냉정전은 날을 따라 가열(苛烈)해 가고 있다. 이 두 세계는 각기 자기 빛깔과 같은 조선의 완전 일색(完全一色)을 희망한다. 그러나 우리는 적색 세계의 부자유를 원치 않고 백색 세계의 착취도 원치 않는 바다.

따라서 우리는 흰 백합도 청아한 동시에 붉은 장미의 정열적 미소에도 매혹을 아니 느끼지 못한다. 진실된 경제적 민주와 정치적 자유를 누리는 조선이 된다 하면―붉은 꽃, 흰 꽃은 이제 각기의 향기를 발하며 제각기의 형색으로 경염(競艶)할 것 아닌가.

이러한 적, 백의 조화를 우리가 생각하는 것은 과연 부당한 일인가?

유고의 고민

— 1948년 7월 12일

　국제공산당 정보기관 회의는 6월 29일 유고슬라비아공산당에 대한 비판결정서를 발표하는 동시에 당수(黨首) 티토*와 그 일련의 지도자를 추방하였다.

　유고공산당이 이 코민포름**의 결정에 종순(從順)하여 티토와 그 일련의 지도자를 숙청함으로써 코민포름 속에 머물러 있다 하면 이것은 왕년의

---

*　**티토**(Josip Broz Tito, 1892-1980) 유고슬라비아의 혁명가, 정치가, 초대 대통령(재위 1953-1980). 본명은 Josip Broz, 티토는 당원명이다. 크로아티아의 농가에서 태어나 금속노동자가 되었고, 1910년 사회민주당에 입당, 1920년에는 공산당에 입당했다. 1937년에는 당 서기장으로 뽑혔고, 제2차 세계대전 중에는 80만 명의 빨치산을 거느리고 민족해방운동에 앞장서서 인민해방군 총사령관이 되었다. 1943년에는 해방전국위원회(임시정부) 의장에 취임하였고 원수(元帥)의 칭호를 받았다. 조국이 해방된 1945년부터는 수상과 국방상을 겸임했고, 1953년에 초대 대통령이 되었다. 1948년 6월 유고슬라비아 공산당이 코민포름에서 제명되고, 그의 정강(政綱)은 수정주의라는 낙인이 찍혔으나, 그는 독자적인 사회주의를 목표로 한 비동맹중립외교의 정책을 굳게 지켰다.

**　**코민포름** 'Communist Information Bureau'의 약칭(Cominform). 1947년 설치되었다가 1956년 해체된 국제공산당 정보기구이다. 1943년 코민테른이 해체된 후 국제공산주의운동은 국제기관을 가지고 있지 않았는데, 제2차 세계대전 후 미국의 마샬플랜 등을 통하여 반소(反蘇)·반공(反共) 공세가 강화되자 이에 대항하기 위하여 소련공산당의 주도로 1947년 9월 소련·폴란드·체코슬로바키아·헝가리·루마니아·불가리아·유고슬라비아·프랑스·이탈리아 등 9개국의 공산당·노동자당 대표가 폴란드의 바르샤바에 모여 회의를 열고 코민포름을 창설하였다. 코민테른이 국제공산주의운동의 세계적 지도기관이었던 데 비하여, 코민포름은 정보·경험의 교류와 활동의 조정을 목적으로 하는 협력조직이었다. 본부는 유고슬라비아의 베오그라드에 두었는데, 1948년 유고슬라비아가 제명된 후 루마니아의 부쿠레슈티로 옮겨졌다. 1956년 당초 취지에서 벗어나 국제공산주의 지도기관으로 변해가자 공산주의운동을 저해한다는 이유로 해체되었다.

트로츠키*나 부하린** 사건의 역사를 반복하는 데 불과할 것이다. 그런데 의외에도 유고공산당은 티토 당수를 지지하고 유고 인민은 티토 수상을 지지하여 5천만 달러 국채 구입으로써 충성을 표시하니 사태는 미묘하다.

이것이 만일 유고공산당이 국제공산당과의 유대를 끊고 나가는 이탈의 행동을 의미하는 것이라 하면, 철의 장막 건너편에 있는 모든 위성들은 서로 끊을 수 없는 소연방적(蘇聯邦的) 철의 유대에 묶여 있는 줄 알았던 세계의 공식 관념을 흔들어 놓는 점에서 그 경악의 파동이 세계적으로 파급되는 바 있다.

코민포름 결정에 의하면 유고공산당은 마르크스 · 레닌주의에서 벗어나 유고 인민을 위험한 길로 오도(誤導)한다는 것이다. 유고공산당 지도자들은 그 반당적, 반소적 견해와 모든 행동상의 과오가 있을 뿐 아니라, 정보기관회의에 출석을 거부함으로써 정보기관에 가입한 국제공산당과 대립하고, 근로자의 국제 단결을 배반하여 민족주의 입장을 취하였다 한다.

그들은 유고 국내의 민족적 세력과 그 가능성을 과대평가하고 그것들이 유고 독립을 유지할 수 있다고 생각하며, 인민민주주의 제국(諸國)과 소

---

* **트로츠키**(Leon Trotskii, 1879-1940) 러시아의 혁명가. 본명은 브론슈타인(Leib Davidovich Bron-stein). 대학시절부터 마르크스주의 운동에 참여하여 체포와 유배, 탈주와 망명을 거듭하였다. 1917년 5월 귀국하여 페트로그라드의 소비에트 의장이 되어 10월혁명 때에는 무장봉기에 공헌하였다. 혁명 후 외무인민위원, 군사인민위원, 정치국원 등을 역임하였다. 레닌 사후 당의 노선을 놓고 스탈린의 일국사회주의에 반대하여 세계혁명론을 주장하다가 1927년 당에서 제명되고, 1929년 국외로 추방되었다. 각국을 전전하다가 1940년 멕시코에서 암살되었다.

** **부하린**(Nikolai Ivanovich Bukharin, 1888-1938) 러시아의 정치가. 1906년 러시아사회민주당에 입당, 체포 유형 후 망명하여 빈대학에서 수학하였다. 1917년 2월혁명 뒤 귀국하여 볼셰비키를 지도하였다. 10월혁명 뒤에는 당기관지 『프라우다』의 편집장이 되었다. 1927년 지노비예프를 대신하여 코민테른 집행위원회 의장이 되었으나, 주류파와 대립한 끝에 실각하였다. 그 후 자기비판을 통하여 공직에 복귀하였으나 대숙청의 소용돌이 속에서 1938년 총살되었다.

련의 지지 없이 사회주의를 건설할 수 있다고 생각하였다는 것이다. 그래서 그들은 유고의 독립을 위해서는 자본주의 제국(諸國)은 소련이 느끼는 것보다 위험치 않은 이유로써 부르주아 민족주의적 입장을 강화하려 하고 있음을 지적함으로써, 유고공산당으로 하여금 이러한 지도자를 새로운 인터내셔널적 유고공산당 지도부와 바꾸라는 영예의 임무를 부여한 것이다.

그런데 유고공산당은 이 영예의 임무를 거부하였을 뿐 아니라 코민포름의 이러한 결정을 반대하고 유고 공화국의 이름으로 행동을 전개하였다. 그리고 티토 당수에게 충성을 표시하는 동시에 유고공산당을 부정한 비난으로부터 구출해 줄 스탈린에게도 충성을 표시하였다.

그렇지마는 크렘린궁(宮)은 유고공산당의 이 충성을 무시하고 코민포름의 결정을 지지하였다. 소련은 7월 21일에 개최될 유고공산당대회에 소련 대표 출석을 거절하기를, 각국 공산당 집단 권외(集團圈外)에 있는 유고공산당 대회에는 출석치 않는다고 하였다.

뿐만 아니라 동구의 모든 위성들은 이 반소적이라는 낙인을 맞은 유고를 다투어 공격하고, 알바니아는 경제 단교(經濟斷交)를 단행하는 동시에 머물러 있던 유고 사절단을 40시간 이내의 기한부로 쫓아 버렸다.

이만하면 이제야 유고는 동유럽에서 외톨이의 고아가 되었다. 함에도 불구하고 7월 21일의 당대회는 티토 당수를 재선할 기세이니 그래서 사태는 더욱 미묘하다.

물론 지금까지의 추이로서 판단할 때에 이것은 소련 블럭 속에서의 내분에 불과한 것이다. 그러니까 이러한 이데올로기상의 논전만으로써 유고의 외교정책이 변환되리라고 볼 수는 없는 일이다. 현명한 미국이 그것을 모를 리가 없다.

그러나 소련의 목을 졸라매기 위하여 일금 60억 달러 이상을 쾌척하여 소련을 둘러싼 18개 국가에 반소 자금을 제공하는 미국으로서는 밑천 들지 않은 이번 유고의 사태를 어떻게든지 유리하게 효과 있게 선용(善用)할 노력만은 필요한 것이다.

혹시나 뜻대로 바람이 불어 주면 철막(鐵幕) 속의 이번 불화는 이데올로기상의 논전에 그치지 않고 유고의 소연방적 철의 유대로부터의 아주 이반이 있을지도 모르는—그러한 행동전으로 발전할는지도 모른다. 그래 주면 좋을 것이다.

그야 미국으로서는 이러한 결과를 밑천도 안 들이고 그냥 기대하는 바는 아니다. 그래서 사태 발생과 함께 제꺽 거대한 상금을 유고에 보냈다. 유고의 산업국유화에 휩쓸려 들어간 미국 재산 2천만 달러를 양보한 것이다. 한 걸음 더 나아가서 제2차 대전과 함께 미국 내에 동결되었던 유고의 금괴 5천만 달러의 동결을 해제하는 관대와 친선을 표시하였다.

유고가 이번 크렘린궁과 반목 중에 인민에게 전후 부흥을 위한 국채를 모집함에 5천만 달러의 국채 구입으로 티토 정권에 충성을 표시한 이 계제에 그 100%에 해당하는 미국의 동결 해제는 단연코 100% 이상 생색 나는 일이다.

그러나 이러한 상여로써 유고는 과연 비열하게도 자본주의에 굴복할 것인가?

그들이 다시금 자본주의 경제체제에 돌아가기에는 오늘날 국가의 모든 재산을 인민의 재산으로 한, 그리하여 착취 없는 사회주의적 경제체제에 의한 생활 체험은 너무도 좋은 것이다. 비로소 경제 평등하에 경제적으로 해방의 환희를 느낀 유고 인민이 다시금 자본주의적 불공평한 기아 생활을 생각할 리가 없을 것이다.

뿐만 아니라 그들의 지도자 티토가 인민을 이끌고 자본주의에 굴복하기에는 그는 너무도 혁혁한 열혈의 혁명가다.

금속 직공에서 몸을 일으켜 제1차 대전에는 지배국 오스트리아 · 헝가리(奧洪)와 싸우고 러시아에 망명하여서는 그 혁명 내란에 가담하여 싸웠다. 일찍 그의 고국 유고에서 그의 안식처는 감옥이었으며, 출옥 후에 그는 지하에 숨어 노동운동을 계속하였고, 제2차 대전에는 독일군에 대항하는 게릴라 부대를 지휘한 티토 원수다. 비열한 반동자가 되기에는 그는 너무도 열혈의 혁명가다.

허다면 오늘의 유고는 어찌하여 철막 속에서 외톨이의 고아로 고민하고 있는가.

여기 공산주의의 국제주의로서의 성격을 다시금 비판하며 공산주의자의 민족주의적 양심의 고민을 볼 수 있다. 일당의 지도자로서는 그 당의 이해를 위하여 싸울 것이나, 일 민족(一民族)의 지도자가 될 때에는 그 민족의 이해를 더 중시하는 것이 지도자로서는 더 양심적 지도자인 것이다.

우리는 저 중국공산당의 모택동*이 국제공산당으로부터 도외시되는 고립 상태에 빠지면서도 중국 민족으로서의 민족의식을 고취한 그것이 오늘 중국의 '해방지구'가 군사력보다도 인민의 지지에 의하여 날로 확대되는 중요한 원인인 것을 목격하고 있다.

---

* **모택동(毛澤東, 1893-1976)** 마오쩌둥. 중국의 공산주의 이론가, 군인, 정치가. 1931년 이래 중국공산당의 지도자였으며, 1949-1959년 중화인민공화국의 국가주석을 지냈다. 국가주석을 사퇴한 이후에는 사망할 때까지 당주석을 역임하였다. 1965년 한때 당내에서 완전 고립되어 연금상태에 있었으나, 1966년 문화대혁명을 통해 공산당 내의 실력자들을 물리치고 다시 권력을 잡았다. 1970년 헌법수정초안을 채택하여 1인체제를 확립하고 중국 최고지도자로 군림했다.

사회주의 건설은 반드시 그 민족의 이해를 슬라브 민족의 이해와 같이 하여야만—때로는 그 민족의 이해를 슬라브 민족의 이해 앞에 희생하여야만 가능한 것인가? 그렇지 않은 근로자의 국제 단결은 불가능한 것인가?

내정간섭에 반대한 유고의 티토가 비로소 이 숙제를 세계적 주시 속에 공개하고 민족적 양심에 고민하는 중이다. 조선 민족 중에서는 이러한 고민이 필요할 사람은 없는 것인가?

성지(聖地)의 유혈

— 1948년 7월 10일

7월 9일 외전(外電)에 의하면 성지(聖地)의 '유(猶)아'전투(이스라엘과 아랍의 전투)가 재개되었다 한다.

에르나돗테* 백(伯, 백작)은 아랍 측이 팔레스티나의 정전 연장(停戰延長)에 관한 UN 제안을 거절하였다고 발표하였다.

벌써부터 예루살렘 지구의 유태군(猶太軍)은 전면적 전투 재개에 대비하고 있었고 전선에 따라서는 부분적이나마 사실상 이미 전투 중이었지마는 정식의 정전 연장 거절에 의하여 9일 GMT 6시의 정전 만료를 계기로 전투는 재개될 것이다. 이로써 면목 잃은 UN 정전위원단(停戰委員團)은 권위 없는 보따리를 쌀 수밖에 없고 그래서 미국 구축함(驅逐艦)이나 얻어 타고 철퇴(撤退)하게 되었다.

한심한 일이다. 모든 약소국가의 영토를 보장하고 주권을 존중한다는 새 세기(世紀)의 새 정의(正義)하에서 억지로 분할된 탓으로 하여서 유혈

---

* **에르나돗테** 베르나도테(Bernadotte)의 오기(誤記). 폴세 베르나도테(Folke Bernadotte af Wisborg)는 스웨덴의 군인이자 외교관이다. 스웨덴 적십자총재, 제2차 세계대전기 중립국 대표로 활약했다. 제2차 세계대전이 끝난 뒤 아랍과 이스라엘의 문제는 유엔 총회에 넘겨졌다. 유엔 총회는 1947년 11월 29일 팔레스타인에 아랍인 국가와 유대인 국가를 분할하여 따로 세울 것을 제안하는 결의안을 통과시켰다. 그러나 아랍국가들은 이 분할계획을 거부하고 이스라엘을 공격했다. 베르나도테는 아랍과 이스라엘 사이에 분쟁이 발생하자 유엔이 파견한 중재자이다. 그는 유엔의 분할계획이 수정되어야 한다고 주장했다. 그러나 그는 유대인들이 보낸 테러리스트에 의해 암살당했다.

비극을 계속하는 것도 한심하거니와 더욱 한심한 것은 이 정도의 새우 싸움도 말릴 능력이 없는 UN이라면 장차 고래 싸움을 어떻게 말릴 수 있겠으며 그 고래 싸움에 터질 새우등의 안전보장이 어떻게 가능하겠느냐 하는 것이다.

일찍 이집트의 노예로 그 혹독한 채쭉 밑에서 노역하며 남아 출산의 자유까지도 잃었던 이스라엘 민족이다. 그 철쇄(鐵鎖)에서 풀리매 40년이나 광야로 유랑 끝에 드디어 법궤(法櫃)를 메고 요단강을 건너 젖과 꿀이 흐르는 조국에 돌아간 민족이다.

그렇건만도 그들은 동포를 사랑할 줄 모르고 나라를 애낄 줄 몰라서 예수가 탄생하였을 때만 하여도 로마 제국 빌라도*의 통치를 받은 나라다. 외세의 지배하에 동족을 학대하는 무리가 권력을 자랑하고 사두개**, 바리새*** 등 독사의 무리가 민중을 오도하는 중에서 불의에 찬 예루살렘을 산 위에서 내려다보는 예수는, 장차 그 성(城) 돌 하나도 겹놓이지 못할 것을

---

* **빌라도(Pilate, Pontius)** 유다에 부임한 제5대 로마 총독(재임기간: 26-36). 로마의 권력을 배경으로 고압적인 반유대정책을 취했다. 그러나 예수 재판 시에는 유대교도의 압력에 굴복하여 십자가형에 처하기도 했다. 그 후 실정을 거듭한 끝에 36년에 로마에 소환되어 자살했다고 알려져 있다.

** **사두개인[-人, Sadducess]** B.C. 2세기경부터 A.D. 60-70년경까지 존재했던 유대교의 당파 중 하나. 사두개인은 사독의 후예임을 자처하는 다수 제사장들에 의해 형성되었다. 이들은 헤롯궁과 로마인 집정관들과 연합해 정치적인 권력을 소유한 집단이었으나, 백성들에게는 영향력을 갖지 못했다. 종교적으로 보수적이고 대중적인 인기를 누렸던 바리새인들과 극명한 대조를 이루었다. 사두개인은 미래의 부활, 천사와 영적인 존재 등을 믿지 않았다. 이들은 흔히 물질주의자 혹은 현실주의자로 비유되며, 세례 요한과 예수에게 비난받았다.

*** **바리새인[-人, Pharisees]** B.C. 150년-A.D. 70년경 유대교 안에서 발생한 종교 분파 가운데 하나. 율법을 지극히 세심하게 지키면서 불결한 것과 부정한 자들로부터 분리해 나온 사람들이라는 의미로 본다. 바리새파는 사두개파, 엣세네파와 함께 유대교의 3대 종파 중 하나이다. 예수 생존 당시 바리새파의 서기관들은 회당을 장악하여 일반 평민들에게 영향을 주는 주요 거점으로 삼았다. 오늘날의 유대교는 거의 모두가 바리새인들을 통하여 수립되고 보존된 규례들로 이루어져 있다.

예언하며 눈물을 흘렸다.

그 성이 무너지고 이미 천수백 년, 이제 또다시 이 예루살렘 지구에 전투가 재개라 하니 아직도 겹놓인 성(城) 돌이 남았는가?

조국에서 다시 쫓겨난 이 민족은 40년이나 광야를 유랑한 끝에 건너섰던 요단강을 또다시 건너서 세계를 유랑한 지도 천여 년이다.

나라 없이 유랑하는 이 민족의 전전(輾轉)하는 발자최는 실로 세계 도처 아니 미친 곳이 없거니와 또한 세계 어디서나 천대와 박해를 당하고 학살과 추방을 당한 것은 수년 전까지도 그들의 체험이요 우리의 목도한 바다.

그런데 이제 새 세계의 새 정의라 하면서도 그들의 영토와 주권은 의연히 보장되지 못하여 분할의 비극을 겪었으며, 지금 전투의 참화를 일으키고 있는 것이다. 이것이 과연 그들의 원하는 바인가?

아니다. 그들 비극의 주인공은 실상 배우(俳優)에 불과한 것이다. 이 비극의 작가도 따로 있고 각색자도 따로 있는 것이며 다만 이들은 연극 아닌 이 비극을 자기네 피를 흘리며 연출하고 있는 것이니, 정전(停戰)에 실패한 '베'백(Bernadotte 伯)의 말과 같이 이들은 '수지맞지 않는' 전쟁을 하는 것이다.

UN 조선임시위원단 의장 메논 씨가 남조선단독선거안을 소총회(小總會)에 상정하였을 때 '아라비아' 제국(諸國)의 태도는 어떠하였는가. 메논 의장의 보고 연설에 의하면, "팔레스티나의 분할을 경험한 아라비아 제국은 다시 또 조선에서 이러한 역사를 반복하려 하지 않았고 팔레스티나를 분할한 미국의 태도에 분만(憤懣)하였다."는 것이다.

그들은 아는 것이다. 부자연한 분할이 어떠한 비극과 불행을 낳고 있는 것을 그들은 체험에 의하여 알고 있는 것이다. 알고 있기 때문에 그들은 조선의 분할을 합리화하고 영구화할 장본이 될 남조선단독선거를 반대한 것이다. 반대하였을 뿐 아니라 팔레스티나를 분할하고 또 조선을 분할하려는 미국의 태도에 분만(憤瞞)을 표시한 것이다.

이것만으로도 이들은 싸우고 싶어서 싸우는 것은 아닌 것을 알 수 있다. 아니 싸우자 하면서도 싸울 수밖에 없는 조건이 조작되고 그 조건에 운명을 비끄러매어 놓으니 할 수 없이 싸우고 '수지맞지 않는' 피를 흘리는 것이다.

우리는 이러한 사실에 직면하여 무엇을 깨달아야 하나? 우리 민족 장래에 어떤 두려운 사실을 예견할 수 있는가?

팔레스티나의 분할이 팔레스티나의 분만(憤懣)인 것과 같이 조선은 조선의 분할에 분만이 있다. 있을 뿐만 아니라 시급한 통일을 바라고 있다. 함에도 불구하고 우리의 분할을 각색한 극작가들은 또다시 우리로 하여금 영구한 분할을 당하며 동족 간에 상전(相戰)할 각본을 꾸미고 있는 것이다. 이 각본에 우리의 운명이 결연(結緣)되면 아니 싸울래야 아니 싸울 수 없을 것이요, 동족 간에 총화(銃火)를 겨누며 피를 흘리지 않을래야 아니 흘릴 수가 없을 것이다.

그 결과는 무엇이겠는가? 그것이 민족 자멸이라는 것을 누가 모르겠기에 내가 여기 설명이 필요할 건가? 다만 슬픈 것은 팔레스티나는 자기의 분할의 경험으로써 조선 문제를 정당히 관찰하였는데, 조선 사람 자신 중에 조선 문제를 부당(不當)히 관찰하는 그것이다.

이러한 부당한 관찰은 그들이 당면한 추세로 인하여 시력이 마비된 까닭이거니와 이것이 불행하게도 만약 이 땅에서 다시 성지유혈(聖地流血)의 역사를 반복하는 원인이 된다 하면 진실로 전율하지 않을 수 없는 것이다.

우리는 지금 성지의 유혈에서 우리의 두려운 장래를 예견할 필요가 있다. 이 세기의 비극을 우리가 또한 피를 흘리며 연출하지 않으리라고 누가 보증할 것이냐. 그런데 새 세기의 이 정의를 말하는 UN은 과연 우리의 이러한 참화를 방지할 능력이 있느냐.

비농가(非農家)
— 1948년 7월 20일

내가 지금 쓰는 이야기는 이 나라의 수도 서울에서 단 12킬로미터 밖에 떨어지지 않은 근교 농촌(近郊農村)에서 겪은 이야기다.

누구나 아는 농촌 실정의 한 토막을 본 것에 불과하지만 번개같이 엄습한 우울이 납덩이처럼 나의 가슴을 누르게 하였다.

아이들의 얼굴이 모두가 노랗다. 삼복더위가 한창이라 당연히 새까맣게 탄 건강색이어야 할 것인데 그렇지가 못하고 모두가 노랗다.

확실히 채색(菜色, 곤궁한 느낌의 누르스름한 얼굴빛)이다. 영양불량에 틀림없는 것이다. 게다가 모두가 장기간의 만성적인 말라리아 환자들인 것 같다. 아마 분명히 그럴 것이다. 그뿐 아니라 뱃속에는 여러 가지 기생충이 있는 것을 넉넉히 짐작할 수 있는―그렇게 모두 노란 얼굴들이다.

여름에 맨발은 숭허울 것 없으나 몸에 걸친 남루들이란 과장 없이 판에 박은 백결선생*의 후예들이다. 모두 코를 흘리고 머리는 불밤송이 같고….

독자여, 결코 나는 그들을 무슨 토인종처럼 멸시하는 것이 아니다.

그들과 대조되는 나 자신이, 그들의 동족으로서의 나 자신이 그들과 유

---

* **백결선생(百結先生)** 신라의 거문고 명인. 자비왕 때 경주 낭산(狼山) 기슭에 살았다. 집이 몹시 가난하여 옷을 백 군데나 기워 입었기 때문에 백결선생이라 불렸다고 한다. 섣달 그믐날 아내가 남들의 떡방아 소리를 부러워하자, 거문고로 떡방아 소리를 연주하여 아내를 위로해 주었다는 일화로 유명하다.

리된 세계에 서식하고 있음을 깨닫는 데서, 나는 그들의 친우가 못 되는 것을 깨닫는 데서 슬픔을 느끼는 것이다.

도시에는 많은 지식인이 문화의 옹호를 말하고 자유의 옹호를 말한다. 많은 정치인들의 건국 경륜(建國經綸)에 대한 사자후(獅子吼)가 있다.

그러나 그러한 문화가, 그러한 자유가 오늘날 이 현재까지 농촌을 위하여 농민을 위하여 무엇을 기여하였느냐. 그들의 생활 속에 무슨 문화를 주었느냐 자유를 주었느냐.

일찍 일본 제국주의 군대가 중국 대륙을 침략 횡행하기 8년여에 그들은 결국 '점(點)'을 점령하였을 뿐이라 하였다. 도시의 점령은 가능하였으나 도시의 경계를 벗어나면 그 근교로부터 광범한 대륙 전체는 의연한 중국의 대륙이지 일제의 위압이 소용없었다는 말이다.

나는 이제 이 '점'이라는 것을 가지고 조선의 도시와 농촌의 유리된 현실을 생각해 본다. 도시에 몰켜 있는 지식인들의, 문화인들의 그 상아탑 속에서 생산되고 음미되는 문화가, 근대식 고층 건물 속의 소파를 타고 앉아 향기로운 자연(紫煙)을 풍기며 교환되는 정객들의 고담준론(高談峻論)이 저 무지와 빈궁과 굴종에 젖어 있는 농촌의 모옥(茅屋) 속 초망(草莽)의 생활에 무슨 관련이 있는가. 수도 서울에서 단 12킬로미터밖에 떨어져 있지 않은 농촌과도 관련이 없으니 결국은 '점' 위에서 사치하게 희롱되는 정치가 아닌가? 문화가 아닌가? 자유가 아닌가?

나부터도 글을 써서 팔아먹는 부류에 속한다.

그러나 그것이 이들 농민에게 무슨 관련이 있나? 내가 아무리 '민족의 비원'을 호곡하고 '자유조국을 위하여' 웨쳤다 하지만 대대로 문맹이요 현재도 문맹인 저들 무지와 빈궁과 굴종에 파묻힌 이들을 위하여 무슨 기여함이 있었나?

확실히 그렇다 하면―도시의 정치 연설도, 시 낭독도, 영화 감상도, 그리고 문화의 향상도 자유의 옹호도 이들 흙의 노예와는 아무런 관련도 없었다 하면, 민족을 구성한 8할을 이러한 지경에 내버려둔 채 도시에서만 떠들어 대고 아무리 열심으로 UN을 바라다본대야 거기서 무엇을 얻을 건가?

이것이 옳은가? '점' 위에서 떠드는 정치 연설만으로 UN의 승인을 얻을 수 있다는 독립이면 그게 무엇이 장한가? 8할을 빈궁 속에 파묻어 둔 채 조선은 행복과 번영이 보장될 건가? 이상론(理想論)이 아니라 엄숙한 실제 문제다.

'점' 위에서 생산되고 음미되는 문화만으로 이 민족은 문화민족의 명예를 얻을 수 있는 건가? 8할을 무지 속에 파묻은 문화가 민족문화로 자랑할 건가?

자유를 웨친다? 8할의 면면에는 수천년래의 굴종의 표정이 굳어 있는 그대로 도시에서만 책상을 뚜드려서 자유를 찾는 건가?

모두가 진정으로 골육의 8할과는 너무도 유리되어 있는 것이다. 이들을 해방함이 없이, 무지와 빈궁과 굴종으로부터 해방함이 없이는 조선은 그대로 무지의 조선이요 빈궁의 조선이요 자유 없는 조선이다.

그런데 나는 지금 이 동리(洞里)에서 또다시 무엇을 경험하였나.

우리 일행을 둘러싼 채색(菜色)띤 아이들 20여 명 중에서 그중 건강색을 유지한 한 아이에게

"너희 집에서는 얼마나 소작(小作)을 하느냐?"

고 내가 질문을 던졌을 때 분명히 내 눈으로 그 아이의 얼굴에서 노여움의 표정을 발견하였던 것이다. 아이는 배앝듯이 불쾌한 어조로 대답하는 것

이다.

"우리집은 비농가(非農家)야요."

"비농가?"

내가 재우쳐 물었을 때 아이는 대답도 아니하고 그 불쾌한 표정을 걷지도 아니한 채 고개를 돌려 버렸다.

토지를 농민에게 돌리라는 소리가 웨쳐진 지 벌써 3년이다.

유상분배(有償分配)거나 무상분배(無償分配)거나, 실상 이것은 따져 보면 정치상 기술 문제요, 토지를 경작자에게 돌려야 한다는 원칙만은 새 나라 건설에 기초적 조건이다.

허건마는 무엇 때문에, 누구의 이익을 위하여 이 남조선 농촌에는 아직도 비농가의 존재가 의연한가? 어찌하여 아직까지도 건강과 교육받는 권리가 비농가의 아들에게만 주어져 있는 특권인가? 그뿐 아니다. 어찌하여 아직까지도 경작자는 천시되고 비농가는 귀족적인 상태가 존속되고 있는가. 소작농의 자식으로 경솔히 오인한 것은 물론 나의 과실이려니와 어린 아이까지도 이러한 일에 노여움을 느낄 때에 나는 여기서 의연한 봉건적 잔재를 발견하는 것이다.

나는 다시 생각해 본다. 이들 무지와 빈궁과 굴종에 젖어 있는 8할의 골육을─. 이들을 흙의 노예로부터 해방하여 다 같이 배부를 수 있는 제도를 생각치 않는 사람들의 고담준론이 얼마나 비농가적인가?

비록 똥거름을 지고 가는 동안에라도 그 기본 인권을 찾아가진 기쁨을 느낄 수 있는 제도를 생각지 않는 사람들의 자유론이 얼마나 비농가적인가?

이 대대로 문맹이요 현재도 문맹인 이들을 위하여 성명 삼 자(姓名三字)

라도 쓸 수 있도록 해 주기 전에 막대기 부호(符號)로라도 선거에만 열중하였다는 것은 얼마나 비농가적인가?

말로서는 독립을 찾고 정부를 세우고 정책을 수행하면 될 수 있다고 하리라. 그러나 그 두뇌가 이미 비농가적인 데야 어떻게 그런 생산을 바랄 수 있을 건가?

진짜 무궁화

— 1948년 6월 3일

거리에 나서기가 무섭게 보이는 것이 담배 파는 어린아이들이요, 따라서 들리는 것이 그들의 손님을 부르는 소리다.

"진짜 무궁화요, 진짜 무궁화…."

한 아이가 하루에도 몇 백 번이나 웨치는지 모르는 이 소리가 충무로 좁은 거리에서 가위 초여름의 맹꽁이 합창을 연상하리만큼 피차에 약속 없는 합창의 연속이다.

대체 이 진짜 무궁화라는 칭호를 저 어린 행상들이 부르기 시작한 동기는 분명코 손님 편에서 먼저 시작된 가짜 무궁화라는 칭호에 대항하려는 상업술(商業術)의 일단이라고 할 것이다. 가짜 무궁화가 성행하여 무궁화에 대한 손님의 신용이 떨어지자 이들은 자기 상품의 정통적인 본질을 선전할 필요가 절실한 데서 그냥 무궁화라기보다도 그 위에 진짜라는 보증을 첨가한 것임이 확실하다.

그래도 손님 편은 이 보증을 좀처럼 제꺽 신용하는 이가 드물다.

대개는 담뱃갑을 헤치고 적당히 그 상품의 본질을 검사한 뒤에 매매가 성립되는 것이 보통이요, 때로 좀더 침착하고 영악한 손님은 한 대를 쑥 뽑아서 피워 물고 심호흡으로 신중히 흡연을 하여 보고서야 비로소 만족하여 값을 치르는 광경도 결코 드물지 아니하다.

나는 이런 경우를 일부러 발길을 멈추고 품을 들어서 특별히 주목한 적은 없으나 그러면서도 한 모금 피워 본 뒤에야 값을 치르는 손님에게서 돈을 받는 행상의 표정에는 자기 상품에 대한 진짜의 보증이 완전히 확인되는 기쁨과 아울러서 그렇듯 자기 보증을 믿지 아니하는 점잖은 동포의 야속스러운 의심을 멸시하는 표정이 섞여 있음을 여러 번 보았다. 이런 때에 대개 어린 행상은 돈 내는 손님에게 고맙다는 인사 대신에,

"그거 보세요. 진짜 무궁화요, 진짜 무궁화…."

하면서 다시 일반 행인의 주의를 자기 상품에 집중하도록 방금 확인된 그 정통적 본질을 큰 소리로 웨치는 것이다.

이 조그마한 사실에서도 우리는 동포 간의 불신과 경계를 체험하는 바이다. 그런데 이러한 불신과 경계는 요즘 세태에서는 의례적인 것으로 덮어놓고 경계 없이 믿는 사람이 못난 사람이라고 하게끔 되어진 세상이다.

처음에는 양담배에 한해서는 그 훌륭한 포장의 권위가 이런 불신을 허락하지 않더니 그것도 수법의 진보에 따라 감쪽같이 포장을 떼고 그 속에 백두산 혹은 가짜 무궁화를 집어넣은 것에 속아 보는 손님의 피해가 빈번해졌다. 그래서 이번에는 거리마다 진을 치고 있는 여인들의 담뱃가게에서는 양담배 한 대를 뽑아내서 셀로판 포장(包裝) 사이에다가 그 내용의 확실함을 증명하는 견본으로 끼워 놓게 되었다. 외국어 발음에 능하지도 않거니와 소년 행상과 달라서 진짜 무궁화 식으로 선전 광고를 하기에는 우리 조선 여인들은 너무나 얌전하고 부끄럼 많은 여인들이다. 허나 이것도 장사인 바에 손님의 신용이 필요하고 그러니까 상품의 본질을 증명하는 방법은 있어야 할 것이라, 드디어 견본을 뽑아내 놓아 소년 행상의 백 마

디의 진짜 소리를 무언(無言) 중에도 대항할 수 있는 수법이다.

담배는 전매품(專賣品)이다. 양담배는 배급받은 군인이 내다팔거나 훔쳐다 팔거나 우리의 물어볼 바 아니지만, 전매품인 국산이 어찌하여 정당한 판매점에서는 살 수가 없고 딴 곳으로 흘러내려 진짜 무궁화의 소음이 거리마다 이렇듯 요란하냐가 문제인 것이다.

이것도 물론 현재의 배급 제도하에서는 담배 피지 않는 이들도 배급을 받으니까 그것이 거리로 흘러나오는 것이 일부분은 있을 것이기는 하나, 그것이 그렇게도 거리거리에 범람할 정도의 양이 못 될 것만은 확실하다.

허다면 이 진짜 무궁화의 출처가 어디냐. 비로소 우리는 관제 전매품(官製專賣品)인 이 담배가 사제 밀매품(私製密賣品)으로 거리에 쏟아져 나오는 사실을 짐작하게 된다.

인천전매서장(仁川專賣署長)의 발표에 의하면, 인천 관내에만 사제(私製) 담배 제조소가 4천여 개소나 되고 그들의 일일 생산고가 약 30만 개나 된다고 하니, 이 사제소(私製所)는 한지의사(限地醫師)* 모양으로 인천에만 국한해서 있는 것이 아닐 바에는 인천보다 더 넓은 서울에는 더 많을 것이요, 다른 지방에도 얼마든지 있을 것을 충분히 알 수 있다.

들은 바에 의하면 서울에서는 전매국 공장(專賣局工場)의 기계화를 능가하는 사제 공장이 얼마든지 있다는 것이다. 얼마 전에 이 연초제조기계(煙草製造機械) 제작공업가(製作工業家)와 그 판매상과 그리고 그 수요자가 그물에 걸린 적도 있지만, 최근에 권련 용지(卷煙用紙) '라이스페이퍼'를 작춘

---

* **한지의사(限地醫師)** 일정한 지역 안에서만 개업하도록 허가한 의사. 무의촌 문제를 해결하기 위한 보건 정책의 하나.

이래(昨春爾來) 대량 밀수입해다가 꿀같이 단맛을 보던 중국 상인이 검거된 사실에 의해서도 이 사제 공장들이 그 원료 구입을 적어도 국제무역에 의해서 한다는 것을 알 수 있으니 그 규모가 어느 만큼 굉장하다는 것도 넉넉히 짐작하고 남음이 있다. 그러나 궐련 용지는 외국서 들어온다 치고, 담배 원료의 밀수입이란 말은 아직 들리지 않는다. 뿐만 아니라 확실히 전매국(專賣局) 담배 원료와 추호의 차가 없는 것이다.

허다면 이건 전매국 원료 창고와 사제 공장 원료 창고를 공동 사용하는 증거가 되는 사실이 아닐 수 없다. 그리고 보니 들리는 말에 전매국 직공이 퇴근할 때에 각기 적당량의 원료를 가지고 나와서 다시 사제 공장으로 출근한다는 것이다. 원료만 공동 사용이 아니라 직공도 공동 사용인 것이다.

그럴 수가 있는가. 전매국 공장에는 수위는 없으며, 직공들은 모두 도적이란 말인가.

전매 공장에서의 근로소득만 가지고는 먹고살 수가 없는 직공들이라면 약간 원료를 들고 나가서 팔아먹는 것도 동정할 여지가 전혀 없는 사실이 아니다. 이 원료를 훔쳐다 파는 것은 단순한 장물 밀매(贓物密賣)의 행위가 아니라, 실상은 자기들의 근로소득을 좀더 구하자니 원료 없는 사제 공장에는 아예 원료까지 가지고 출근할 필요가 생긴 듯하다. 수위는 무얼 하느냐고? 수위는 밥 먹지 않고 도적만 지키나? 원료 들고 나가는 직공과 눈치로 신호가 성립되어야 적당히 생활난이 해결되는 것을 어찌하나.

이렇게 알고 보면 사제 연초(私製煙草) 속에는 끝없는 생활의 비참이 섞여 있음을 느껴야 한다.

벌금
— 1948년 7월 12일

전에는 백 원, 2백 원이 보통이요 천 원 정도면 벌써 10년 징역 만큼이나 끔찍히 알던 벌금인데 요새는 백만 원, 2백만 원짜리 벌금이 수두룩하다.

이것도 인플레의 시대상이니 화폐가치가 자꾸만 떨어지는 이 판에 형(刑)으로서의 벌금의 준엄함을 유지하자면 그 액(額)의 결정에 있어서 화폐발행의 증가율을 따라가는 것이 첫째로 당연하다. 둘째로 벌금형을 받는 자의 벌금 낼 범죄에 의한 이득을 참작하는 것이니까 요즘 세상에 백만 원 이백만 원짜리 벌금이 흔한 것은 그만큼 돈이 흔하고 그만큼 부당이득을 취하는 경제사범(經濟事犯)이 많다는 것을 말하는 것이다.

그야 재산이라고는 붓 한 자루밖에 없고 경제적으로는 불과 몇천 원의 월급조차 똑바로 못 받는 신문기자에게 백만 원 벌금은 실로 호되고 무서운 중형이지만 세상이 흔히 말하는 소위 모리배라는 경제사범에게는 그들의 모리 회계(謀利會計) 속에는 들키면 물어야 할 벌금까지도 하나의 '위험률'로서 포함되어 있는 만큼 백만 원, 2백만 원이 문제가 아니다.

요컨대 이해에 밝은 모씨(謀氏)들의 장사하는 법은 보험료나 파손에 대한 위험률을 물건값에 정당히 가산하는 것과 마찬가지로 들키는 경우를 상정하고 물어야 할 벌금의 위험률이 충분히 계산된 모리(謀利)라, 형식상으로는 모씨가 무는 벌금이지만 실상은 광범한 피해자들이, 즉 소비자들이 미리 부담해 둔 것이다. 주세(酒稅)는 양조업자가 내는 것이 아니라 소비자의 부담인 것과 조금도 다를 것이 없는 일이다.

그러니까 이 모씨들에게 벌금을 매길 때에는 모씨와 같이 똑똑히 수판을 놓아 가지고 광범한 피해자들이 그의 벌금을 위하여 미리 부담해 둔 금액을 국고에 회수하는 동시에 그 정도만으로는 양조업자의 주세 부담에 더 다를 것이 없은즉 경제 혼란을 일으킨 형(刑)으로서의 벌금을 톡톡히 물릴 필요가 있다고 본다.

또 한 가지 지금 도탄에 빠진 민생이 그날그날 먹고살기가 어려운 형편인 사정을 알아주는 의미에서도 이들 담세력(擔稅力) 없는 민생에게 비싼 세금을 부과할 것이 아니라 흥청거리는 모씨들의 감춰 둔 이중장부에 의하여 그들에게서 벌금을 척척 받는 수가 있다 하면 국고의 세입 면에서도 대단 좋은 일이다.

이에 의하여 빈민층은 세금 부담이 경감할 것이요, 국고는 자차분한 체납의 진합태산(塵合泰山)으로 인한 적자가 없어질 테니 이래저래 좋은 일이다.

현명한 사법 당국이 이런 묘방(妙方)을 몰랐을 리는 없다. 그래서 과연 작년 9월부터 이 점에 주력하여 벌금에 의한 1년간 국고 수입으로 4억 원을 잡았다는 것이다.

그러나 그 수입 예상이 불과 4억 원이라는 데는 모씨들로서는 안심하였을 것이다. 반면에 모씨 아닌 민생의 입장에서는 과소(過少)의 불만이 없을 수 없는 바다. 그런데 그나마도 제대로 받아낼 수가 없다 하니 기맥힌 일이 아닌가.

발표된 숫자에 의하면 해방 후 금년 6월까지 징수된 벌금액은 불과 2억 원 정도요, 작년도만도 총액 9천889만 1천275원 중에서 징수액은 5할 6푼 (五割六分)에 불과하고 아직도 미수액이 4천147만여 원이라고 하며 금년도 벌금 징수는 아직 3할 미만이라고 한다.

이래서는 모처럼의 국고 수입을 위한 벌금 징수도 대단 신통할 바가 못 되는 것이다. 뿐만 아니라 사직(司直)의 위엄조차 떨어질 지경이니 한심타 하는 것이다.

그 까닭이 무엇인가?

첫째로 검찰 당국으로서는 벌금을 징수코저 하나 물 사람이 물지 않으니 잡아라도 가야겠는데 그래서 경찰에 연락을 하나 이것이 여의치 못하다는 것이다. 그도 그럴 것이 빨갱이 경계와 살인, 강도 수사에도 불철주야하게 되는 이 비상사태하에서 하가(何暇)에 벌금 체납자를 잡으려 다닐 수는 없을 것이다.

둘째로 영리한 모리적(謀利的) 타산으로 보면 벌금을 낼 때는 내더라도 그 밑천으로 한 1년 활용하여 모리를 하게 되면 벌금 물 돈은 그 속에서 빼낼 수가 있다는 것이다(그러니까 벌금을 물기 위해서 이들은 더욱 모리를 해야 한다). 그도 그럴 것이 1할, 1할 5푼 변을 써가지고 수판이 맞는 판에 백만 원 벌금을 1년만 질질 끌고 1할(一割) 변으로만 치더라도 120만 원의 식리 (殖利)가 가능하니 판결과 함께 벌금을 무는 모씨는 어리석고 서투른 모씨라 할 만하다.

여기 제도의 불합리가 있다.

첫째로 모든 거래에 외상이 없어진 세월인데 하필 이 벌금만은 구태의 연히 외상이 있느냐는 것이다.

전에는 옴치고 뛸 수 없는 수사망이 있고 또 지금 같은 혼란이 없었으니까 10원짜리 벌금 체납자도 척척 잡아다가 노역장에 가둘 수가 있었지만 지금 이 비상사태하에서 수사 능력이 여기 미치기가 어렵거늘 외상 벌금을 제대로 받을 수 없는 것은 차라리 당연한 일이다.

내 생각 같아서는 우선 이 외상 제도를 철폐할 필요가 있다고 본다. 판결과 함께 그날부터 하루 125원씩 계산해서 노역장에 가둬 놓고 볼 일이다.

법률 앞에서는 누구나 평등이라 하면 판결 앞에서는 범죄자는 누구나 똑같은 범죄자다. 그렇건마는 범죄자 중에도 점잖은 대우를 받는 범죄자가 있는데 모씨 부류에 속하는 인물들이 또한 대개 이러한 대우를 받는다.

그래서 대개 이 경제사범은 불구속이 많고 간혹 구속되었다가도 쉽사리 보석되며 최악의 경우라도 벌금 판결과 함께 석방되는 것이다. 익숙한 모씨일수록 요릿집 외상 긋던 하고 쑥쑥 나오는 모양이다.

그리고는 고만이다. 경찰은 이들까지 수사할 틈이 없고, 이들로서는 장차 벌금 외상을 물기 위해서라도 모리를 좀더 열심히 해야 하겠고…. 그러니까 호강이 아니라 바빠서 자동차만 타고 다니게 될밖에 없을 것이다.

둘째로 벌금 징수는 강제집행에 의하여 그 재산을 차압하지 못하는 옛날 법이 틀렸다고 본다.

벌금을 내지 않은 경우에는 노역장에 잡아다 노역을 시킬 수는 있으나 이건 또 벌금은 분납(分納)도 가하다 하니 몇 십 분지 일쯤 물고 노역을 피할 수가 있다. 그러니까 이러한 분납 제도, 외상 제도가 틀렸다. 또 재산 차압에 의한 징수는 불가능하다는 제도도 요새 세태에 맞지 않는 케케묵은 제도다.

먹고살 쌀값도 못 되는 월 5천 원 이내 근로소득자에게 만 원씩이나 세금을 부과하고서 이것을 체납하면 국가는 그의 재산 차압을 강제집행할 권리를 부리면서, 이들 선량한 근로자에게는 이렇듯 가혹하면서 범죄에 의하여 부당이득을 취하는 자의 백만 원, 2백만 원짜리 벌금 외상은 그 체납을 재산 차압에 의하여 징수하지 못한다는 것은 천만부당한 불공평이다.

백만 원, 2백만 원 벌금을 물 범죄자들은 저 쥐꼬리만한 근로소득세를 미처 못 내고 재산 차압을 당하는 사람들에게 비길 때에 확실히 행복한 사람들인 것이다. 범죄자는 행복되고 선량한 근로자는 불행하라는 제도는 민주적 제도하에서는 개선할 필요가 절실하다.

거부권(拒否權)

― 1948년 7월 11일

제1차 세계대전의 참화를 경험한 인류는 다시 전쟁을 절멸하고 영구적 세계 평화를 수립하자 하였다. 그래서 조직된 세계적 기구가 국제연맹(國際聯盟)이었거니와 그들의 이상(理想)이 여하하였거나 민족자결의 원칙이 철저히 모든 약소민족 앞에 균등한 자유를 부여하지 못했을뿐더러 평화 그것도 살벌한 무장평화였던 것을 우리는 기억한다.

드디어 국제연맹은 일본의 만주 침략을 막아 내지 못했고, 이탈리아의 이디오피아 침략을 막아 내지 못했고 독일의 군비 확장도 막아 내지 못했다.

이리하여 필경은 또다시 세계는 참혹한 전쟁을 일으켰다. 거부권이란 말은 그 뒤에 생긴 말이지마는 이때 벌써 전쟁의 신(神)은 국제연맹에 대하여 전쟁의 절멸과 세계 평화에 대한 이상에 거부권을 행사한 셈이다.

제2차 대전에서 더욱 참혹한 경험을 가진 인류는 또 한 번 전쟁을 절멸하고 영구적 세계 평화를 수립하자 하였다. 그래서 조직된 세계적 기구가 국제연합(國際聯合)이다. 이 국제연합은 왕년 국제연맹의 전철을 밟지 않기 위하여 '국제 평화와 안전보장을 유지하고 이 목적에 대한 유효한 집단적 방책을 취함과 동시에 국제 협력에 의거하여 경제상, 문화상 인류의 복지에 관한 세계의 모든 문제를 해결함'에 있어서 강약과 대소를 불문하고 모든 국가의 주권을 존중하고 영토를 보장하기로 하였다. 확실히 그렇게 하기로 한 국제연합이다.

그러면 이 국제연합은 과연 영구히 전쟁을 절멸하여 인류를 그 참화로부터 구출할 수 있는 평화의 대전당(大殿堂)인가?

그 권위 앞에서는 과연 전쟁의 신은 완전히 습복(慴伏)하겠는가? 어쩐지 그렇듯 훌륭해 뵈지는 않는다. 무엇보다도 전쟁의 신(神)이 전쟁 절멸을 거부하기 전에 이 기구 내에 거부권이 엄존하니까 수상스러운 일이다.

거부권이란 무엇인가? 가맹 각국(加盟各國)의 강약과 대소를 불문하고 똑같은 발언권과 표결권을 주기는 주되, 이것이 국력의 상위를 무시하는 기회적 평등성일 때에 논쟁은 여하간에, 실제 문제로서 국제 평화를 유지해 가기가 매우 곤란하리라는 것이다. 말하자면 어른, 아이가 다 같이 모인 회석(會席)에서 아이에게도 발언의 기회를 주고 찬부의 거수는 시키되 철없는 것들이 함부로 떠드는 대로 맡길 수는 없으니까 그중에 점잖은 어른이 적당히 간섭하자는 방식이다. 그래서 상임이사국인 미·소·영·중·불의 5대국에는 거부권이 부여되어 있다.

설명을 듣고 보면 그럴듯은 한데 그래도 어쩐지 수상스러운 논리다. 이제 와서야 이 거부권의 행사로 인하여 안전보장이사회가 실제적으로 그 권위의 안전을 보장하지 못할 지경이요, 그래서 전쟁 절멸은커녕 더욱더 참혹할 3차 대전의 소음의 진원지가 그 속인 것을 모르는 사람은 하나도 없다.

상임이사 5대국이 거부권을 가졌다 하나 영국이 문제 아니요, 프랑스가 문제 아니요, 더구나 중국이 문제 아니다. 실력적으로 거부권을 행사할 수 있는 나라는 미·소의 양대국이다.

그런데 그중에도 소련은 지금 이 거부권을 도맡아 가진 듯이 이 권리를 잘 쓰기로 너무나 유명하여졌다.

우선 조선문제부터도 이 거부권 행사에 서리를 맞은 것이거니와, 그래서 남북조선을 통한 총선거도 불가능하였고, 그래서 하나의 통일 정부 수립도 불가능하였고 그러니까 분할된 두 개의 조선이 본래의 하나로 환원 통일하는 것도 거부된 것이다.

이렇게 생각할 때에 소련은 우리에게 대단 원망스럽다. 그러나 이미 지적한 바와 같이 현재 UN 내에서 거부권을 행사할 실력적인 대국이 미·소 둘 뿐이라는 것을 생각할 때에, 소련이 이 거부권을 부지런히 쓰게 되는 까닭을 또한 우리는 원망 없는 안목으로 정시(正視)할 필요가 있는 것이다.

두말할 것 없이 미·소는 지금 싸우고 있는 것이다. 총성이 없고 포화가 일지 않을 따름이지 모든 각도에서 두 나라는 싸우고 있다. 그러니까 평화의 전당이라는 UN도 실상 미·소의 씨름판에 불과하다. 따라서 다른 50여 개 참가국은 비록 평등의 발언권, 표결권이 있다 하나 실(實)에 있어서 미·소 어느 편 하나를 지지하는 팬에 불과한 것이다.

그런데 이 씨름판에는 분명히 미국의 팬이 다수다. 논리는 여하커나 미국을 따라가는, 혹은 따라가야만 하는 나라는 소국(小國)뿐 아니라 같은 거부권을 가졌다는 영·중·불 3대국도 그러한 형편이니 거부권 행사는 저절로 소련의 독차지가 될밖에 없는 것이다.

가령 조선 문제에서만 하더라도 이 씨름판에 소련의 팬이 많아서 미국의 총선거 안을 부결하고 소련의 1948년 1월 말까지의 철병안(撤兵案)을 가결하였더라면 어떻게 되었을까? 미국은 거부권을 행사하였을 것이다.

이로써 우리는 약소국의 입장에서 소위 5대국의—실(實)에 있어서 미·

소의 거부권이 있는 한, 그리고 그들이 싸우고 있는 한, UN은 그다지 훌륭한 평화의 전당은 못 되는 것이라고 본다. 기구는 훌륭하여 일찍 국제연맹에서는 볼 수 없던 군사참모위원회까지 설치되어 있고 이번 성지(聖地)의 '유(猶)아'전투를 정지시키기 위하여 무력 발동론까지 대두하기는 하였다.

그러나 그 군사참모위원회도 하느님에게 직속된 것이 아니라 5대국의 참모부 대표로써 구성된 것이니 이것도 거부권에 의하여 제약되는 기관에 불과하다.

역시 원자력관리위원회가 원만한 합의에 도달하지 못하고, 그렇다고 어떤 강력한 대책도 세울 수가 없는 까닭도 여기에 있다. 원자탄 비밀을 공개하라고 소련이 아무리 주장해도 미국은 마이동풍(馬耳東風)이다. 만약 이것이 정식으로 가결된다 하면? 미국은 거부권을 행사할 것이다.

그러므로 애당초 이 거부권이라는 괴물의 존재는 합리적이기보다는 불합리적이다. 미·소의 두 고래로서는 합리적이나 그 여(餘)의 많은 새우를 위하여는 불합리적이다.

알고 보면 이 거부권의 거부론은 UN 기구가 심사되던 1945년 4월의 샌프란시스코회의(桑港會議) 때부터 소국 전체(小國全體)가 주장하였던 것이거니와 이제 와서 더욱 명백히 그 불합리성을 인식한 소국들은 그 제한에 대한 투쟁이 맹렬하게 되었다. 그리하여 7월 10일의 소총회에서 소국 측은 대국 측의 거부권을 제한하도록 국제헌장을 수정하려는 투쟁에서 중요한 예비적 승리를 획득하였다고 한다.

이것은 필리핀과 아르헨티나 지도하의 소국들이 총회에 대하여 국제헌장을 수정할 세계회의를 소집하라는 요구의 결의안을 가결 채택한 것을 말하는 것이다.

그러나 이것이 성공할까? 우리는 우선 이번 소총회가 이 결의안을 상정 토의함에 있어서 미·영·불 3대국이 맹렬히 반대하였다는 사실을 무시 하지 못한다. 이 소총회에서 소련은 어디 가고 미·영·불 3대국만이 반 대하였느냐 하면, 소련은 애당초 소총회 그 자체를 거부하여 버렸으니까 그 소총회 결의사항의 한 대목이 문제될 가치는 없는 것이다.

여기서 이 결의안은 장차 총회에 제출된다 할지라도 미·영·불은 계 속해서 반대할 것이요, 소련은 알은체도 아니 할 것이 분명하다. 그러므로 설혹 UN 총회가 대국 측의 반대를 물리치고 이 결의의 채택을 결의할지라 도 미·영·불은 거부권을 행사할 가능성이 충분하다. 허기는 그들이 지 금까지의 소련의 거부권 행사에 골치가 아파서 이것을 뜯어고치자는 데 동의할지는 모르나 애초부터 보이콧한 소련이 거부할 것만은 확실하다고 할 수 있다.

모르거니와 소국 측으로서는 대국 측의 거부권을 거부할 평등의 권리를 얻지 못할 것이다. 이것은 안전보장이사회가 고래 싸움을 거부할 능력이 없다는 것이 되며, 따라서 새우등의 안전보장을 거부하는 결과가 될 것이 다.

이로써 진정한 세계 평화와 인류 복지는 아직 안전하게 보장되지 못했 을 뿐더러, 그와는 반대로 전쟁의 신(神)의 3차 대전 설계도가 지금 이 대 국의 거부권에 의하여 그 안전이 보장되고 있다는 것을 알 수 있다.

나의 경전 생활(京電生活)

— 1948년 6월 30일

    세월은 덧없는 것이다. 우연한 동기에서 잠깐 다녀갈 작정으로 발을 들여놓은 나의 경전 생활(京電生活)이 어느새 햇수로 4년, 꼭 33개월 만에야 오늘로써 끝이 났다.

    처음에 내가 외우(畏友) 독고선(獨孤璇) 씨의 지우(知遇)를 입어 미군에 의하여 접수된 경전(京電)의 새 간부진을 짜는 일에 참획(參劃)할 때에는 이렇게 오랜 시간을 경전에 쓸 작정은 아니었다. 그래서 당연히 언론계로 돌아올 것을 믿었던 친지들이 일 회사(一會社)의 안락의자를 타고 앉은 나를 질책하는 때마다 나는 불원(不遠)에 이 생활을 끝낼 것을 말해 오곤 하였던 것이다.

    그러나 날이 감에 따라 회사에서의 나의 책임은 점점 무거워지고 게다가 사장 이태환(李泰煥) 씨를 중심으로 한 운영진과 일연탁생(一蓮托生)*의 동지적 결연은 차마 뿌리칠 수 없이 더욱 깊어져서 발을 뽑을래야 뽑을 수가 없었던 것이다.

    물론 나에게 이 경전 생활은 의미 없는 시간의 허비는 결단코 아니었다.

---

*   **일연탁생(一蓮托生)** 어떤 일이 선악이나 결과에 대한 예견에 관계없이 끝까지 행동과 운명을 함께함을 비유적으로 이름.

누구나 아는 바와 같이 경전은 조선에서 일제 경제 침략의 최대 복마전이었거니와 이것이 조선의 재산에 귀속되고 따라서 국가적 성격을 가진 공익사업체로서의 새 출발을 함에 있어서 그 운영진의 일익을 담당하였다는 것은 나로서는 분에 넘는 광영(光榮)이기도 하였다.

나는 이러한 감격이 있었기 때문으로 하여서 회사 일에 전력을 경주하고 거의 사생활을 저버릴 수가 있었다. 나의 과거 어느 대목의 직장생활을 들춰 보아도 이렇듯 몰아의 경지에서 직책에 충실할 수는 없었다는 점에서 이 3년간의 경전 생활이야말로 나의 과거 20년간의 사회생활 전부를 묶어서도 비교할 수 없을 만큼 전력을 기울인 봉사의 생활이었다. 이것은 누가 알거나 모르거나 나로서는 최대의 만족이요 긍지로서 거리낌 없이 자랑할 수 있는 경력이 될 것이다.

나는 여기서 응당 나의 경전 생활의 최후의 비극이라 할 만한 소위 악질삼 간부(三幹部) 배척 사건에 대하여 몇 마디 쓸 것이 있다. 그러나 '경전문제진상(京電問題眞相)'이라는 책까지 나온다니까 새삼스럽게 자수(自手)로 더 쓰고 싶지는 아니하여 문제의 와중에서 써 두었던 별고(別稿) 「인욕(忍辱)」을 말미에 붙이는 것으로써 그치려 한다.

다만 한 번 더 저 개결(介潔)한 최선익(崔善益) 씨, 그 책임감이 강한 정태하(鄭泰河) 씨가 경전 재건(京電再建)에 그렇게 심혈을 다하였건만 공로에 대한 보수로 악질 간부라는 후욕(詬辱)을 보내는 사람들이 행세하는 이 사회상을 슬퍼하는 것이다. 그보다도 더 슬픈 일은 저들 양의 껍질을 쓴 이리에게 오도(誤導)되고 있는 순진한 근로대중을 바로 지도하려는 사람이 드문 그것이다. 이렇고서 이 나라의 재건이 가능할 수 있을까? 노동운동의 이름을 빌려 건설이라는 위명(僞名)하에서 파괴를 일삼는 저들의 소위(所

爲)를 막을 도리가 없다 하면 이 나라의 장래는 비관할 수밖에는 없지 않을까? 나는 이것을 슬퍼하는 것이다.

전에 없이 번쩍하면 감전사고로 인한 순직자가 나는 것도 나를 슬프게 하였다. 그 원인의 하나가 노무화(勞務靴)의 품귀(品貴)라니까 이것도 마음 아픈 일이요, 심각한 식량난으로 굶주린 사람들이 전주 상(電柱上)의 작업 중 현훈(眩暈)를 일으키는 것도 원인의 하나일 때에 더욱 마음 아픈 일이다.

그러나 그보다도, 실로 그보다도 모든 사람이 지금 냉정과 침착을 잃었다. 어느 사회 어느 부문에서도 떠드는 사람은 많으나 그전처럼 세심한 주의력을 경주하는 기풍이 풀어졌다. 이것이 경전에서는 감전사고로 나타나는 것일 때에 더욱 슬픈 일이 아닐 수 없었다.

더구나 순직자의 장례를 진실된 동료애로서보다도 어떤 선전 도구로 이용토록 하는 교사자(敎唆者)의 모양을 볼 때에 슬프지 않을 수 없다. 이것도 이 사회의, 살아서는 욕을 하고 죽은 뒤에는 호사스런 장례를 꾸미는 좋지 못한 습성의 표시다.

슬픈 기억이라 하면 그뿐이 아니다. 사내(社內)에서는 가끔 부정 사건이 일어났다. 말하자면 이들은 '불행한 제비'를 뽑아서 징계되는 것이지만, 그들은 자신이 왜 이 불행한 제비를 뽑았는가를 탄식하지 않고 징계를 원망한다. 그리고 이 원망은 인사 사무(人事事務)를 맡은 나에게로 의례히 돌아왔다.

이 강기 문제(綱紀問題)에 대하여 나는 경전에서의 나의 존재가 어떤 것인가를 생각하여 보았다.

소금이라는 것은 짠 것이다. 사탕처럼 누구의 입에나 단맛을 주는 것은 아니다. 그러나 소금은 필요한 것이다. 이것이 없으면 부패를 방지하지 못한다. 최선익(崔善益) 씨와 더불어 나는 경전의 방부제로서 소금의 소임을 맡은 존재였던 것이다. 그러나 나 개인 본위로 생각할 때에 누구나 달게 환영하는 사탕이 되지 못하고 누구나 짜다고 하는 소금 노릇을 하게 된 것은 결코 달가운 일은 아니었다.

물론 나는 이 경전 생활에서 그렇게 불행한, 슬픈 경험만 있는 것은 아니다. 유쾌한, 미더운 사실도 얼마든지 많다.

기개(幾個)의 얼치기 영웅과 불순분자를 제치고 보면 오천 종업원의 거의 전부가 순진한 사람들이다. 그중 동대문에 집결되어 있는 전차 승무원들의 질을 말하는 이가 있으나, 왜정하에 가장 학대받은 그들이었다는 것을 생각할 필요가 있다. 그만큼 반발이 큰 것뿐이지 그들의 질이 결코 나쁜 것은 아니다.

모두가 부지런히 일을 한다. 언제나 주시(注視)의 적(的)이 되고 여론의 초점이 되는 경전이니까 늘 말썽부터 남의 귀에 들리는 것이지만, 해방 후 혼란을 극복하고 부패 없이 가장 건실한 기초를 닦은 것은 경전(京電)이라고 자부한다.

어떻다 어떻다 해도 이것은 오천 명 중의 순진한 개인 개인이 부지런하게 착실하게 일한 값이다. 더 부지런하게, 더 착실하게 해 주기를 나는 늘 바란 것이지마는 어쨌든 그들의 근로와 착실이야말로 나로 하여금 배우게 한 바가 많다.

내가 퇴임사에서 "5천 종업원은 모두가 나의 스승이었다."고 한 것은 나의 골수에서 나온 말이다. 그들 5천 명과 한 멍에를 메고 경전을 이끌어 나가던 동고동락 3년간에 나는 고(苦)도 많았으나 낙(樂)도 많았다.

5월 24일 중역 선출과 함께 최익선 씨는 물러났다. 나는 그의 뒤를 따라

동퇴(同退)하는 것이 가장 물러가기 좋은 기회라 믿어서 사표를 제출한 것이다.

이로써 나의 경전 생활은 끝났다. 유일한 재산이 집 한 채이던 것을 팔아먹은 나로서는 비록 가우(假寓, 임시 거처)요 책 없는 서재로나마 모든 짐을 벗고 거뜬한 맘으로 돌아오는 것은 기쁜 일이다.

나는 도산(島山) 선생의 유영(遺影) 앞에 섰다. "밥을 먹어도 민족을 위해 먹고 잠을 자도 민족을 위해서 자라."고 대공복무(大功服務)를 가르친 선생이요, 범사(凡事)에 거짓이 없이, 직장에서는 청렴과 책임을 지키라고 가르치신 선생이다.

"나는 그렇게 3년간 경전 직무를 수행하였습니다."

고 고할 수 있는 것은 얼마나 기쁜 일인가

나는 다시 나의 무학(無學), 무재(無財), 무벌(無閥)의 삼무(三無)를 말하는 담원(薝園) 정인보(鄭寅普)* 선생의 휘호(揮毫)를 치어다본다. 그렇게도 서울 시민의 귀에 못이 백이도록 떠들어 댄 경전 내 자파(自派) 세력 부식(扶植)의 폭군 정체(暴君正體)는 실상 이 무학, 무재, 무벌의 삼무한사(三無寒士)였던 것이다.

---

* 정인보(鄭寅普, 1893-1950) 한학자, 역사학자, 교육자. 어려서 아버지로부터 한문을 배웠고, 13세부터 이건방(李建芳)을 사사했다. 1923년 연희전문학교의 전임이 되어 한문학과 조선문학을 강의했고, 『《동아일보》』와 『시대일보』의 논설위원으로도 활동했다. 『조선고전해설』(1931), 『양명학연론』(1933) 등을 집필하여 민족의식의 고취에 주력했다. 일제 정책에 따라 조선어 강좌가 폐지되자 1938년 연희전문을 사임하고 전북 익산군에서 은거 중 해방을 맞았다. 대한민국 정부 수립 후 초대 감찰위원장을 담당했고, 해당 직위를 사직한 이후에는 학문연구에 몰두하다가 한국전쟁기 북한군에게 피랍되었다.

인욕(忍辱)
— 1948년 3월 15일

요즈음 나는 가위 명진사해(名振四海)라 하게끔 유명하여졌다.

서울 시민이면 소학교 아동으로부터 남녀의 구별이 없이 매일같이 타야 하는 그 전차가 벌써 일주일이나 파업을 하였는데 거리의 벽보마다 신문마다 악질 간부 오기영 등의 추방 목적을 관철하기까지 전차는 움직이지 않을 것이라 한다.

타야 할 전차는 움직이지 않으니 곯는 것은 죄 없는 시민이다. 허다면 이 죄 없는 시민이 불의의 교통난에 빠져서, 문제의 핵심은 여하간에 우선 전차 파업을 일으킨 장본인이 누구냐 할 때에 오기영이라는 이름이 누구의 입에서나 오르내리지 않을 수 없이 되었다.

전차 타기가 한참 힘들던 작년 5월에 나는 아주 온당한 계산으로써 경전(京電)이 시민에게서 먹는 욕은 하루에 십만 마디는 되리라 하였더니, 이번에는 전차가 아주 없어져 버렸으니 그보다 훨씬 더할는지도 모르겠다.

그러나 이것은 사필귀정을 기다리고 참아야지 별수가 없는 일이다. 여기는 인욕(忍辱)이 필요하다.

나같이 수양이 부족한 인물로서 인욕은 용이한 것이 아니지마는 그래도 달고 치면 맞아야지 별수가 없는 일이다. 참을 수 있는 데까지 참아야 한다.

허기는 경전 생활 3년에 나는 많은 욕을 보았다. 그러나 이것을 모두 참고 견디어야 하였다. 지금 조국 재건의 진통기에서 이 혼란을 극복해야만 한다면, 그렇고서만 신생(新生)의 조국을 볼 수 있다 하면, 그러므로 모든 것을 참아야 한다면 일제하의 옥고와 고형(拷刑)도 견디었으랴. 더 참는 공부가 필요할 것이다.

지금까지 몇 번이나 겪은 여러 가지의 욕스러운 사태에 나는 시가인야, 숙불가인(是可忍也, 孰不可忍)*이냐고 생각해 보았다. 그러나 참아야 한다면 이러한 경구는 도리어 방해스러운 것이다. 그래서 나는 이것을 뒤집어서 나 자신을 격려하여 왔다.—시불가인, 숙가인야(是不可忍, 孰可忍也)라고.

노동운동을 한다는 영웅들이 스탈린 이상의 혁명 의욕을 이 경전 직장(京電職場)에서 날마다 용감스러운 솜씨로 발휘하였다.

8시간 노동제를 실시하였더니 이들은 7시간 노동을 주장하여 정각 한 시간 전에 수위로부터 종을 뺏어서 땅땅 치고는 종업원들을 내몰았다.

소련서도 스탈린과 사동(使童)은 그 국가에서 받는 보수에 차등이 있는 것이라고 타일러도 이들은 사장과 사동의 동등 대우를 요구하며 이것을 안 듣는다고 나는 옥상에 끌려가 인민재판을 두 번이나 겪었던 것이다.

회사의 정문, 후문을 막아 버리고 각 사무실에 있는 직원을 옥상으로 강제 집합을 시킨 뒤에 나를 끌어가는 것이다. 그담의 광경에 대해서는 나는 더 생각을 하지 않기로 한다. 그 뒤에는 또 한 번 운수부(運輸部) 전차과(電車課) 집합실에서 천여 명 포위 중에 감금된 일이 있다. 전재 동포(戰災同胞)를 위하여 월 25원씩 두 달 동안 내자는 회사 방침을 반대한 것이다.

---

* 시가인야 숙불가인야(是可忍也 熟不可忍也) 『논어(論語)』에 등장하는 공자의 말이다. "이것을 참는다면 무슨 일인들 못 참겠는가"라는 뜻으로, 절대로 용인할 수 없는 일을 비유하는 고사성어이다.

이 전차과 집합실에서는 김구(金九) 선생을 모셔다 놓은 기회를 이용하여 사장을 포위 감금한 일도 있었다. 다만 나의 경우와 다른 것은 전자는 '파괴적 적색분자'의 책동이요, 후자는 '민족진영 건설파'라는 것이 다른 것인데, 방법과 인물은 비슷비슷하니까 묘미가 있다.

작년 3월에 나는 수년간의 독신 생활을 집어치우고 결혼하였다.

가난한 살림이라 별수 없어 피로연은 이다음 독립한 뒤에 하기로 하였고, 회사 간부 수씨(數氏)와 그 밖에 친지 6-7명으로 십수 명의 가족적인 만찬을 차린 일이 있다.

그런데 이 자리에 곤봉 가진 십수(十數) 명이 달려들었다. 대한노총의 거두(巨頭)들이다. 우리는 밥을 굶으며 직장을 지키는데 너희는 술만 먹느냐는 것이다. 이것이 이번 나를 배척하는 파업 이유의 하나라 하거니와, 그 뒤 운수부장 서정식(徐廷式) 씨는 기어이 이들의 곤봉에 난타되어 만 3개월 이상을 와석신음(臥席呻吟)하였다.

나는 작년 8·15의 서울 기념 광경을 시골 계신 칠십 노모에게 보여 드리고 싶어서 어머니를 모시러 시골을 내려갔다. 그때 마침 좌익에 모 중대사건(某重大事件)이 있다 하여 검거 선풍이 불었는데, 기민한 책략자들이 '빨갱이 오 부장'은 체포령이 내려서 피신하였다고 하였다. 이래서 또 애꿎은 비서과장을 납거(拉去)하여다가 나의 행방을 대라고 두들기게 하였다.

이들은 또 경찰, 검찰청 혹은 미군 수사기관에 여러 가지 무고(誣告)의 투서를 하였다. 업무 횡령 혐의자로 문초를 받을 때에, 천하가 뒤집히기로 내게 이런 피의가 당한가고 나는 앙천탄식(仰天歎息)하였다. 그러나 참았다.

공산당에서 어떤 책임을 가지고 있는가라는 문초도 받은 일이 있고, 박헌영(朴憲永)을 감춘 자라는 밀고에 의하여 가택수색을 당하고 나 대신 식모가 따귀를 맞은 일도 있다. 지폐 위조범의 하나로 지목하는 문초도 받았고, 나의 평론집 『민족의 비원』이 공산당 선전 문집록이라니 사실이냐는 조사도 받았다. 물론 이것이 다 나를 경전에서 몰아내자는 계략에서 나온 일이다.

같은 조선 사람끼리의 문초일 때에는 문초하는 사람은 비록 나를 범죄자처럼 대우하나 그래도 핵변(劾辨)하기가 쉽건마는 외국인에게서야 이것이 용이치 않다. 그들이 나를 알 까닭도 없고 그들은 조선 사람이면 다 거짓말하는 사람으로 알아서 누구나 믿지도 않는 때문이다. 이럴 때마다 나는 민족적으로 비상(非常)한 모욕을 느꼈다. 그러나 참았다.

생각할수록 나는 무던히 참아 왔다. 그러나 이번 사태를 겪으면서 나는 정말로 '시가인야, 숙불가인(是可忍也, 孰不可忍)'인가를 생각하여 본다.

이렇듯 폭력과 비행이 횡행하되 이것을 방지하는 도리가 없다 하면 장차 이 사회는 어떻게 될 것인가.

말재주 있는 사람들이 '오천대삼(五千對三)'이라는 이론을 전파했다. 5천 종업원의 의견이 중하냐, 세 사람의 지위가 중하냐 하는 말이다. 그러나 나는 순진하기 양과 같은 5천 종업원인 것을 누구보다도 잘 알고 있다.

그들은 지금 오도(誤導)되고 있는 것이다. 양의 껍질을 쓴 이리를 따르고 있는 것을 나는 보고 있다. 나는 이것이 슬프다. 그들과 더불어 같은 골육이기 때문에 나는 이것이 슬프다.

진정코 '오천대삼(五千對三)'이라면 아니 '이천오백대삼'이라 하더라도 아니 '오백대삼'이라 하더라도 나는 물러갈 것이다. 본시(本是)가 있을 자리에 있는 것이 아니거늘, 하고 싶은 고생을 하는 것도 아니거늘 종업원조차 싫다 할 때에 내가 무엇 때문에 있을 건가? 체면 때문에? 스트라이크를 만나는 것은 체면상 좋은 일인가?

그런 것이 아니니까 아직 참고 있어야 하겠다. 사악(邪惡)이 물러가기까지 나는 이 직장을 인욕(忍辱)의 도장(道場) 삼아 좀더 견디는 수밖에는 없다. 시불가인, 숙가인야(是不可忍, 孰可忍也).

다욕(多辱)

—《경향신문》, 1947년 5월 15일

욕을 많이 먹으면 오래 산다는 말이 분명히 정말이라면 나도 장수할 조건이 확보되어 있는 사람의 하나다. 웬 욕을 그리 많이 먹느냐고 묻는 분을 위하여 나도 경전 간부(京電幹部)의 한 사람이라는 것을 알리는 것으로써 족할 것이다.

회사에는 종업원이 5천 명이니 눈이 만이요, 입이 5천이다. 본시 부덕한 소치이긴 하나, 이 만 개의 눈에 모두 곱게 보일 도리도 없고, 실상 만 개의 눈에 모두 공평한 관찰을 요구할 수 없는 것이다. 그러니까 입이 5천이면 그중에는 불평을 말하는 입도 없을 수 없고 또 불평할 만한 까닭도 실상 많다.

그러나 이건 집안 얘기라 더불어 시민 여러분과 문제할 바가 아니요, 여기서는 그렇게도 타기 힘든 전차와 이로 인하여 욕을 먹어야 하는 심중(心中)의 일단을 펴 보려는 것이다.

기다려도 기다려도 오지 않는 전차에 시민은 불쾌를 느끼며 필경은 화가 나서 경전(京電)을 욕한다. 우리가 이렇게 먹는 욕이 줄잡아도 하루에 십만 마디 이상은 넉넉할 것이다. 그러나 우리는 일찍 구구한 변명을 시험한 적은 없었다. 시정잡사(市井雜事)를 초탈하여 도연지경(陶然之境)에 황홀한 생애를 보내는 어떤 창백한 문인조차 마침내 분연(憤然)히 시정잡필

(市井雜筆)을 휘둘러 경전인(京電人)은 입이 사모에 달렸을지라도 변명할 수 없을 것이라고 질책하였지만 사실 우리는 한 번도 변명하려 한 일은 없다. 다만 하루같이 안팎으로 욕먹기가 하도 신산(辛酸)스러울 때는 "어쩌다가 경전엘 왔는고!" 하는 탄식이 저절로 나오는 수는 있고, 때로는 '유산유수처 무영무욕신(有山有水處 無榮無辱身)'이 한껏 부럽기도 하다.

그러나 유산유수처(有山有水處)에 돌아가서 무영무욕신(無榮無辱身)을 즐긴 옛사람은 필시 득의의 청운(靑雲)을 타고 다영(多榮)에 지쳐서 한운야학(閑雲野鶴, 아무 매인 데 없는 한가로운 생활로 유유자적함.)을 찾아간 것이리라. 일찌기 누리던 다영을 그리며 한 가닥 적막함이 일어날 때에 문득 다영에는 다욕(多辱)도 곁들여 있었던 것을 회상하고 다욕을 씻어 버린 시원함을 읊조린 데 틀림없을 것이다.

허다면 영화(榮華)와는 인연이 없어 생활의 보장조차 불가능하여 그런데 욕망이 많고 보면 분명히 불행한 제비를 뽑은 사람으로서의 자탄이 분수없이 유산유수처의 무영무욕신을 부럽다 하게도 되는 것이다. 그러나 생각을 한번 다시 돌이키면 이런 것은 구경(究竟) 도피의 심경이라 이 건국도정(建國途程)에 생(生)을 얻은 젊은 몸이 한 개의 조약돌이라도 되어 건국기초(建國基礎)에 매두몰신(埋頭沒身)할지언정 한운야학(閑雲野鶴)은 생심(生心)도 부당한 줄을 알 것이요, 또 세상이 이만큼 시끄럽고 보면 어느 하늘에 한운(閑雲, 한가로이 떠도는 구름)이 있을 리 없고 야학(野鶴, 들에 노니는 학)조차 좌우익(左右翼) 시새움에 아마 마음이 편하지 못할 줄 알 만하다.

확실히 많은 서울 시민이 전차 기다리기와 부득이한 도보로 인하여 많은 시간과 정력을 낭비하고 있다. 지극히 온당한 기초 우에서 계산하여 현재 교통난 때문에 서울 시민에게서 하루에 백만 시간, 월 삼천만 시간은 낭비되고 있다. 더구나 요새같이 식량난이 심한 때에 그 비싼 밥을 먹은 시민들의 고가의 정력이 전차 타는 투쟁과 부득이한 도보에 모두 소모되고 마는 것을 생각할 때에, 이렇게 귀중한 시간과 고가의 정력이 정작 써야 할 조국의 재건에 집중되지 못하고 맹랑한 헐가(歇價)로 길거리에 소모되는 두려운 사실에 송연(悚然)함을 금할 수 없다.

그러나 전차 한 대가 시민의 발이 되기에는 일만 이천여 종의 부속품이 필요하다는 것을 알아주는 이는 드물다. 이 필요한 다종다양의 부속품 중에는 국내에서 전혀 생산이 없는 것도 허다하다는 것을 알아주는 이도 드물다. 이 국외에 의존할 수밖에 없는 보수 자재의 수입이 두절된 지 이미 여러 해라는 것을 알아주는 이도 드물다. 뿐만 아니라 경전(京電)사람이라고 배가 고픈데 배부른 사람처럼 능률을 내는 초인의 기능을 기대하는 것이 무리인 줄 알아주는 이도 드물다. 하물며 경전이라고 다른 곳의 혼란과 격동에서 초연하여 여기서만은 질서 있게 전차만 증발(增發)하라는 이상이 좀처럼 현실화하기 어렵다는 것을 생각하는 이도 드물다.

그보다도 또 한 가지 기맥힌 사실은 시민은 탈 수 없는 전차 때문에 고통이지마는 경전은 돈 못 버는 전차 때문에 고심이라는 것을 이해하는 사람은 극히 드물다. 오천 명 종업원이 먹고살려면 전차가 돈을 벌어야 한다. 그런데 돈 버는 전차가 자꾸 줄어 가는 것이다.

흔히 쉽게 말하기를 무성의라, 무책임이라 한다. 그래도 지금까지 사(事)에 임하여 성실을 위주하고 책임 수행을 신조로 삼은 처지로서는 이 이상 가혹한 비난이 있을 수 없고, 이런 비난에 태연할진대 무엇은 태연치 못하랴 싶기도 하다. 그러나 무성의, 무책임이라는 말을 함부로 턱턱 쓰는 이들은, 과연 어느 만큼의 성의 있는 관찰과 책임 있는 판단으로써 보내는 비난이냐 하는 것도 한 번 생각해 볼 필요가 있다.

무릇 비난하기는 용이한 것이다. 그러나 "나의 비난이 어느 만한 권위가 있는가."를 생각해 보는 이는 드물 것이다.

성의 있는 관찰과 책임 있는 판단이 없이 쉽게 하는 비난은 권위 없는 비난이다. 이런 권위 없는 비난은 자기가 그 자리에 앉아 있으면 얼마나 더 나을 수 있는가를 정확하고 신중하게 판단하기 전이거나, 혹은 자기가 앉으면 불가능이 없을 줄 아는 착각에서 나오는 것이다.

민생 문제도 인내할 수 있다고 하자. 혼란 속에서도 질서를 찾아야 한다고 하자. 그러나 국외에 의존할 수밖에 없는 보수 자재만은 수입의 영단(英斷)을 입지 못하는 한, 전차를 발명한 사람이 오더라도 서울에서 교통난을 해소시킬 수는 없다. 무능과 불능은 엄격히 구별되는 것임에 불구하고 이것을 구별 못 한 비난은 무리한 비난이다.

서울 시내에는 두세 명의 미 군인이 탔을 뿐인 대형 버스가 질주하고 있다. 전차 기다리기에 지치고 부득이한 도보에 피곤한 많은 시민들이 이것을 부러운 눈으로 바라보고 있다. 그 부러운 눈은 차츰 야속스런 눈으로 변해 가고 있다. 이러한 심리의 변화는 미국이 조선을 원조한다는 숭고한 사업을 서울 시민이 이해하고 감사하는 데 좋은 영향을 주는 것이 아니라는 것을 지적할 줄은 왜들 모르는가 궁금하다.

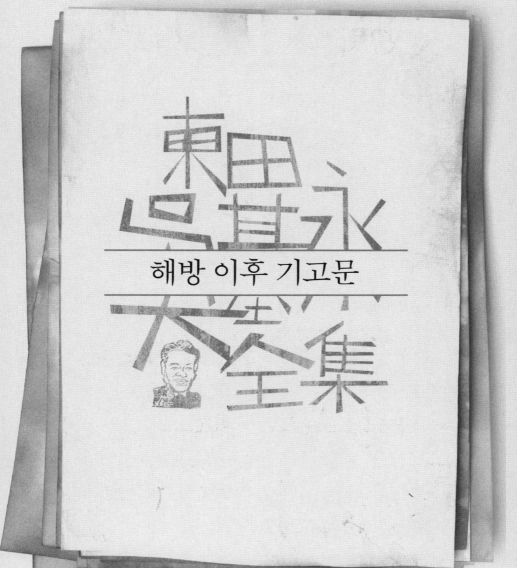

東田毛其永大全集

해방 이후 기고문

[직언록(直言錄)] 총참회 하자

―『민성』 1권 1호, 1945. 12. 25.

카이로회담은 조선의 현실을 규정하여 노예상태라 하였다.

이는 진실로 적정한 인식이어서 조선 민중은 일본의 제국주의가 무너지는 그 최후 순간까지도 조선의 해방을 약속하고 오는 연합군에 항거하기 위한 단말마의 진영에서 그 전력 보급에 혹사되고 있었던 것이다.

우리는 기억하지 않으면 안 된다.

그 포학하고 야만적인 경찰 통치의 대□□□의 굴욕의 3□□□□□□ □□안 거의 무신경한 상태에까지 이르지 않고는 생명을 유지할 수 없었던 것을 기억하지 않으면 안 된다. 우리는 '망국의 치욕'을 '갱생의 광영(光榮)'이라고 거짓 포장하지 않고는 살 수 없었다. 저들은 정복자의 아성을 향하여 참배하라고 아침마다 강제하였고, 제국주의의 무운장구(武運長久)를 소원하지 않고는 자살의 자유가 있었을 뿐이던 것을 기억하지 않으면 안 된다.

우리는 해방되□□ 치욕의 삼십육 년의 와신상담의 긴 세월 □□□□□ □□□□

이제부터 우리는 일본인의 가면을 벗고 단군 후예 본연의 자태를 발현할 기회를 찾은 것이다. 그렇기 위하여서는 우리는 40여 년래 국내에 만연한 '왜독(倭毒)'을 청산하지 않으면 안 된다. 이 왜독은 3천만 개개인의 마음 밑에서부터 산천초목에까지 침윤되었으니, 그 청소 작업이 신국가 건설의 기본 요건이면서 실로 일대 어려운 사업일 것도 두말할 것이 아니다.

우리는 참회하지 않으면 안 된다.

□ □ □ □ □ □ □ □ 허위의 생활을 하였던가, 일본인 노릇을 하였던가.

이제부터 우리는 허위가 필요하지 않다. 내 나라를 사랑하노라 하여서 잡아갈 사람도 없고 내 나라를 위하여서 죄수옷을 입힐 치안유지법도 소멸되었다.

이 순간, 과거의 허위와 가식이 부득이한 도생(圖生)의 방편이요, 보호색이기는 하였지만 그를 내다버림에 앞서서 먼저 각자가 참회하지 않으면 안 된다.

프랑스(佛蘭西) 천 년의 애국심을 위하여 드골은 그 기□ 페탱 원수에게 종신징역을 판결하였다. 지금 우리 국내에서도 모든 민족 반역자, 친일 분자를 제거하라는 소리가 높다. 여기서 더 당연한 소리가 어디 있겠는가. 그러나 슬프지 아니한가. 그 모든 반역자, 친일 분자를 처벌할 '광영의 임무'를 누구에게 맡길 것인가.

감히 묻는다. 일본에의 협력자를 처벌하라는 모든 애국가(愛國家) 여러분은 추호도 참회할 지난날이 없는가.

8월 14일 밤까지, 아니 8월 15일 정오 직전까지 어떤 방편과 어떤 생활상 태도를 가졌던가를 참회할 점이 없는가.

"…… 나는 부득이하였다. 그러나 너는 안 그럴 수 있었다."

"…… 나는 방편이었다. 그러나 너는 진정인 것 같더라."

"…… 나는 조금만 하였다. 그러나 너는 너무 과하더라."

하는 말이 과연 청정한 마음으로 발할 수 있는 말일까.

민족을 반역한 자, 친일 분자는 물론 있었다. 그러나 그들은 해방 이후 모두 근신하면서 인민재판을 기다리고 있는가.

이들 반역자를 지탄하는 이들은 장차 일본의 주구를 팽(烹)하려 할 때에 논죄(論罪)받을 피고로부터 □ □ □ □ □ □

"……그대는 무엇이 달랐는가?"

하는 질문에 선뜻 대답할 수 있는 이들 뿐인가.

과거 일본의 제국주의는 거짓이나마 일본적이기를 강요하였다. 그러나 지금 우리의 우방은 우리의 자주독립을 도와주려는 것뿐이요, 우리에게 가식적인 친선을 요구하지 않는다. 그러므로 우리는 단군 후에 본연의 자태에 돌아가 자주독립의 완수를 기할 수 있는 것이다.

그렇거늘 이름은 한국무슨당, 조선무슨당 하며 우리나라 사람들이 우리나라를 위한 정당임이 분명하면서 '조선말 하는 또 다른 외국 사람'은 있지 아니한가.

당리당략도 있고 국리국책을 생각하거든 망국의 원인이 어디 있었던가를 기억할 것이다. 선조 이래 300여 년 오직 눈에는 당리가 있을 뿐 나라를 잊었던 우민들의 한심한 당쟁이 나라를 들어서 저보다 열등한 민족에게 정복되어 자손인 우리로 하여금 노예로서의 치욕을 당하게 하였던 것을 기억할 것이다.

동인이라 하여서 어찌 다 소인이며 서인이라 하여서 어찌 다 군자랴 하고 율곡은 울었다.

70여 정당의 모든 당원들은 이 율곡의 울음을 울어 볼 양심이 있으리라 믿어 한 번 더 묻는다. 자당(自黨)의 사이비 애국자에는 후하고 다른 당의 비이사(非以似) 친일자에는 박한 비난이 과연 가혹한가.

민족을 반역한 자, 친일 분자는 물론 있었다.

나라를 팔아서 40년 영화를 누린 자, 억압자에게서 위임받은 채찍으로 동포를 때린 자, 동지를 적에게 헐값으로 방매한 자, 이권을 위하여 적에게 웃음을 판 자, 창씨를 강요한 자, 제국주의 전쟁에 노예군 편성을 애원하고 청년 학도에게 피의 공출을 선전한 자, 북해도 석탄갱 속으로 청장년을 들어다가 매장한 자 등등.

이들의 처단은 마땅하다. 그러나 슬프지 아니한가. 누가 광영의 임무를 맡을 자격이 있는가.

나는 무엇이 달랐는가…….

허위를 벗는 마당에 도달하여 마땅히 참회하지 않으면 안 된다.

(1945. 10. 29.)

신뢰의 한도

— 동전생, 『민성』 2권 3호, 1946. 2. 5.

1.

"누구의 조선인가?"하고 묻는 필부가 있었다. "조선인의 조선이다."라는
어리석은 대답에, 질문을 발하였던 필부는 웃었다. 웃을 수밖에 없었다.
누가 이것을 모르랴. 다만 이 조선을, 이 조선인을 지도하는 이들이 누구
냐고 묻는 것뿐이다. 우리는 오랫동안 정치가와는 거리를 두고 경찰의 대
상으로서 살아왔다. 조선인의 조선이라는 이 4천 년래의, 천지를 부앙(俯
仰)하여 정정당당한, 이 이념조차 압박과 허위 속에 유린되었고 이민족의
채찍 아래서 뼈만 남을 때까지 뜯기고 깎였던 우리다. 그러나 4278년에 비
하면 35년의 세월이란 지극히 짧은 한 마디에 불과하였다. 다시금 '우리는
조선인'이라 자랑할 수 있고, 조선인의 조선인 것을 세계에 주장할 수 있는
정치의 대상이 되었다.

그러나 오늘날 조선에 조선인을 위한 조선인 정치가가 누구냐 함이다.
너무 화려한, 너무 지당한 여러 가지 이론과 정강정책이 우리 민중 앞에,
35년 동안 정치에 주렸던 우리 민중 앞에 펼쳐졌다. 펼쳐지기는 하였다.
그러나 그 모든 이론을 이해하지 못한다. 다만 한 마디를 알 뿐이다. 조선
은 조선인의 것이다. 우리는 이렇게 믿고 있다.

2.

지금부터 28년 전, 삼천리를 들어서 3천만이 외친 독립만세의 소리가 월슨의 웃음에 그치고 말았던 것을 우리는 기억한다. 오늘날 많은 정치가들이 자기들의 정치 이념을 세계에 알리기 위하여 가끔 데모를 조직하고 민중을 가두로 부른다. 그러나 이것만으로써 독립을 주마 하고 누구에게서 약속을 받았는가. 우리는 모른다. 하물며 우리를, 정치가들은 이중으로 매각하고 있다. 어제는 '지지하는 민중'이 되라 하고 오늘은 '반대하는 민중'이 되라고 한다. 그러나 우리는 묵묵히 따랐다. 지도자들의 정치가들의 애국심과 조국애와 건국열(建國熱)을 존경한다. 묵묵히 따라가며 존경할 뿐이다. 분명히 밝혀 두지만, 지도자를 정치가를 폄훼하는 이들은 우리 민중이 아니라 지도자와 정치가 자신들이다. 그런데 이렇게도 끌고 나서고, 저렇게도 끌어 갈 수 있는 정쟁의 '도구'가 되고 보면 다만 뼈에 맺히는 채찍의 아픔을 덜었을 뿐이지, 우리는 아직 진정한 지도자를 만나지 못하였고 의지할 곳이 없는 파리한 민중이다.

3.

드디어 우리의 신뢰도 한계가 있음을 체감한다. 떠들기만 하는 이 여러 영웅들의 과감한 실천과 진정한 열성을 아직 보지 못한 때문인 것이다.

'민중을 위하여' 또는 '민족 전체를 위하여' 등등의 미문여구(美文麗句)에는 이미 물려버린 우리다. 35년 이래 붉은 죄수옷을 입고, 용수를 쓰고, 쇠사슬을 찬 혁명가들을 그 겉모양의 초췌함으로써 얕잡아 보기는커녕 오히려 존경과 신뢰의 도를 더욱 깊이 하여 온 민중이었다. 새삼스럽게 화려한 정치론의 비단옷을 입고 웅대한 경륜을 사자후하는 것을 구태여 요구하지 않는다.

그러하지만 지도자들은 서양 요리를 먹거나 워커에 도취한 채 우리가 무엇에 주려 있는지 망각하고 있다.

벌거벗고 나서라!

우리는 지금까지 허위 속에서 진정에 주렸던 민중이다. 압박 밑에서 포옹에 주렸다. 우리의 손과 발이 닿지 않는 그 드높은 누각으로부터 모두 내려오라. 내려와서 우리를 끌어안으라. 그리고 우리가 무엇을 바라는지 들어보라.

4.

정치의 요체는 모름지기 한마디로써 성(誠)이라 할 것이다. 열기를 가할수록 더욱 좋겠지만 우선 우리는 그 정성을 빼고서 정치가를 생각할 수도 없고 믿을 수도 없는 것이다. 감히 청하는데 오늘날 조선인을 이끌고 나갈 그 포부와 경륜을 가진 모든 정치가들이 과연 이 압박과 허위 속에서 진실에 주렸던 민중에게로 벌거벗고 돌아와 의지할 곳을 찾는 우리를 껴안을 정성이 있는가. 있거든, 진정으로 있거든 우리가 이해할 수 없는 그 모든 이론의 세계에서 그 고매한 이상의 기관에서 벗어나와 우리에게 돌아오라. 빨리 돌아오라. 우리의 신뢰는 한도가 있는 것이다.(1946. 1. 29.)

탁치(託治)와 지도자

—『신세대』 1권 1호, 1946. 3. 15.

1.

신탁통치의 비보(悲報)는 3천만을 울렸다.

"신라도 통일된 지 1,300여 년에 달하는 단일민족이요 언어와 문화의 공동체를 예로부터 완성한 세계사적 민족"(경성제대교원단 성명)으로서의 3천만은 이 뜻밖의 외모(外侮)를 분격하여 울었다.

그 후 좌익은 냉철한 비판을 바탕으로 하며 현단계에서의 세계 사조의 주류 속에서 신탁통치의 타당성을 시인하였고, 처음 모스크바(莫府) 3상회의의 폭탄이 3천만의 고막을 찢던 그 순간에서는 누구의 지도를 기다릴 것 없이 다 같이 놀랐고 다 같이 슬펐고 다 같이 국내 불통일을 탄식하였던 사실에 상급(想及)하여 저 8월 15일 정오 우리의 해방을 알던 순간 누구나 다 같이 기뻐 날뛰었던 그것과 또 북위 38도를 경계로 미소 양군이 진주한다는 사실을 들으면서 누구나 다 같이 불유쾌를 느끼고 장차 강토의 양단이 가져올 여러 가지 불편과 폐단을 염려하였듯이, 기(期)하지 않고 일시에 탁치(託治)를 혐오한 감정은 엄연한 민족적 감정이요 본능적 비분이 있던 것을 부인할 바 아니라고 믿는다.

그날 조선공산당은 "약소민족의 해방을 약속한 소련이 이런 결정을 할 리 만무하다. 이런 선전은 모략일 것이다. 만약 사실이라면 단호 배격할 것이다."(정태식 씨 담화 발표)라 하였고, 전평은 그 성명에서 "탁치는 미국 극동부장 빈센트가 선창한 것이다. 소련은 미국의 제안을 승인한 것 뿐"이라 하여 이 부당한 탁치의 발안자를 민중에게 소개하였다.

이렇게 우선 좌우가 일치하여 불만을 표시함으로써 민중은 그 배격에 공통하는 듯한 인상을 받았던 사실이어서 일단 '탁치는 조선 민족이 원치 아니하는 것이요, 연합국의 국제 신의에 위반'되는 것이라 규정할 수 있었다.

이리하여 1945년 12월 31일은 피압박민족이었던 조선인이기 때문에 과거 36년의 노예 생활을 회상하면서 해방의 즐거움 속에 보낼 수 있었던 제석(除夕)을 새로이 국제적 노예로서의 운명의 관두(關頭)에 섰다는 모욕감과 통분을 표시하기 위하여 '신탁통치 절대 배격'의 깃발을 들고 시위 행렬을 하지 않을 수 없었다.

민중은 이 시위 행렬이 민족의 이름으로 세계에 전파됨을 당연히 알았고 또 세계가 그렇게 인식하여 주기를 희망하였다.

2.

그런데 이 시위운동은 그 의의가 반탁의 결의 표시 그것뿐이 아니었던 점에 중대함이 있었다.

대외로 세계에 향하여는 지도자와 더불어 반탁을 표시하는 동시에 대내로는 급속한 통일전선의 결성을 지도자들에게 부르짖는 '민성(民聲)'이었던 것이다. 8·15 이래 민중은 지도자들의 정쟁의 구(具)로서 많은 시위 행렬에 참가하였고, 이렇게 지도자들이 시키는 대로 갈팡질팡하면서도 항상 통일을 염원하는 열의에서는 오히려 지도자들의 협량(狹量)을 책하고 그들의 아집에 변변함을 근심하였던 것이매, 신탁 그것이 아픈 운명이로되 통일을 재래(齋來)할 기회가 되기를 바라는 탁치 배격의 시위운동인 동시에 당쟁 배격의 시위운동이었고, 자주독립 획득의 시위운동인 동시에 통일전선 촉성의 시위운동이었던 것이다.

그런데 좌익 진영은 애매하여 여기 적극성을 보이지 않았다. 총동원위원회가 총파업을 호령하였으나 가장 과감한 투쟁 무기로서의 파업권을 가지고 있는 좌익이 여기 협력하지 않았고 '철시(撤市)는 1월 1일까지'라는 총동원위원회의 지시와 함께 '무기한 철시 파업은 민중 생활의 파괴'라는 중앙인민위원회의 성명을 동일부의 동일한 신문지상에서 읽을 수 있었다.

마침내 사흘 뒤에 '3상회의 절대 지지'의 깃발을 들고 민중은 다시 동원되었다. 사흘 전 시위가 대외로 민족의 총의를 표하는 동시에 대내로 통일전선 결성을 희망하였던 것과 정반대의 노선이 드디어 뚜렷이 전개되었다. 공산당 대표 박헌영 씨는 "김구 씨 일파의 반탁 시위는 큰 정치적 과오로서 신탁의 본질적 의의를 구명함이 없이 고의로 제국주의적인 위임통치에 혼동시켜 반연합국적 반소적 데모를 조직하였다."고 단언하고 공산당으로서 모스크바(莫府) 회의에 대한 최초의 애매한 태도에 언급하여 "정보가 충분치 못하였고 당내에도 교양 부족으로 김구 씨와 같이 오해한 편이 있어 그 교양에도 시간이 걸렸다."(《중앙신문》)고 말하였다. 일찍이 민족 반역자 처단의 선후를 다툰 통일의 원칙에 관한 상극으로 인하여 이승만 박사를 민족 반역자의 수령으로 규정한 좌익은 이리하여 신탁 문제를 계기로 "임정 요인들은 민족 분열의 제1책임자요, 오로지 파쇼화로 돌진하는 유민(流珉)파쇼정당"(반파쇼투쟁위원회 담화)이라 규정 배격하기에 이르러서 이 신탁의 치욕을 좌우가 함께 울어 통일의 염원이 이 눈물에 척과(滌過)됨으로써 일체의 협잡물을 세척하고 순수한 염원 그것만이 강고한 통일전선 결성이 되는 기회가 되기를 바랐던 민중은 새로운 혼선에서 지향할 바를 잃고 실망하고 방황할 수밖에 없게 되었다.

3.

조선공산당은 조선의 현단계를 규정하여 프롤레타리아 혁명 과정이 아니라, 부르주아민주주의 변혁 과정이라 하였다. 그러므로 이 과정에서는 당연히 우익과의 악수가 요청되고 또 그러할 용의가 있음을 기회 있는 때마다 강조한 좌익임에 불구하고 이 박사를 타도할 때 우리는 의아하였다. 물론 그 책임은 좌익보다도 이 박사의 색맹적 정견에 지워야 할 것(『민성』제2호 졸고)이지마는 좌익으로서도 그를 완명(頑冥)한 세계에서 구출하여 함께 통일전선을 행군할 만한 열의와 아량이 적었고 차라리 그가 실수하기를 고대한 듯한 인상을 받았던 것을 지적하는 바로써, 이제 다시 탁치 문제를 계기로 임정 요인마저 격파하고 나면 좌익이 악수할 우익진의 상대자가 누구일지 의문이다.

임정 요인 그들이 30년래 국내 민중과 유리되었던 이들이요, 또 해외 풍상(風霜)을 겪었다는 논공(論功)과 오늘 정국의 주도권과는 엄격히 구별되어야 할 것은 물론이지마는 현단계를 부르주아민주주의 변혁 과정이라 보면 우익의 절대적인 지지를 받고 있는 임정 요인을 무시하고 누구와 더불어 악수하여 통일전선을 결성할 것인가? 더욱이 아직 조선 민중의 대부분이 관념적으로는 좌익의 동지이면서 그 실천에서 우익의 산하(傘下)를 과감히 탈출하지 못하고 있는 오늘날, 민중은 이 박사를 타도하고 임정 요인을 격파함에 대하여 쾌재를 부르기 전에 내심은 그 영맹(獰猛)에 전율하여 더욱더 우익의 치마 밑으로 몸을 사리는 현상임은 구태여 필자의 지적을 기다릴 것이 아니라고 생각한다.

　민족 반역자 처단에서도 통일에의 열의만 강렬하였다면 이는 한갓 기술 문제로서 의외의 편법을 발견하였을지도 모르는 것이며, 이번 신탁통치만 하더라도 그것을 진보적이라고 하는 까닭이 관리자의 한 사람인 소련의 진보적 민족정책을 신뢰하기 때문일 것으로서 만일 이 관리자의 계열 속에 소련이 없었다면 누구보다 먼저 선두에 서서 피를 흘려서라도 가장 맹렬하고 과감한 투쟁을 담당하였을 좌익이었을 것을 상도(想到)하여 비록 소련의 동지는 아니라 하더라도 다른 4분의 3의 우호를 유지할 수 있는 우익의 대변자들을 걸리는 대로 모두 비민주주의적 완명자(頑冥者)라고 배격만 하는 것은 아마 민중 전부의 박수를 얻기는 곤란할 것이다. 이제 통일의 원칙을 3상회의의 결의를 승인하느냐 않느냐에 둔다 함에 이르러 용이치 않은 난관일 것을 우려하지 않을 수 없다.

　4.

　"임시정부나 인민공화국은 종래의 경륜을 일소할 것이며 이렇지 못하면 분열의 책임은 인공과 임정이 져야 할 것"이라고 학술문화 단체는 성명하였다.

　민중은 38도선이 한때 군략상 이유라는 말만 믿어 일시적 불편을 은인(隱忍)함으로써 감사한 연합국의 해방의 은의(恩義)를 거스르지 않으려 하였지만, 실상 이 38도선이야말로 극동의 화약고 조선땅 한복판에 획정된 미소 국경선이었다는 것을 지도자들은 고의로 혹은 무지로 몰각(沒却)한 채 국토도 찾기 전에 국권도 없는 두 개의 정부가 남의 국경선상에서 한심한 씨름판을 차렸다는 것은 어떻게 보든지 괴사(愧死)에 치(値)하는 바이다. 드디어 20세기에 처음 등장하려는 이 호전적인 민주주의 견습생을 위하여 연합국은 5년간 공동 교육의 수고를 자임하는 '불손한 친절'을 발휘케 하였으니, 이 탁치의 결정이 비록 연합국의 국제 정책적 견지에서 결정된 것이라 하더라도 그 국제 정책이 우리에게 불이익한 결정을 짓기까지 아무 사전의 대책이 없이 우리는 세계에 향하여 오직 국내 불통일만을 자랑하고 있었다는 것은 좌우익이 함께 공평히 반분(半分)할 책임이라고 볼 것이다. 그러나 이미 주석(主席)을 민족 반역자의 수령으로 옮겨 절연하고, 내무부장 외교부장 등 15부장 중 8명을 파쇼 분자, 민족 반역자 또는 특권계급으로 규정 타도하고, 이 나라의 거성(巨星) 부주석마저 근간의 거취가 애매한 인민공화국이 다시 그 보철(補綴) 공사도 없이 반괴(半壞) 상태에 빠져 있다가 신탁통치를 기회로 절대 통일이라는 민중의 요청을 타고 임정에게 정사(情死)를 신청한 것은 일종의 물귀신적 행동이라 보는 것이 반드시 가혹하다고만 할 수 없는 것이다.

그렇다고 하여서 "우리는 정부를 국내 민중에게 갖다 돌려주는 것뿐"이라 하고 언제나 새 정권 앞에 승화(昇華)할 것을 약속하고 있는 임정으로서는 신탁통치라는 외모(外侮)가 국내의 불통일에 유래한 것을 시인하고 그 반대를 위하여 민중에게 대사일번(大死一番)의 결의를 호령하는 바에는 지금이야말로 전 민중이 오직 통일을 위하여 지도자의 대사일번을 엄숙히 요구하고 있음을 알아야 할 것이며 지금이야말로 일체를 들어서 통일전선에 순사(殉死)할 때라고 보는 바이다. 임정의 청흡(清翕)이 아량이 없는 한 좌익의 고집과 함께 민족전선은 외래의 제3세력이 오기까지 합할 수 없는 평행선을 달려가고 있을 것이 아닐까 우려되는 바이다.

다만 여기 좌익이나 우익이나 민중의 이 우려와 강렬한 염려도 어느 시기 어느 한도까지 지도자에게 심대(心待)할 것이요, 그것이 넘는 날 민중은 고삐를 끌고 나설 것을 알아야 할 것이다.

(1월 12일을 아직 닷새 앞둔 7일에 쓴 이 글은 독자와 더불어 '지나간 기우'로서 잊혀질 수 있기를 바라는 것이다.)

[직언록] 기미와 삼일

— 『민성』 2권 5호, 1946. 3. 23.

8·15해방이 가져온 가장 큰 선물은 언론의 자유라고 믿었다. 마음대로 진실을 말할 수 있고 마음대로 진실을 들을 수 있는 줄 믿어서 설마 이 자유에까지 38선과 같은 장벽이 생길 줄은 누구도 몰랐다.

감격의 3월 1일을 우리는 과거 27년 동안 피차 입에서 나오는 대로 '3·1운동'이라고도 하였고 '기미운동'이라고도 해 왔다. 그런데 분열이 발명한 두 가지 이름으로써 '3·1'과 '기미'는 대립을 보았다. 그래서 또 민중은 입에서 지금까지 자연히 흘러나오는 대로 불러 오던 3·1과 기미를 좌우를 돌아다보며 그 눈치를 살피지 않고는 함부로 말할 수 없게 되었다. 3·1이라 부르려면 오른편의 눈치를 살펴야 하고 기미라 부르려면 왼편의 눈치를 살필 수밖에 없게 되었다.

조선이란 국호는 단군 이래의 국호였지만 한일합병 후 일본이 조선 사람의 입으로부터 '대한'이란 국호를 부르지 못하도록 하기 위하여 선용(善用)하던 것이었다. 물론 우리는 조선도 좋고 대한도 좋다. 그런데 조선독립만세를 부르는 지도자와 대한독립만세를 부르는 지도자가 따로따로 있는 오늘이다. 하물며 이 두 가지 지도자들은 저마다 자기가 좋아하는 만세를 부르는 사람이 더 많다고 주장하니 대체 이것을 추태라든가, 분열이라든가 하는 식의 탄식에 앞서서 우리는 새로운 언론의 구속을 탄식하게 되

었다. 이리하여 단 한 가지 있는 듯하던 언론의 자유마저 분열의 제물로
낭비되고 말았다.

[신문평]《조선일보》

— 동전생, 『신천지』 1권 3호, 1946. 4. 1.

"오호라, 물건은 본(本)과 말(末)이 있고 일은 시(始)와 종(終)이 있었다. 본보(本報)는 말(末)과 종(終)이 왔다. 오늘날로써 본보는 무(無)와 사(死)의 장막이 내렸다." …… 이것은 '소화 15년 8월 10일'《조선일보》제6923호 사설의 한 구절이다. 똑바로 말하면 조선의 민간지(民間紙)를 말살한 저 원흉 미나미 지로(南次郎)의 칼 아래《조선일보》가 죽던 날, 그 최후의 사설란에 기록된 혈루(血淚)의 한 구절이었다. 그러나 이 사설의 집필자는 압박자의 총칼 밑에 검열받아 내놓는 유서인 것을 알아서 다만 '무(無)와 사(死)'의 장막이 내리는 것을 썼을 뿐으로 색즉시공, 공즉시색의 철리(哲理)로써 '무와 사'는 다시금 '유(有)와 생(生)'의 날이 있을 것을 예고하지 못하였다. 이리하여 종(終)과 말(末)인 줄 알았던, 무와 사의 품에 잠겼던《조선일보》는 5년 만에, 단기 4278년 11월 23일, "조선의 자주독립의 큰 물결에 따라 오늘부터 역사적 재출발을 하게 되었다."는 속간사(續刊辭)를 피로(披露)하며, 그 낯익은 제호(題號)로써, 제6924호를 구색(舊色) 깊은 독자 앞에 나타내었다.

왕년의《소년조선일보》체제대로 비록 타블로이드판이기는 하지만 종이 사정을 아는 독자로서는 그것이 조금도 섭섭하지 아니하였다. 기억에 남아 있는 '팔면봉'도 그대로요 '색연필'도 그대로였다. 이것은 아마 독자의 수많은 감정을 불러일으키려는 약간의 상술이 섞였다고 억지로 트집을 잡을 수 있지마는 무난한 전통의 답습이었다.

《조선일보》를 읽으면서 누구나 "《동아일보》는?" 하고 궁금하였다. 그만큼 이 두 신문은 옛 친구요 또 숙적이었다. 그런데 이틀인가, 사흘 만에 11월 30일 《동아일보》가 나온다는 기사를 읽을 수 있었다. '싸움의 동무'이던 《동아일보》, 한 칼 아래 죽었던 《동아일보》를 위하여 《조선일보》는 동경의 우의를 표한 것이다. 이 《동아일보》는 나오면서부터 공격 목표를 분명히 하였다. 그는 우익의 대변자로서 아마, 한국민주당과 우호의 맹약이 있는 듯하다.

무릇, 신문은 공격 목표가 없이는 묘미를 유지하기가 어렵다. 왕년의 《조선일보》나 《동아일보》가 총독 통치에 공격 목표를 두었기 때문에 좌우의 독자가 이 공동의 적을 위하여 이 두 신문을 다 같이 지지하였다. 그러나 지금 그 목표의 소멸과 함께 재생한 두 신문에서 장차 공격 목표를 택한다면 그것은 저절로 좌우의 어느 편이 아니면 안 된다. 이에 《동아일보》는 우를 벗으로, 좌를 적으로 하였다. 그러나 《조선일보》는 좌우 어느 편에 대하여도 아직은 냉정하다. 좌에 향하여 《동아일보》 식도 아니요, 우에 향하여 《조선인민보》 식은커녕 《중앙신문》 식도 아니다. 이것이 물론 신문 본래의 면목이기는 하다. 그래서 《조선일보》는 이 본래의 면목을 지키기에 고생하는 듯하다.

그러나 국내 정세가 작금과 같아서는 좌우 어느 편도 친구가 아니면 결국 좌우 어느 편도 적일 수밖에 없게끔 되어 있다. 이 두 노선을 모두 마다하고 남아 있는 한 가닥의 줄은, 다만 '엄정중립이 신문의 사명'이라는 이념이 있을 뿐이다. 《조선일보》는 지금 이 지극히 가느다란 줄을 서투르게 타고 있다. '줄타기'는 워낙 어려운 묘술(妙術)이거늘, 지면을 볼 때마다 이 줄타기가 좌로 우로 자꾸만 흔들흔들하여 이편으로 떨어질 듯, 저편으로 떨어질 듯 매우 조마조마하다.

이 신문의 논진(論陳)이 아무 편에도 빠지게 도전적이 아닌 대신에 날카로운 맛, 강한 맛이 적은 것도 이 줄타기의 조심스러운 심정인 줄을 알 만하다. 주필 이갑섭 씨는 필자의 유도신문(訊問)에 떨어져서

"결국 어느 한편에 치우칠 수밖에 없다"

고 심정을 토로하였다.

"어느 편으로?"

두 번째의 유도에 주필은 정신이 펄쩍 들어서,

"아니, 아니, 나 개인의 심경이오. 신문의 방향은 사시(社是)가 정할 일이지."

하고 말머리를 돌렸다.

이 신문에 세 가지 □가 있다.

백전노장 김형원 씨가 편집고문으로 있는 한 취재의 각도와 편집의 법도에 어긋남이 없을 것이요, 패기가 적다면 구하여 흠이 될까마는 진보적인 정치평론가 이갑섭 씨를 주필로 하고 경제 기자로 늙은 이건혁 씨를 편집국장으로 포진한 것은 이 신문이 가진 강점이라 할 만하다.

요새 각 신문에 신기한 것의 하나라면 1면의 머리에 '정치 수필(隨筆)'(!)이 자주 실리는 것인데 딴은 정치 해설인 양 하나 부질없이 독자를 현혹케 하는 바가 많다. 《조선일보》의 정치 기자가 이런 자기도취에 자□간 제1호에서부터 '씩씩한 신건설의 큰 걸음'이라는 주제하에 건설 면의 광명 기사에 치중하는 듯한 인상을 준 것은 대단히 좋은 일이며, 조선의 전쟁 피

해를 조사하러 왔던 '운라' 일행이 올 때는 각 신문이 사진까지 찍어서 독자에게 소개한 채 그 후의 거취를 알 길이 없더니, 그들이 마닐라(馬尼刺)에 가서 '일본인의 약탈로 황폐해진 조선의 모습'을 발표하였을 때, 각 신문은 모두 1단짜리 보철(補綴) 기사로 취급하였지만 《조선일보》가 유독 이것을 1면 한복판에 3단짜리 중요 기사로 취급한 것은 확실히 이 신문 편집자의 건실한 취재안(取材眼)을 설명하는 것이었다. 더구나 구력(舊曆) 말일(末日)의 사회면 머리에 특종기사로서 '이중과세는 폐단 중 폐단'이라고 크게 외친 것을 "왜놈이 그렇게도 못 놀게 하던 우리 조선 설을 놀게 되었다."는 기사를 쓴 철부지 신문에 비하면 아마 분노할 만하다. 그러나 역시 그날의 1면 사고(社告)에서, 다음날 휴간한다는 것을 읽고서는 섭섭하였다. 노는 것이 안됐지만 남이 노니 논다는 말인가. '팔면봉'에서 꼬집은 '횡설수설'처럼 편식주의도 아니요, '대제소제(大題小題)'처럼 '고춧가루와 겨자와 간장'만 섞어 비빈 '가시나물'이 아닌 것은 좋을까 모르되 '작취(昨醉)를 깨는 새벽의 냉수맛'이 부족하다. '색연필'도 좀더 알록달록하고 알쏭달쏭했으면 묘미가 더하지 않을까. 이러고 보면 《조선일보》의 이채는 아무래도, 웅초(熊超)의 그 노숙(老熟)하고 숭글숭글한 만화로써 백미라 할 것이다. 이 신문에 3□가 있다고 전술하였는데, 미처 이 웅초의 존재를 계산에 넣지 못했음을 부언(附言)한다.

[신문평]《동아일보》
— 동전생, 『신천지』 1권 4호, 1946. 5. 1.

"일장기 말살사건에 트집을 잡은 침략자 일본 위정(僞政)의 최후 발악으로 폐간의 극형을 당하였던《동아일보》"는 단기 4278년 12월 1일 부활의 광영을 피력하며 중간(重刊) 제1호를 내어놓았다.

'민족의 표현 기관으로 자임(自任)'하기 20여 년 조선 사람이면 모를 사람이 없었고, 문자를 읽는 이면 독자 아닌 사람이 없을 만하였던《동아일보》였다.

제호(題號) 컷에 조선 지도를 무궁화로 둘러싼 것은 폐간 전 10년 남짓 못 보던 옛 자태요, '횡설수설'도 독자가 기억하는 옛 솜씨 그대로였다.

독자는 우선 반가웠고 그래서 그 중간사(重刊辭)에서 기자의 감격을 독자도 느낀 것이다.

중간사는 "압수 삭제의 난장(亂杖)이 천도(千度)를 넘었고, 발행 정지의 악형(惡刑)이 4차례에 이르러 만신(滿身)이 혈흔"이었던 과거, 압박자에의 투쟁사를 기록하는 동시에 창간 권두에

1. 민족의 표현 기관으로 자임하노라.

2. 민족주의를 지지하노라.

3. 문화주의를 제갈(提喝)하노라.

의 3대 주지를 그대로 계승함에 하등의 미흡을 느끼지 않노라고 강조하여

그 주지를 다시금 부연 선명(宣明)한 대문자였다.

그러나 이 중간사는 차라리 그 말미의 부연 문구에서 그 사시(社是)가 지향하는 바를 밝혔으니 "신문도(道)의 고유한 직능과 사명이 사상의 충실한 보도에 있음은 물론이고, 그렇다고 하여서 단순한 전달 기관에 위안하기에는 우리의 요청이 너무도 거대하며, 불편부당의 언론이라 하며 시비의 병렬과 곡직(曲直)의 혼잡을 그대로 용인하기는 우리의 지표가 너무도 확연하며, 우리의 뜨거운 정열이 너무도 강렬한 바 있다."고 하였다. 그리하여 그가 들고 나선 '파사(破邪)의 검'은 어떤 것을 '사악하다(邪)'고 하고 '부수려는(破)'지를 독자에게 예고하는 동시에 그 성격을 뚜렷이 한 것이다.

이렇게 이미 구태여 신문도만에 위안할 수 없어서 불편부당의 지조에서 초탈한 《동아일보》는 그가 말한 '춘추의 정□'이란 곧 우익의 대변이 아니면 안 되고 그가 자임한 '왕사(王師)의 전□'란 곧 우익진의 선두를 의미하는 것일 수밖에 없었다.

과거에 《동아일보》를 아는 이는 누구나 김성수 씨와 송진우 씨를 기억할 것이다. 두 사람은 그 의발(衣鉢)을 설의식 씨에게 넘겨주고 전 주필 김준연 씨와 함께 한국민주당과 국민대회 영도자로 진출하였다.

이래서 《동아일보》는 한국민주당과는 갈라놓을 수 없는 혈연이 있고 끊을 수 없는 축대에 묶여있다.

일찍 《동아일보》의 압박자이던 일본 위정(僞政)의 소멸은 또한 《동아일보》 투쟁 목표의 소멸이었다.

그러나 이미 한국민주당과 혈연을 맺고 우익의 대변자로 자임하고 나선 《동아일보》고 보면 그에게는 역시 투쟁 목표가 있었다. 이것은 결코 새로운 적은 아니었다. 과거 20여 년 《동아일보》에게 좌익은 반드시 우호자는 아니었다. 다만 너무나 커다란 적이 일본 위정이었는지라 그 갈등은 또한 반드시 뚜렷하지도 않았던 것이다. 그 공동의 적이 소멸된 오늘, 좌익에게 우호적인《동아일보》일 수는 없었다.

그러나 독자로서는 반드시 우익의 대변만을 즐기는 것은 아니다. 독자는 냉정한데 기자만이 너무 열전(熱戰)할 때는 '좀 과하다'는 인상을 아니 가질 수 없게 된다.

그야《대동신문》을 제일이라고 하는 이도 있는 세상이면 또 말할 것이 아니지마는 역시《동아일보》는 그 '강렬한 정열'을 좀 감추고 한 걸음 신문도에 후퇴하기를 바라고 싶은 것이다. 문학가 동맹 결성은 그 주의의 판단에서 이론이 있을까 모르겠지만 이 거대한 사실까지를 '시비의 병렬', '곡직의 혼란'을 배제한다는 사시(社是)에 적용하여 취재의 범위에서 제외하여 버리고, 그 후 문필가협회 기사는 추천회원 440명의 성명까지를 나열하여 그 좁은 지면의 태반을 제공함으로써 유계의 망혼(亡魂)까지 회원으로 추천한 문필가협회의 연극을 광고한 것은 단순한 실태(失態)라고 볼 정도가 아닐 성싶다.

'38 이북 소식란'은 확실히 많은 독자를 가졌고 이러한 점에서 주간 설의식 씨의 신문인으로서의 활발함을 느끼게 하지마는 그 기사 내용에 가끔 도청도설(途聽途說)인 경과에는 유언비어의 방송이기 쉽고 또 그래서 38 이북의 '나쁜 면'만을 소개하기에 열중한 감을 가지게 하는 바 있다.

그리고《동아일보》의 고민의 하나로써 그 인적 구성의 빈약함을 엿볼 수 있다.

주간 설의식 씨, 편집국장 고재욱 씨, 사회부장 곽복산 씨 같은 거물이 있으나 인재의 균형을 잃고 있음이 사실이어서 필시 영도자로서는 사배공

반(事倍功半)의 수고로움이 있을 것이다. 이러한 관계도 있기는 하겠지만 주간 설의식 씨의 존재가 너무나 뚜렷하다. 사설로 논평으로 심지어 '횡설수설'에까지 대부분이 주간의 원고로써 편집되고 있는 듯한데 몸 약한 설의식 씨로서 이렇듯 정열을 쏟아 보기는 아마 처음일 것을 충분히 양해하지만 이래서 또《동아일보》는 한 사람의 사상, 한 사람의 이념으로 요리되고 있는 듯한 감이 없지 않음을 지적하는 바이다.

'3수록'은 퍽 흥미 있고 또 주간으로서도 이 원고만은 필시 심신을 피로하게 하는 것이 아니라 이 글을 읽은 독자와 함께 '피로를 잊을 수 있는' 것이나 그러나 지금의 그 좁은 지면 타블로이드판 신문으로서 이 난은 너무 과대한 할애라고 보게 되어 있다.

그래서 더구나《동아일보》는 주간의 냄새가 너무 강하다.

중간 1호 주간의 인사에서 설의식 씨는 '필자와 같은 일개의 무명 기자'라 하였는데 사실은 너무도 '유명 기자'로서 뚜렷하다. 사시(社是)를 한 걸음 신문도에로 후퇴하는 동시에 주간도 또한 한 걸음 무명 기자에로 후퇴하는 것이 좋지 않을까 한다. 신문인은 무관의 제왕인 데 묘미가 있고 또한 유명인보다는 항상 무명인인데 더욱 묘미도 있다고 보는 평자(評者)로서는 감히 이 고언(苦言)을 첨정(添呈)하는 바이다.

일인일언(一人一言): 생활의 전화(電化)[*]

—《현대일보》, 1946. 4. 2.

반년 전까지도 나의 생활권 내에서 전기라는 것은 등잔불보다 밝은 것이요, 숯불 다리미보다 편리하다는 정도였다. 거리에 나서서 전차를 보지마는 별로 타 보는 일이 없었다. 지금 이 글을 경성전기회사 사무실에 앉아서 쓰면서 자신의 기이한 운명을 다시금 깨닫는 바 있다. 경전에서 나는 아직 하룻강아지에 불과하다. 하물며 어느새 풍월을 지을 수 있으랴마는 나의 상식 세계가 반년 전에 비하여 제법 전화(電化)된 것만은 사실이라고 말할 수 있게 되었다.

흰옷을 즐기는 우리 민족이요, 산명수려한 우리나라 태초부터 냄새 고약한 석유라든가 시커먼 석탄 따위는 땅속에라도 있을 리 만무였다. 그러나 과학의 요청은 우리의 생활에 석유와 석탄도 필수품으로 삼게 한 오늘에 와서 그 결핍은 실로 치명적인 고통이 아닐 수 없었더니 다행히 맑은 물은 그냥 맑은 물로서만 가치가 있는 것이 아니라 석탄 대신 전기도 낳을 수 있는 생산자였다.

듣고 보니 조선은 세계적 수력 왕국으로서 1천만 킬로와트의 발전을 할 수 있는 포장 수력 자원을 가졌다고 한다. 이미 개발된 것이 140만 킬로와

---

* 1946년에 기고한 글을 더 심화시켜 1948년 7월 4일에 같은 제목으로 재작성했다.

트로서 최대한도 120만 킬로와트까지 발전해 왔고, 개발 중에 있는 것을 합하면 250만 킬로와트라고 한다.

장차 우리는 이 풍부한 전력으로써 석탄과 석유난을 극복할 수 있을 뿐 아니라 더 나아가서 모든 공장이며 운수업이며 생활의 일체에 이르기까지 전화(電化)할 수 있다. 전기 기차를 타게 되면 얼마나 깨끗하고 쾌적할 것이며, 어떤 조그만 촌락, 비좁고 막다른 골목에까지 가로등을 밝히고 산골짜기 외딴 초막이나 바닷가 한 줄기 고기잡이배 등불마저 전화(電化)하고 나서 조선은 얼마나 밝고 명랑할까를 생각해본다.

그러나 현재 120만 킬로와트의 발전력이나마 그 6분의 1인 20만 킬로와트밖에 쓰지 못할 만큼 모든 생산 기관은 빈사 상태에 빠져 있는 것을 생각하면 1천만 킬로와트 전기 생산은 꿈인 양 아득하고 불 없는 서울 거리와 함께 근심할 때가 많다.

그래서 우선 기왕 전깃줄이 들어가 있는 집에서나마 전구 없어 불 못켜는 억울함을 풀 수 있도록 하고, 서울의 가로등만이라도 어서 명랑해져야 할 발등의 불을 꺼야겠다고 화려한 이상에서 차디찬 현실로 돌아오는 것이다.

설문

— 『신천지』 1권 4호, 1946. 5. 1.

1. 제3차 세계대전이 일어나겠다고 생각하십니까?(어째서)

1. 만일에 일어난다면 어떠한 진영으로 갈리겠습니까?

1. 안 난다면 현재의 복잡한 정세를 어떠한 방법으로 수습해야겠습니까?

경전 총무부장 오기영

1. 속히 터지지는 않음직합니다마는.

1. 개(開)전쟁 연기 대책이 강구되겠지요.

[설문] 좌우합작 원칙 비판

— 『민성』 2권 10호, 1946. 9. 1.

[문]

1. 좌우의 합당 원칙을 어떻게 생각하는가?

2. 좌익의 3당 합동을 어떻게 보는가? 누가 주도권을 가질 것인가?

3. 공산당, 한민당의 비판파 내지 탈당파에 대한 감상은?

4. 입법기관을 어떻게 할 것인가?

[답]

오기영

1. 두가지 원칙이 모두 수정을 요할 것이라 봅니다.

2. 좌익 아닌 사람이 판단할 수 없는 일이 아닐까 합니다. 주도권은 당중
   당(黨中黨)에 있으리라 생각됩니다.

3. 어느 사회, 어느 단체에나 불평분자는 있는 것입니다. 다만 이들이 불
   평분자였는지 아닌지를 판단할 수 없습니다.

[나의 생각] 우리는 조선땅을 딛고 세계의 하늘을 보자!

—《경향신문》, 1947. 1. 4.

우리는 이미 압박자의 철창 속에 갇힌 자가 아니라 세계의 하늘을 마음 대로 쳐다볼 수 있는 자다. 미국의 하늘도 쳐다볼 수 있고 소비에트의 하늘도 쳐다볼 수 있다. 그러나 우리는 다시 한번 우리의 발이 무슨 땅을 딛고 섰는가를 생각하여야 할 것이다. 우리는 지금 조선땅을 딛고 섰다. 우리는 이 땅에서 난 조선의 자손이다. 그런데 흔히들 미국의, 소비에트의 하늘을 쳐다보기에, 딛고 선 땅까지도 미국 땅이나 소비에트의 땅으로 착각하는 사람은 없는가.

정치는 별것이 아니라 현실을 바로 보고 바로 처리해 나가는 것이다. 오늘 우리의 현실을 처리하자. 모두가 제 맡은 일에 한 시간 충실하면 독립은 한 시간 빨리 오게 될 것이다.

본지가 걸어갈 앞으로의 사명

— 『신천지』 2권 2호, 1947. 2. 15.

『신천지』의 첫 돌맞이를 충심으로 축하합니다. 감상을 말하라 하시니 나 같은 사람의 변변치 않은 글도 가끔 실어 주시는 호의를 생각해서도 『신천지』는 좋은 잡지라고 말하지 않을 수 없습니다.

해방 이후 많은 잡지가 나와서 소위 백화요란(百花搖亂)의 감이 없지 않았으나 대개가 두 달, 석 달에 사라지고 심지어 창간호가 종간호가 되어 버린 예도 드물지 않건만 유독 『신천지』가 꾸준히 1년을 지내온 그것부터가 벌써 기반의 견고함을 설명하는 것입니다. 거기다가 발행된 12권을 통람(通覽)한 이는 누구나 이 잡지의 지향하는 바가 남극도 아니요 북극도 아니라는 것을 알 것이며 여기에 그 노력의 값을 높이 평가할 것이라고 생각합니다. 지금 정치가들은 저마다 정통이라 고집하고 저마다 자기만이 애국자라 하며 이들에게 이끌린 민중도 서로 갈라진 이때에 민족의 지향할 바 정로(正路)를 찾도록 애써 준 공헌은 결코 적은 것이 아닌 것입니다. 그리하여 이 잡지를 읽는 독자들이 똑바른 조선관 똑바른 국제관을 가지는 데 큰 도움이 되었으리라고 믿습니다. 그러므로 앞으로도 이 신념 아래 꾸준한 발전을 빌면서 하나 희망하는 것은 지대를 싸게 하라는 것입니다. 현하(現下)의 물가고(物價高)로서는 부득이할 것이나 이미 권위를 얻은 『신천지』로서는 광고 수입에 좀더 노력을 기울이면 값싸고 좋은 잡지가 될 수 있을 줄 압니다. (이하 다른 기고자 생략)

각계 인사가 말하는 신문에 대한 불평과 희망

— 『신문평론』 1권 1호, 1947. 4. 17.

언론은 어느 시대를 물론하고 그 나라 사회생활의 척도를 손쉽게 보여줄 뿐만이 아니라 한 걸음 더 나아가 시대의 조류를 이끌고 나아가는 것이매, 사회의 공기(公器)요 민중의 목탁으로서 자임하고 나선 언론인의 책무야말로 중차대하고 항상 대중과 함께 있는 것이매 언론에 대한 대중의 소리 또한 보배로운 거울이 아닐 수 없다.

해방 후 죽순처럼 솟아나온 언론기관의 난립 병행은 자칫하면 언론의 위신과 존엄조차 모독시키고 있지 않는가!

의구하는 바인데 이는 주로 지경이 어쩔 수 없이 그러한 바도 있겠지만 언론인 자신으로서 겸허한 태도와 공명한 정신으로 민중과 함께 호흡을 맞추지 못함에도 기인됨이 또한 적지 않을 줄로 안다. 이에 본지의 창간에 즈음하여 수시로 앞날의 더욱 분발을 기하고 또한 대중의 언론에 대한 여망을 솔직히 받아들여서 공옥(攻玉)의 자(資)를 삼을까 하는 의미에서 다음 각계 제위의 고견을 배청(拜聽)하기로 한다.

사실에 충실하라

서울전기 총무부장 오기영

신문계에 보내는 충고를 쓰라 하면 마침 비견(卑見)의 일단을 엮어서 발표한 뒤끝(『신천지』 신년호 졸고 「언론과 정치」)이므로 새삼스럽게 보유(補遺)할 나위가 없으나 신문에 관한 특집을 위하여 경의를 표하는 의미로 거듭 몇 마디 써 보고자 한다.

1. 요인(要人)과 신문

이즈음 정계의 요인은 의례히 신문사 사장이 되어야 하는 것으로 되어 있다. 그러나 실상 신문이란 정치를 논하는 사람의 무대요 이것을 통하여 독자는 정치를 호흡하자는 것이지 결코 정치를 하는 사람의 무대가 아니다. 그런데 기관지면 제일인 줄 아는 착각 때문에 모두 신문만 하려 든다. 이것이 공정한 언론을 위축시키고 자기류의 주장을 '편집(偏執)'하는 결과가 되어 있다. 신문인이 신문을 편집(編輯)하는 시대가 와야 우리는 진정한 언론 자유를 누릴 것이다.

2. 뉴스의 왜곡

신문을 적어도 4, 5종 읽어 보고서야 한 가지 사건을 판단할 만한 재료를 얻게 되어 있다. 이것은 확실히 비극이다. 그나마 기자의 관찰력의 빈곤이 원인이라면 또 할 말이 따로 있겠으나 이건 사뭇 번연한 사실을 왜곡하여 놓는 데는 질색할 노릇이다. 이래서 오늘날 조선의 신문의 대개는 치비(稚批)한 선전 삐라의 영역을 벗어나지 못하고 있다.

3. 테러에 대하여

테러는 결단코 주먹이나 몽둥이로 사람을 치거나 총으로 쏘는 것만이 아니다. 중상과 모략을 미문여구(美文麗句)로 얽어서 사람을 치는 것이야말로 배격하지 않으면 안 되는 악질의 테러라고 생각한다. 그런데 이것이 오늘날 성행하며 대부분의 신문이 범하고 있는 과오로 지적된다.

4. 기자의 기질

신문기자의 기질은 놀라울 만큼 추락하였다. 20년 전 이 땅의 신문기자는 적어도 지사(志士)였다. 그런데 오늘날과 같이 건국 도상(途上)에서처럼 혁명적이며 양심적인 신문인이 요구되는 때가 없거늘 기자들의 대부분이 전날의 기백이 없음은 한심한 일이다. 취재를 하여 원고를 썼으면 편집국으로 가져가야 할 것이지 어째서 이것을 그 취재 내용 관계 인물에게로 들고 가는가? 하물며 기자 명함을 개인 용건을 위협적으로 달성하기 위하여 사용하는 이는 없었는지 반성을 원하는 것이다.

5. 진정한 언론을

나는 아침에 눈을 뜨면서 신문부터 찾던 영년(永年)의 습관을 근자에 와서 고쳐 버렸다. 신문을 아는 탓도 있겠지만 신문을 펴 놓으면 우선 지면에서 발견되는 것은 모략과 중상이요 편협한 주장이요 사실의 불충실한 보도요 기껏 공정한 편이라야 우유부단이요 쾌단(快斷)의 직필(直筆)이 없다. 이런 것을 읽고 나면 그만 불유쾌해서 하루 종일 울적하다. 그래서 신문을 아침에 읽는 습관을 고칠 수밖에 없게 되었다.(이하 다른 기고자 생략)

연립 임정의 형태
— 무호정인, 『민성』 3권 5 · 6호, 1947. 7. 1.

공위 재개가 아직 한 개의 가능성에 불과하던 무렵에 필자는 이 공위가 재개될지라도 실패할 가능성을 예측하게 되는 불행한 사태를 지적한 바 있었다. 그리고 이 불행한 사태는 미소의 알력뿐이 아니라 우리의 분열에서 더욱 조성되고 있음을 지적하였던 것이다. 그런데 이 불행한 예측은 다행히 들어맞지 않을 듯하다. 기쁜 일이다.

미소는 미소대로 재개 벽두부터 변방의 태도가 신중하고 더구나 이번 개회 중에는 마찰과 상극을 연상하게 되는 문제는 다음 기회로 미루고 우선 임시정부를 수립하는 사업에 착수하여 대체로 합의할 가능성을 보여주고 있다. 뿐만 아니라 공위 참가를 거부할 태세하에서 기세가 대단하던 우익 진영도 공위 참가에 대세가 기울었다. 참가하는 의도가 진실로 '남북 통일을 위하여'라는 명분에 있거나 정권 참여에 있거나 간에 이로써 이번 공위는 그 성공적 단계에 들어서는 좋은 징조를 보이고 있다.

그러면 여기서 빚어 나올 임시정부의 형태는 어떤 것일 것인가? 역시 우리는 이 문제를 문제 삼고 있는 덕수궁만을 응시할 것이 아니라, 종전 후 유럽(歐洲) 각국의 정세와 미소의 세력권 재편성이며 아시아에서의 중국과 일본을 바라보는 것이 필요할 것이다.

소련 시사평론가 보리스 포노마리세프 씨는 영, 프랑스(佛), 벨기에(白),

룩셈부르크(諾), 오스트리아(墺) 등 유럽 각국 사회민주당이 모두 상당히 우경화하고 있는 사실을 지적하고 있다. 그러나 실상 각국의 정책이 모두 미국이 가는 길보다는 훨씬 좌경화하였다는 것을 우리는 기억하는 것이다. 이탈리아(伊太利)도 일본도 정권은 기독교 계통에 돌아갔다.

미국은 그리스 · 터키(希土) 원조가 소련을 자극한다는 사실은 선반에 얹어 둔 채 헝가리(洪牙利)의 공산당에 의한 정변에는 분격(憤激)하고 있다. 그러면서도 주목할 것은 미국이 이 헝가리 공산정권을 승인한 것이다.

이러한 여러 가지 사실을 종합할 때에 조선에서 미국만이 원하는 혹은 소련만이 원하는 정부는 나타날 수 없는 것이다. 남북이 각기 다른 이념 하의 군정을 받은 지 1년 반 남짓에 허다한 기성사실이 생겼고 이것을 모두 백지로 돌리고 어느 한편의 이념에 맞는 정부의 정책이 강행될 수는 없을 것이다. 그렇다면 임시정부 그 자체부터 미소의 협동을 전제로 하는 것이라고 하여 이것을 가리켜서 좌우 세력의 연립정부가 생기리라고 보게되는 근거일 것이다.

여기 문제되는 것은 이 연립정부의 주도권이 좌우 어느 편에 돌아갈 것이냐 하는 것인데 우리는 태평양전쟁의 주도 역할을 담당한 것이 미국이며 그래서 극동에서의 발언권은 미국이 우세할 것을 생각함으로써 족할 것이다. 그러나 주도권이 어느 편으로 가거나 연립은 연립인 이상 그 균형을 위하여 그리고 마찰을 피하기 위하여 사법권과 경찰권은 좌우 어디에도 치우치지 않고 좌우 어디에도 초연할 수 있는 인물이라야 할 것은 적어도 상식에 속하는 것일 것이다. (1947. 6. 10.)

곡백담(哭白潭)(상・하)

—《동아일보》, 1947. 6. 22. / 6. 25.

〈상〉 1947. 6. 22.

우리는 백담(白潭) 임병철(林炳哲)을 잃었다.

천하에 슬프지 않은 죽음이 어디 있고 눈물 없이 지어지는 무덤이 어디 있으려만 진실을 위하여 싸우던 한 줄기 지성을 잃은 우리의 심정은 그래서 더욱 애절한 바가 있다.

돌아보니 내가 그대를 만난 것이 어느덧 20년이다.

아직 연희전문학교 교복을 입은 채 졸업생 후보로《동아일보》기자가 되었을 때였다. 그 이래 한자리에서 한 일을 같이하기 10년. 같이 민족의 비참함에 울고 매번 붓을 들면 글자 한 자까지도 일제에 대한 반항을 생각했던 것이다. 손기정이 베를린(伯林)에서 우승했을 때 새벽에 호외를 만들며 우리는 울었다. 감격에 울고 손기정 가슴의 일장기를 보며 우리는 울었다. 손기정 사진에서 가슴에 붙은 일장기를 지워 버린 것이 소위 일장기 말살사건인데, 그 사건 책임자의 하나로 그대가 투옥되고 나는 총독부 경무국에 불려가서 정간 명령을 받아서 나오던 기억이 우리에게는 잊을 수 없는 것이다.

우리 손에서 붓대가 꺾인 뒤에 회사의 사무원으로 어울리지 않는 생애를 보내던 몇 해 동안 국방복에 각반(脚絆) 찬 모습이 서로 어색하여 민망하였더니 해방된 이튿날 우리가 만났을 때는 기약 없이 먼저 눈물이 흘렀다. 그대는 어렸을 때 일제의 교수대에 끌려간 삼촌을 생각하고 나는 옥중에서 병을 얻어 지레 죽은 형을 생각하고, 이날의 감격을 죽은 이들과 나눌 수 없음에 울었다.

그래도 그때의 울음은 기쁨 속에서 울었지만 이제 새 나라가 설 이 마당에 그대의 죽음에 대해 울어야 하는 것은 이 무슨 슬픈 일이냐. 새 나라에 유용한 귀중한 인재를 잃는 것이라 그래서 더욱 애절한 것이다.

해방 이후 다시 붓을 잡으매 그대는 정열을 기울였다. 더 써야 하고 더 외쳐야 할 때에 그대는 가고 마니 어찌 가는 것이 그리 빠른가. (계속)

〈하〉 1947. 6. 25.

내 일찍 하도 죽음을 슬퍼한 끝에 대체 이 죽음이 무엇인가를 이리저리 섭렵해 본 적이 있었다.

불교의 말을 빌리면 색즉시공(色卽是空), 공즉시색(空卽是色)이요, 색불이공(色不異空), 공불이색(空不異色)이라 하여 생사가 같다고 하였다. 생존 그것이 이미 잠유(暫有)요 가유(假有)라 하기에 그럴 듯하게 알아서 그로부터 나는 나의 거실을 가유실(假有室)이라 하였으니, 이리 생각하면 말없이 울고 조용히 장례 지낼 것이요, 죽음을 곡하는 그것이 워낙 어리석은 일이기도 하다.

그러나 산 사람에게는 산 것을 좋아하는 정이 있지 아니한가. 이 정이 어리석다면 어리석은 것이지만 어찌하리요. 어리석은 채로 슬픔을 참을 길이 없구나.

그대는 언젠가 나이 60에 장가간 사람의 신문 기사 제목에 "인생은 60부터"라 하고 껄껄 웃지 않았는가. 그 60이 되려면 그대는 아직 18년이나 모자라지 않는가.

그러나 그대는 이미 죽었다. 우리가 아무리 아깝다고 하고 마지막 장송곡을 아무리 정성으로 한다고 해도 그것이 그대를 위하여 무슨 호사가 될 것이냐. 다만 그대에게 마지막 부탁이 있으니 저승에 가서 행여 그대의 삼촌을 만날지라도 민족의 해방이 온 것을 고할지언정 그대가 죽는 날까지 보고 탄식하던 이 민족 오늘의 분열을 고하지 말라. 나라를 위하여 순국한 선열의 영혼이 우실 것이 자못 걱정스럽기 때문이다.(정해 6. 20. 가유실에서)

웨 특사에게 보내는 시민의 소리

— 《조선중앙일보》, 1947. 9. 2.

전 인민은 바란다

미소 협조로 이루어지는 통일된 새 나라

전 인민의 기대와 환호 가운데 열렸던 미소공동위원회가 소위 반탁투쟁위원회에 가맹한 몇몇 정당·단체 문제로 정체된 즈음, 지난 26일 내조한 미국 대통령 특사 '웨더마이어' 중장은 그동안 조사를 진행하는 일방, 여러 방면 인사와 회담도 하고 있다. 이해관계를 달리 하는 여러 나라의 국제적 알력에 쌓여 조선 문제 바야흐로 일종의 수수께끼화 하는 이때 그는 여기서 무엇을 보고 무엇을 듣고 무엇을 생각하고 무엇을 가지고 가서 어떻게 하려는가. 조선의 운명의 절대한 관건을 잡은 나라 중의 그 일방인 미국. 그 미국의 대통령 특사인 그에게 조선 인민이 서울 시민이 이에 보내는 소리는 오직 하나뿐이니, 그것은 미소 양국은 각각 그 나라의 이해 관념을 떠나 협조하여 조선 인민을 위해 노력하고 인민의 소원을 기반으로 하는 새 나라를 세우도록 원조해 달라는 것이다.

인민의 군정 혐오는 반미 사상과는 별개 문제

평론가 오기영 씨

미국은 우리에게 우호의 원조자로 의심 없이 신뢰하려 한다. 그러나 우리는 왕왕히 다음과 같은 회의를 갖게 된다. 즉 극동에서 태평양에 돌출한 이 반도의 군사적 기지로서의 병참적 가치에 주안을 두었느냐, 또는 이 반도에 4천 년 동안 뿌리박고 살아온 민족의 생명에 대한 가치에 주안을 두었느냐 하는 점이다.

이유와 곡절의 여하를 불구하고 해방 2년이 넘도록 우리가 독립하지 못했다는 데는 해방자의 책임이 크다. 공위(共委)의 미소 쌍방은 여러 차례 성명전을 번복하고 있으나 우리는 지금까지 이론이 모자라서 양보하거나 타협하는 외교를 본 적은 없다. 지금 두 개의 조선은 두 개의 이름하에 고민하고 있다. 북은 잠시 그만두고 우리 눈앞에 있는 남조선은 어떠한가? 여기도 장군이 중국에서 본 바와 같이 부패무능한 관리가 너무나 많다. 뇌물과 부정행위가 성행하여 양심과 정직이 궁경에 빠졌다. 이 땅에서 아직 친일파, 민족 반역자는 숙청되지 않았을 뿐 아니라 사람에 따라서는 관리로 등용되고 정치가로 활동하고 있다.

이들 때문에 민중은 군정을 싫어하는 감정이 일어나고 있다. 여기 엄격히 구별할 것은 이것은 결단코 반미 사상이 아니라는 것이다. 친일파, 민족 반역자를 증오할 뿐이다. 반항은 탄압을 낳고 다시 탄압을 낳고 있다. 이러한 반복이 발전할수록 이 땅에는 오직 암흑이 깊을 것을 우리는 슬퍼하는 것이다. 사회정책, 경제정책의 시정이 시급하거니와 더욱 시급한 것이 많은 문화인, 지식인, 민족적 양심 있는 사람들의 협력을 구하는 것이다. 장군은 중국 국민정부에 행하여 모든 개혁에서 "약속만으로는 이미 불충분하여 실천이 필요하다." 하였는데 이것은 진리인 것이다. (이하 다른 기고자 생략)

새해에는 이렇게(2):
나부터 책임진 민족의 일원이 되자!

─《경향신문》, 1948. 1. 6.

우리는 지금까지 많은 구호를 부르짖고 많은 성명서를 읽었다. 그러나 이것만으로 실제적인 독립이 올 수 없는 것도 지금쯤은 깨달을 때가 왔다.

실제적인 민족이 되자! 실질적 생활을 가지는 민족이 되자! 입으로만 떠드는 애국 때문에 정말 나라의 운명은 자꾸만 비참한 구렁으로 빠져들어가고 있는 것을 깨달을 때에 우리는 새해부터는 공연히 떠드는 일을 그만두고 실제적인 실질적인 생활을 찾아야 할 것이다.

우리의 자주독립은 우리의 발뿌리에서 찾을 것이지 결단코 미소의 중천(中天)에 떠 있는 뜬구름에서 찾을 것이 아니다. 그런데 내 발뿌리를 살피지 않고 공연히 떠들며 돌아다녀 본대야 독립이 있을 리 없다.

나부터 부지런한 사람이 될 것, 나부터 거짓 없는 인격을 가질 것, 그리하여 나부터 책임이 있는 민족의 일원이 될 것이다.

얄타협정 과오를 인식
조선 민족의 진정한 독립 기대
—《자유신문》, 1948. 1. 12.

우리는 지금 전후 세계에서 누구보다도 가장 불행함을 체험하고 있다. 감격의 선풍 속에 해방의 깃발을 날린 지는 어느덧 3년이 넘었으나 실상 지배 세력이 바뀌었다는 그것뿐이요, 우리는 아직 자유스럽지 못하다. 그뿐 아니라 하나의 지배 세력으로부터는 해방되었으나 다시 두 개의 지배 세력에게 점령되어 있다. 이 때문에 이 민족은 이념적 분열뿐이 아니라 국토 분단이 가져온 경제적 분단으로 향하여 직접 그 생명의 협위(脅威)에 떨고 있는 중이다.

이에 위원단은 하나의 약소국을 두 개의 강대 세력이 분할 점령한 통치의 결과를 목도할 것이다. 그리고 그 비참한 실례를 연합국의 적이 아니었던 조선에서 목도할 때에 38선을 획정한 얄타협정이 조선 민족 3천만 생령(生靈)에게 범한 우환을 마치 무슨 신의 섭리나 되는 듯이 소위 새 세계의 새 정의가 지하까지 긍정하였다는 그것부터 과오라는 것을 인식하여 주기 바라는 것이다.

다시 위원단은 이 땅이 지금 세계에서 가장 중요한 군략 기지라는 것을 알았을 것이다. 사실 우리는 이러한 지리적 조건 때문에 이미 과거에 두 번이나 전쟁을 유발시켰고 드디어 일제의 중국 침략 병참으로서의 굴욕을 겪었다. 지금 소련은 구아(歐亞) 양 주를 관통하려는 세력권 신장에서 그 동단으로서 북조선을 확보하려 한다. 한편 태평양전쟁에서 주전 역할을 완수한 미국이 또한 극동에서의 발언권의 확보와 강고한 방공 지대를 구축함으로써 북동 아시아를 지배할 수 있느냐 없느냐의 관건으로서 남조선을 단단히 쥐고 있다.

여기서 우리는 위원단의 구성원이 거의 약소국이라는 점에 그 동병상련의 정서에 호소하고 싶은 애절한 심정이 있다. 그들은 모두 강대국의 제압하에 또는 외국의 통제하에 주권을 상실하고 민족의 운명이 번롱(翻弄)되는 참담을 경험하였던 그만큼 오늘날 이 망□현실을 상련의 심정으로 관찰하여 주기를 바라는 것이다. 그리하여 현재 우리의 불행한 원인이 우리 자신의 위약과 정치적 분열에도 있지만 이렇듯 양대 세력이 남의 국토를 쪼개서 각자의 이해를 주장하며 각자의 이념을 부식(扶植)하기에 열중하여서는 그 균열은 날마다 심각하게 확대될 수밖에 없을 것은 위원단 자신들이 모두 외세의 □□과 간섭과 모략과 견제로 인하여 동족 간에 분열되고 상살(相殺)하는 경험 내지 현재도 이 비극을 되풀이하는 처지에 있는 그 입장에서 □□□ □□가 있을 것이다.

그러므로 위원단은 미소로 하여금 각기 이 땅의 군사적 중요성에 □□하여 이 땅의 3천만 생명을 경시하는 그 과오를 과감히 적발하여 그 과오의 청산을 강경히 추구하여 주기 바라는 것이다. 우리가 원하는 독립은 미국이 원하는 조선 독립이나 소련이 원하는 조선 독립이 아니라 우리 자신의 생명과 우리 민족의 번영을 서휘(庶彙)할 수 있는 진실된 조선민의 독립인 것이다. 이러한 독립이 가능하냐, 못 하냐에 위원단 임무의 성패가 있고 조선 민족의 사활이 있고 세계의 진정한 평화 여부가 있는 것을 믿고

위원단 여러분의 과감한 투쟁과 규모있는 경험이 □이 되기를 충심으로
바라며 이번 조선에 온 의의의 실천이 있기를 바란다.

[설문] 1948년에는?

— 『민성』 4권 1호, 1948. 1. 20.

[문]

1. 자주 정부가 수립되리라고 보십니까?

2. 38선이 제거되겠지요?

3. 반드시 해결되어야 할 것 세 가지는?

4. 부디 없애야 할 것 세 가지는?

[답]

경전(京電) 업무부장 오기영

1. 비관

2. 의문

3. 1) 파쟁의 휴전 2) 감옥 가는 사람이 줄었으면

   3) 쌀값이 내려 주기를

4. 1) 친일파 2) 모리배 3) 뇌물 주는 사람과 받는 사람

여론과 소음

—《평화일보》, 1948. 3. 10.

1.

민주정치를 가리켜 인민정치라 하는 이유가 모든 인민의 양심과 지성에 통하는 여론을 토대로 하기 때문이라 하면, 여기 비로소 한 필부의 사려까지도 정치에 참여할 수 있고 정치를 비판할 수 있는 것이다.

그러므로 우리가 정당한 민주정치에 기여하기 위해서는 언제나 자기의 소신을 정직하게 발표할 수 있고 또 발표하여야 한다. 그러나 한 개인의 소신이 그대로 여론이 될 수는 없는 것이다. 반드시 많은 사람의 소신과 연결되어야 비로소 여론은 구현되는 것이다. 만일 이렇게 많은 사람이 소신과의 연결의 아닌 '소리'로 떠든다면 이것은 그 자체가 하등의 권위도 없는 하나의 부질없는 소음인 것이다.

2.

그런데 지극히 불행하나 중대한 사태로서 지금 이 땅에는 정당하고 권위 있는 참된 여론보다 부질없는 소음이 더 소리를 높이 하고 있다. 이것은 물론 근본 문제로서 양심적 사려와 지성적 판단에 의한 정당한 여론을 구현할 만큼 인민 전체의 지성의 수준이 높지 못하다는 그것도 속일 수 없는 사실이기는 하나 그와 아울러 혹은 그보다 더 중대한 과오로서 누구나가 저마다 여론의 대변자로 자처하려는 것을 지적하지 않을 수 없는 바이다.

두 번 다시 강조할 나위도 없지만 여론이라는 것은 결코 한 개인이나 한 집단의 소리가 아니다. 설혹 어떤 훌륭한 지도자의 언설일지라도 그 개인적 의사가 그냥 여론일 수는 없는 것이다. 여기는 오직 많은 사람의, 좀더 적확히 지적하면 일반 대중의 소신과 연결되지 아니하면 이것은 여론일 수는 없는 것이다.

3.

그런데 지금 이 땅에서는 누구나 3천만의 이름을 걸고 떠들고 있지, 누가 어떻게 생각하든 간에 언론은 자유라 하여 자기 생각을 그냥 3천만 배 확대하려고 드는 사람들이 많다. 이것이 여론일 수 없을 뿐만 아니라 실제에서 도리어 정당한 여론의 구현을 방해하는 소음인 것이다.

이것은 확실히 중대한 비극이다. 이러한 사태하에서는 진실이 고립되기 때문이다. 이 고립된 진실이 거족적 통일 여론을 구현하기 위해서는 마땅히 저마다 떠드는 소음을 정숙하게 할 필요가 있다. 민주정치라 하여서 결코 성명서만 발표하는 경쟁이 아니라는 것을 성명서 쓰는 장난에 골몰한 사람들은 깊이 생각할 필요가 있다.

독설과 유모어 좌담회

— 오기영 외 4인, 『신세대』 3권 3호, 1948. 5. 1.

■ 참석자: 정지용(이대 교수/시인), 서항석(연극연출가), 오기영(경전 업무부장), 채정근(고려교향악단 이사), 박용구(음악평론가), 본지 측(주간).

본지 측 어려우신 시간을 내시어 이렇게들 와 주서서 고맙습니다. 원래 제가 말재주가 변변치 못해서 오늘 사회를 박용구 씨에게 수고해 주십사 하고 청을 드렸습니다. 잡수시며 놀면서 말씀해 주십시오.

박용구 뭘 보고서 저를 그렇게 과신하시는지 모르겠습니다. 어쨌든 맡기는 하겠습니다만……. 뭐 저를 독설꾼 같이 여기시는 모양이시나, 그렇지가 못하니 오늘 지워 주시는 짐이 한결 무거운 것 같습니다. 하여튼 그 방면에 쟁쟁하신 선생님들이 모이셨으니 뭐 사회할 것 없이 적당히 주거니 받거니 잡수시면서 해 주십시오.

채정근 그렇게 뭐 미리 말을 수다스럽게 늘어놓을 것 없잖아. 여자들한테는 독설꾼으로 유명하다는 정평(定評)이던데……. (웃음소리)

정지용 아니, 왜 이리들 서두르고 야단이야. 천천히 해, 천천히. 배고프니 술 좀 먹고서 하는 게 어때. (웃음소리)

박용구 하여튼 이렇게 어려운 세상일수록 독설 재료는 산더미 같은 것 같습니다. 어느 시대나 이렇게 기가 막힌 시대고 보면 굉장한 것이 수다히 쏟아져 나올 것 같습니다. 홍길동전 같은 것이 나오던 그 시대도 참 기가 막히던 시대요, 또 베토벤도 귀가 막혔던 사람이라서 그렇게 명곡을 아마 만들어 내었는지도 모를 일이고 하니…….

서항석 좌우간 사회한테 항의를 제출하겠소. 우리를 뭐 독설가들로만 다루려 드는데 나는 적어도 독설은 안 하오. '정론'은 하지마는. '정론'을 하는 자리라면 앉아 있겠소마는 '독설'을 하는 자리라면 일어나겠소.

정지용 그러고 보면 아마 서항석 씨는 독설을 못 하겠군. 왜? 켕겨서 못 하지……. (웃음소리)

서항석 그건 차차 해 봐야 해, 해 봐야. (웃음소리) 조선에 애국자는 얼마나 되나?

채정근 서 선생, 그 '애국자'에 대한 선생의 말씀이 퍽 재미나던데요.

본지 측 무슨 말인데요.

서항석 저, 이런 말을 한 적이 있지요. 해방 후에 나는 두 가지 기쁜 일이 있는데, 첫째는 우리 조선에 애국자가 많이 나온 것이요, 둘째는 일제 시대에 친일하기에 급급하던 모모(某某) 씨까지 애국자가 된 것입니다.

본지 측 모모(某某) 씨라니요.

서항석 이름이야 아무렇든 문제 삼을 것 없지요. 사실은 '애국자'보다 애국 '업자'라고 불러야 할 거요. 집을 맡아서 지어내는 청부업자 모양으로 이건 사뭇 애국업을 맡아 놓고 하려 들거든. 일본 때에도 애국자 행세하고 단물만 먹었고, 또 지금도 그렇고. 하여간 어떻든 의사가 맞건 안 맞건 통 문제가 아닌 모양이야. 그러고 보니 애국업자라고 할 수밖에 없네요.

본지 측 그렇게 뚝 떼어놓고 말씀 마시고 가령 누구누구는 어떤 모양으로 어떻게 했다는 식으로 말씀하셔야 알지요.

서항석 그렇게 딱 지적까지 하다간 어쩌게요. 『신세대』 한 권을 다 채워도 못 실릴 판이니 애당초 입 다무는 게 상책이지. (웃음소리)

박용구 오늘 아침을 얻어먹고 나오는 길에서 본 일인데요. 어떤 학생단체 지부 간판이 붙어 있는 집 앞을 지나오려니까 할 노래가 그렇게도 없는지 하필 일본의 정월 초하루 때 부르는 노래를 하고들 있더군요. 정복 정모(正帽)를 한 학생들이 한 2~30명이나 모여서요. 퍽 눈에 거슬려서, 마음 같아서는 하지 말라고 하고 싶지만 그러다가는 매맞을까 겁나 그냥 지나오고 말았습니다만……. 그런데 17~18세 되어 보이는 여학생 둘이서 한 명은 "까시 받으면 어떠냐."며, 그 앞을 지나가자거니, 한 명은 "길을 돌아서 가자."거니 하는 것을 보았습니다. 가장 애국자인 척하며 일을 한다는 학생단체 앞을 지나는데 이러고 보니 참 기가 막힙니다.

서항석 이건 또 어찌된 셈인지 8·15 전의 협력자가 근신하는 건 또 좋지만 바로 또 튀어나와서는 가장 애국자 행세하니 딱하단 말이야! 그러므로 가장 자신이 비애국자가 된다는 것을 모르는 셈인지 원, 게다가 남을 도리어 험구(險口)하며 깎으려 드니 말씀이야. (웃음소리) 과거의 죄를 씻기 위하여 나와서 일을 한다면 누가 뭐라겠소만, 이건 또 죄를 더하고만 있으니 나중에는 어쩔 셈인고, 참.

오기영 나는 이렇게 봐요. 물고기를 보면 달아날 때에 그냥 몸만 달아나는 놈도 있지만, '가물치'란 놈은 참 심술이 고약하단 말이에요. 제 몸만 피하면 좋을 텐데 온통 흙탕물을 일으켜 놓고는 그 밑에 숨어 버리거든요. 요즘 애국자 중에는 이런 가물치적인 애국자가 하도 많으니까 하는 말이지요.

정지용 난 지금까지 자칭 효자라는 걸 본 적이 없어. 내가 부모에게 효자

이니 여러분 그렇게 알아주시오 하고 외우고 다니는 그런 쓸개 빠진 효자
는 참 우스꽝스럽거든. 그러니 내가 애국자네 하고 떠드는 놈 치고 어디
한 놈이나 그럴듯한 놈이 있나 보란 말이야. (웃음소리)

오기영 "나는 나의 처자를 사랑하오." 하고 떠드는 사람도 싱겁잖겠소?
당연한 일을 하는 것이 무슨 자랑이 됩니까. 그와 마찬가지로 제 나라를
사랑한다는 말을 하고 다닐 필요가 어디 있습니까. 그럴 필요가 있는 사람
은 나라를 사랑하느니보다 다른 무엇을 더 사랑하는 것인가 보지요.

박용구 서 선생님은 민주주의의 해설을 어떻게 보시나요.

민주주의라 불러 놓고

서항석 글쎄요…….

정지용 (박용구 씨에게) 여봐, 불쑥 그건 또 무슨 소리야. 평안도 사람 보고
사회를 하랬으니 제대로 될 리가 만무하지. (큰 웃음)

채정근 박용구 씨가 왜 평안도 사람인가요, 경상도지.

오기영 하여간 조선은 미국보다 좋은 나라야. 왜 그런가 하니 미국에서
는 대통령이 하나뿐이면서도 조선의 몇 배나 되는 인민들이 잘 지나갈 수
있는데, 조선을 보면 3천만이 모두 대통령이 되려 하거든. 그러니 미국보
다 3천만 배나 행복한 나라가 될 수 있지 않느냐 말이요. (웃음소리)

정지용 지독한 중상(中傷)인데……. (큰 웃음) 하지만 이 자리에 있는 사람
치고는 대통령 되려는 사람은 없는 것 같은데.

박용구 그럼, 3천만에서 우선 6명만은 빼기로 하지요. 그런데 정 선생은
민주주의를 어떻게 보십니까?

정지용 몰라 몰라. 첫째, 백성이 굶으면서 무슨 민주주의를 떠드느냐 말이야.

채정근 미국에서는 대통령을 하나만 뽑으니까, 그럼 난 부대통령이나 하겠소 하고, 부대통령을 지원하는 정객도 있는 모양인데 조선에는 왜 그런 사람은 없을까요?

서항석 그건 모르는 소리요. 그런 사람이 수두룩하지요. 정당 당수치고 모두 다 자기가 대통령 되려고는 않을 텐데, 그 아래 있는 분으로서는 자기 당수를 대통령으로 내세워야 자기도 그럴듯한 자리를 차지할 테니까, 당수더러 대통령이 되라고 하는 축이 있거든요. 원님 덕에 나팔 불려는 축 말이오. (웃음소리)

채정근 그리고 보면 대통령병자는 훨씬 줄어들기는 하겠군. 오 형은 아까 오산(誤算)했구려.

본지 측 가령으로 말씀드린다면 오 선생이 생각하고 실행하시는 민주주의는 이런 것인데 제가 생각하고 행하는 민주주의는 이런 것이기 때문에 어긋나는 희극이랄지 비극이랄지의 일들이 적지 않게 일어날 것 같은데, 그런 점에 무슨 우습거나 기막힌 이야긴 없으신지.

오기영 요즘 모리배들이 퍽 얘깃거리가 되는데, 나는 그다지 그들을 욕하고 싶지는 않아. 저기 미국 같은 데서는 수만 달러, 수억 달러를 독차지하는 장사치가 있어도 아무 말 없는데, 왜 조선 사람은 그렇게나 잘 나빠진지 모르거든. 이러쿵저러쿵 해서 조금만 돈을 벌 지경이면 욕이 나오는데 그건 너무 가혹해. 돈만 모으면 무턱대고 나쁘다고 규정짓는 버릇이 참 딱해.

정지용 이거 뭐 모리배들에게 좋은 변론을 제공하고 있는 셈인가? (큰

웃음)

오기영 무슨 일이고 돈이 먼저거든요. 그러니 그들도 돈 모아서 애국운동하려고 그러는지 누가 압니까. 그렇게 좀 너그럽게 해석하고 우리 가난뱅이들은 무턱대고 시기하는 버릇을 버려야 해요. 그리고 우리도 재주가 있으면 돈 모아서 잘살면 그만 아닌가 말이오, 원.

서항석 이건 모리배를 여간 혼동해서 생각하는 게 아닌데. 난 종족을 해하고 제 배만 채우는 사람을 모리배라 규정하는 것인데.

오기영 거 참, 변호사 노릇 좀 해 보려 했더니 참 어렵네 어려워. (큰 웃음) 뭐니뭐니 해도 요즘 정치 운동이 거의 모리배 덕택이니. 그들도 애국자지 뭐요.

전차와 소설가 김동인 씨의 닭

서항석 참 굉장한 독설꾼인데. 이런 것이 진짜 독설이야.

본지 측 독설이라시니 요즘 전차 얘기 가운데에도 무슨 독설 될 만한 이야기가 더러는 있을 것 같은데요.

서항석 난 한 시민으로서의 말인데 경전 중역은 자동차만 탈 것이 아니라 전차도 좀 타봐야 해.

오기영 옛날 신문을 보니까 거기에 내가 "경전 사람은 자동차로만 다니니까 실정을 모른다."고 써 있겠지요. 내가 그때 선견지명이 있었던들 그렇게는 안 쓸 걸 그랬어. 이즈음 신문에도 모두 "경전 간부는 전차를 타 보라."고 쓰니 말이오.

정지용 그러고 보니 오기영 씨는 신문을 통해서만 전차 연구를 하는 모

양이군 그래. (웃음소리)

서항석 을지로 4가에서 내가 본 이야긴데, 별안간 떠들썩하기에 뭔가 보았지요. 경전 사원들이 가운데 문으로 먼저 타는 걸 보고 열(列)을 지은 사람들이 욕을 퍼부으니까 할 수 없이 그들은 내렸는데 바로 또 여경관 하나가 타지 않겠소. 그러니까 또 열에서 "여경관은 전차 먼저 타란 법이 있소?" 소리소리 지르니까, 옆의 익살꾼이 대신 응답하기를 "전차 먼저 타려고 여경관 된 걸 모르시는 모양이군!" 하겠지요. 이 말에 모두 하하! 웃어버렸지만 여경관은 얼굴이 빨개지더군요. (큰 웃음)

오기영 어느 세상이고 옆길은 있는 법입니다.

정지용 애국자 얘기에서 전차 얘기로 쏠려 버렸군 그래. (오기영 씨를 보며) 내 곧 찾아갈 터이니 거 패스 한 장 넌지시 제공하시구려. (웃음소리)

박용구 서 선생 얘기에 생각납니다만 전차에 어떤 아낙네가 강아지를 안고서 타지 않겠습니까. 한창 밀리는 판이라 중턱쯤 갔는데 운전수는 내리라지요. 그렇다고 내릴 수는 없고 하니까 처음에는 머뭇거리다가 나중에는 사뭇 그냥 비벼 대고 견뎌 볼 모양인가 보아요. "어떻게 내려요?" 소리만 연거푸 하면서 만지작거리거든. 하니까 옆에 있던 사람의 말이 "참 약지도 못하시우. 거 좋이라도 한 장 씌워 가지고 탔으면 아무 소리도 없지 않겠소." 하겠지요.

정지용 이거 뭐 오기영 씨를 중심으로 한 좌담회란 말이오. 전차 얘기만 나오니……. (웃음소리)

오기영 이제 집어치우기로 합시다. 그런데 이 얘기만은 재미나니 들어주시오. 하루는 김동인 씨가 나를 찾아오시더니 "오늘은 친구로서 찾은 게 아니라 경전 간부로 찾아왔노라."구요. 퍽 심각한 얼굴을 하시면서 이런 일을 어떻게 생각하느냐며 얘기를 하시는데, 아드님이 병이 나서 하도 딱하기에 닭 한 마리를 구해 가지고 전차를 타려니까 운전수 말이 보자기에라도 싸 가지고 타라고 그러더라고요. 그래 김동인 씨가 얼른 외투 섶에 감추고서 다시 타려니까 차장이 보더니 안 된다고 야단을 치니까 김동인 씨는 화가 나서 옥신각신 □ □ □ 대꾸를 주고받는데, 그만 닭을 놓쳐서 펄펄 길가로 달아나 버렸다고요. 허겁지겁 쫓아가니까 닭이 어떤 상점 안으로 들어간 것을 점원들의 협력으로 겨우 잡아 놓았다고. (웃음소리) 그러시면서 나를 보고 "그래 세상에 이렇게 차장이 불친절한 데가 어디 있느냐."며 대단히 분개하시더군요. 그래 내 말이 "세상에 불친절한 차장도 여기밖에 없겠습니다만, 그래 닭을 가지고 전차를 타는 곳이 또 어디 있겠소이까?" 하였더니, 김동인 씨는 그만 입이 써서……. (웃음소리)

본지 측 가령 참 딱한 때가 많은 것은 아침 출근 시간 같은 때 더는 타지도 못할 전차에 부득이 매달려서 그것 때문에 다른 사람들이야 가게 되든 안 가게 되든 딱 문에 매달려 질을 파는 사람들이 있는 것입니다. 이런 사람들에게는 어떨까요? 자유란 개념도 불안정하여 못 견디겠지만 민주주의란 것도 좀 강제적으로 가르쳐 어느 시대 어느 한도까지 민주주의의 기초를 닦아 놓고야 볼 말 아닐까요. 물론 민주주의란 그 말부터도 이 땅에서는 애매모호한 것이지만요.

채정근 민주주의를 강제로 다스린다……. 그럼 먼저 독서도 강제로 시키도록 하는 게 어떨까?

서항석 가급적으로 『신세대』를 그렇게 하는 게 어떻겠소? (웃음소리)

정지용 책까지 강제한다. 어디 당신들 재주 있건 할 대로 해 보소. (웃음소리)

서항석 서로 잘되어 가기 위해서는 그런 제압도 있어야 하지만 서로 자기들끼리 자기를 구속하면 원만할 수 있지 않을까.

본지 측 마라톤 선수나 단거리 경주하는 사람을 보더라도 보기만 하면 그야 나도 누구만큼 마라톤을 못 하지 않을 것 같고 백미터를 못 뛸 것 같지 않지만, 연습과 경험이 없으면 제 마음같이는 근육이 움직여 주지 않는 것처럼 지금 제가 말씀하는 강제라는 것도 이런 의미여야 할 것은 물론입니다. 자유나 민주주의도 연습과 초보적인 훈련이 필요치나 않을까 합니다. 자유나 민주주의가 마라톤이나 백미터를 뛰는 근육처럼 되게 될 때까지 말씀이지…….

정지용 그리고 보면 중들은 가장 민주주의자라고 할 수 있겠군. 항상 자기를 구속하면서 사는 사람들이니까. (웃음소리)

본지 측 그러니까 이 땅에선 말하자면 민주주의가 역으로 가야 할지 모르는 이치가 될지도 모르겠지요.

오기영 지난번에 어떤 중학생이 전차 사고로 죽었는데 그 아버지가 3천만 원의 위로금을 청구했단 말입니다. 그 논지가 당당하지요……. 우리 아들은 대단히 똑똑해서 장차 대통령을 만들려 했는데 이렇게 죽고 말았으니, 나에게도 큰 손실이거니와 나라를 위해서도 이보다 더 큰 손실이 또 어디 있겠느냐? (웃음소리) 그러니 3천만 명이 1원씩 쳐서 3천만 원을 청구해야겠노라고……. (큰 웃음)

정지용 어, 또 전차 얘기가 나오는군. 뭐 전차만 해결되면 민주주의가 해결되는 거요? (웃음소리)

만화책과 갱의 알

본지 측 그럼 출판물 얘기나 좀 해 보실까요?

채정근 요새 출판물을 보면, 소위 시집이나 창작 소설 이외의 대부분은 거의 일본 것을 그대로 옮겨 놓고도 제 글인 체하는 것이 어떻게 많은지 한심할 정도더군요. 남의 글로 밥만 먹는 게 아니라 이름까지 날리려는 셈 인지…….

서항석 일본 글을 가져오면 적산(敵産)이니까 갚지 않아도 걱정 없겠지만 심하면 조선 안에서 그대로 가져오는 것은 어쩌게요? (웃음소리)

정지용 내가 보기에는 채정근 씨가 제일 많이 하는 것 같던데……. 모두 남의 번역뿐이니 말이야. (웃음소리)

채정근 남잡이 제잡이인데.

서항석 아이들이 거 만화를 퍽 좋아하는데 그대로 두었다간 모두 갱이 되어 나갈 것 같습디다. (웃음소리)

정지용 세뱃돈 놓아 먹는 선수들이야. (웃음소리)

오기영 뭐 정초에만 팔리나요?

정지용 아니야, 정초가 노리기에 가장 십상인 때이거든. (웃음소리)

서항석 좀 그 글을 읽어 본다면 그것을 만든 사람이 어디 출신이라는 것 도 알 수 있더군요. 평안도, 경상도 사투리가 그냥 나온단 말이야. (웃음소 리) 좀더 제대로만 되어 주면 딴 문제지만…….

오기영 그렇게까지 아는 사람이면 애당초 그런 것을 어떻게 하겠습니까, 원. (웃음소리)

서항석 문교 당국 같은 데서 무슨 대책이라도 없을까?

오기영 다른 일도 바쁜 판인데 언제 그런 것까지 할 수 있겠소?

정지용 원래 만화란 대가리보다 눈코가 커야 그럴듯한 법이야. 그렇게 뒤죽박죽이 된 것이 정말 만화지, 뭐야.(웃음소리)

본지 측 일본 것을 그냥 갖다 놓는데 가령 사람의 이름이면 다로(太郎)를 수남으로, 지로(次郎)를 복동으로, 산을 물로 고친 것이 고작으로 아무런 비판도 없이 만들어서 물밀 듯 나와도 누가 뭐라고 아니 하는 세상이니!

박용구 맨 사람 죽이는 얘기, 우리 아이놈은 막대기만 들면 누구를 보고도 갈기려고 덤비면서 죽으라고 하니 이러다간 장래가 걱정인데요.

오기영 상무 정신을 기르기에 그건 참 이상적이 아닐까. (웃음소리)

채정근 우리집 애는 장난감 육혈포(六穴砲, 리볼버)를 다섯 개나 가졌습니다. 만화를 보고 나서부터 나한테 총을 대고서, 탕! 하고는 죽어야 한다나요. (웃음소리)

정지용 그럼 요즘 테러단이 거 만화책 출신들 아니야? (웃음소리)

본지 측 정 선생 아드님 얘기 좀 하시지요.

정지용 아들놈 칭찬을 하라니…… 난 절대로 안 하기로 하는데, 남이 칭찬하면 왜 그런지 가슴이 근질근질하기는 하더군.

오기영 (박용구 씨에게) 사회, 왜 이렇게 태만하슈, 술도 안 먹고? (웃음소리)

본지 측 요즘 극장에는 100원, 150원 하는데도 웬 사람들이 그렇게도 많이들 모여드는지 모르겠던데, 책은 잘 안 산단 말이에요. 정 선생, 거 학생들에게 책 사는 교육부터 먼저 가르쳐 주셔야 할 일 아니겠어요.

정지용 하 참, 당신도 잡지쟁이가 되더니 장사 근성이 무던한데 자기 잡지 선전하려면 광고나 낼 것이지, 그래 요런 자리에서까지 장사를 하려 든

단 말이요? (웃음소리)

서항석 아마 『신세대』는 절대로 사지 말라고 이렇게 역으로 이르면 학생들이 다투어 사 보려 할게야. (웃음소리)

정지용 그것도 안 될 말이오. 책사에 가서 들춰 보면 그까짓 잡지 한 권쯤 금방인데 살 것 없지 않으냐 말이야. (웃음소리)

박용구 요즘 어린애들이 순경을 퍽 무서운 사람이라고 여기는 것 같습니다. 일제 때같이 순사라면 그냥 무서운 사람이라고만 생각하고 있는데 이것도 딱한 사정이라고 봅니다. 그러지 않아야 하겠는데.

초대권에 나타난 민주주의

오기영 그건 어른들이 인식시킬 나름이야. 내가 민주화해서 그런지 우리 집 아이들은 절대로 무서워하는 것 같지 않습니다. 먼저 우리가 민주화해서 어린이에게 그렇게 교육을 하거든. 그야 일제 때보다 순경이 민주화했다는 건 뻔하니까.

채정근 하긴 그럴 법한 말인데.

오기영 UN 위원단의 메논 씨가 조선 인민은 모두 경찰의 수중에 있다고 보고를 했다고 합디다만 난 그렇게 생각할 것이 아니라 민중 자신이 먼저 민주화해가지고 그들을 민중 수중에 넣을 수도 있거든요.

채정근 음악 관계로 흥행을 해 보는데 "초대권야!" 하면 그냥 쩔쩔매고 법석을 하던 일제 때와는 좀 지금은 달라진 게 사실입니다. 지금은 초대권이 이만큼 있어야겠소 하고 적당한 매수를 먼저 말해 주니까 퍽 점잖아졌지요. 하지만 한번 흥행을 가지자면 적어도 하루만은 관청 봉사일로 내놔야 하겠습디다.

오기영 그렇게 하루를 딱 정해서 봉사일로 하는 것도 좋지만 만약 그날에 가지 못할 사람은 어떡할 셈이오?

채정근 하루로 모자라면 2일간이고 3일간이고 봉사일로 해야지요, 뭐. (웃음소리)

오기영 그러고서 어떻게 주판을 맞추게?

채정근 예술가가 어디 밥 먹고 삽디까, 공기만 먹고 사는 거지……. (웃음소리)

서항석 어떤 지방에선가는 모 정당에만 가입하면 기차표쯤은 문제 아니라고 하던데, 거참 땡이겠더구만. (웃음소리)

박용구 그만한 특전도 없어서야 누가 정당엘 들어가겠어요. 그들 역시 애국자니 그만큼 대접하는 게 옳지 않겠어요? (웃음소리)

정지용 정당에 들어갔네 하면서 남은 살 수 있는 차표 한 장 똑똑히 못 사는 정당 당원은 얼빠진 친구들이여. 거 무얼 먹겠다고 정당엔 들어가느냐 말이야? (웃음소리)

오기영 우리 이런 얘기 좀 합시다. 요즈음도 아직 일본식이 그대로 있는 것이 많은데 바로 (상의 스끼야끼 냄비를 가리키시며) 이것도 일본 것이거든요.

정지용 그럼 당신 입은 그 양복도 벗어 버리는 게 어떻소? 원래 양복이 미국에서 일본을 거쳐서 이 고장에 온 것이니 말이야. (웃음소리)

오기영 요새도 보통 아닌 장의 행렬이 지나가는데 길 가는 사람이 모자를 벗지 않았다가 청년들한테 혼이 나고 2층, 3층 위에서 내다보았다고 따귀를 맞는 건 참 모르겠습디다. 옛날에는 2층, 3층집이 없기도 했겠지만 이것도 확실히 왜풍(倭風)의 유물이 그대로인 것 같아요. 러취 장관 장례 때에는 뭐 그렇게 시끄럽지도 않았잖습니까. 2층에서 내려다보아도 아무 소리 없고 미국인 중에는 뭐 모자도 안 벗던데.

정지용 많이 굽히는 게 예의라면 장례 행렬은 높은 데서 내려다보는 게 제일일 텐데 거 왜 그럴까? (웃음소리)

영어 사전에 나타날 '깍두기'

서항석 '스끼야끼' 이것도 일본 것이지만, 여러분 '천부라'가 무엇인지 압니까? 덴뿌라를 그렇게 써붙였더군 그래.

정지용 아니야, 덴뿌라는 일본 것도 아닌 스페인(西班牙)인가, 포르투갈(浦葡牙) 말인가인데 뭐.

서항석 하여튼 수기요(壽起燎)니 천부라(天婦羅)니 이건 어색하기 짝이 없거든.

오기영 현재 영어단어가 아마 40만 어인가 된다 하지요. 그리고 자꾸 늘어 간다고……. 그리고 보면 아마 영어에 이미 조선의 '깍두기'니 '김치'가 한몫 끼었을지도 모를 일입니다. 이와 같이 외래어로서 그대로 남겨두는 것이 좋겠는데요.

정지용 그거 뭐 어려울 것 없다고 보오. 그대로 한글로 써 놓는 게 제일 무난할 것이니까. 그런데 좌담회는 술 취해서 흑작질이 나와야 재미나는 것인데……. (웃음소리)

본지 측 그러시기 아야 술을 자꾸 좀더 하시라니까요.

오기영 그러다가 가물치적 얘기가 나오면 야단입니다. (웃음소리)

서항석 난 또 일이 있어서……. (하시며 자리를 머뭇거리시니까)

정지용 난 여기가 참 좋은데, 우리 집보다 깨끗하겠다, 술이 있겠다, 돈이며 친구가 있겠다…….

오기영 이번엔 어디 우리가 지금까지 어떻게 굶어 죽지 않고 살아왔나 그 묘방(妙方)이나 공개하는 게 어떨까요?

굶는 것 주장하는 대통령 후보에는 투표할 수 없소

서항석 내 지금까지 어떻게 살아왔는지 참 용하거든, 뭐 아무것도 하는 것 없이…….

정지용 아무러니 서 형이 그래 군정청 직원들보다야 나은 셈이지 왜 그래. 극단 일을 보면서 3,500원만 생기겠소 그래. (웃음소리)

서항석 아니야, 난 군정청에서 3,500원으로 살아갈 수 있는 강습회 같은 것을 열어준다면 내 누구보다 먼저 뛰어들어갈 생각이요. (웃음소리)

정지용 지금까지 살아온 게 참 기적이거든. 그런데 난 앞으로 이렇게 하면 좋을 것 같은데. 즉, 월급 나오는 것만 먹고 모자라는 건 안 먹기로. 그러니까 한 달 월급으로 열흘만 먹을 수 있다면 나머지 스무 날은 단식을 하거든. (웃음소리) 저기 간디는 30일씩 단식을 해도 죽지 않는데 그까짓 스무 날쯤 굶어도 죽지 않을 것 아니야.

채정근 그러고 보면 굶어 죽는 사람은 절대로 없는 게지요? 모두 심장마비로 죽지.

정지용 그건 좀 말이 다르지. 죽는 사람이 어디 먹고서 죽소. 죽을 때에는 밥을 못 먹으니 굶어 죽는 게지. (웃음소리) 그래 난 아주 낙천가가 될 작정이야. 보름 굶어서는 안 죽을 터이니까 월급만큼 먹으면 다음은 안 먹기

로 하고. (웃음소리)

서항석 총선거 때에 당신은 절대로 입후보 마셔야 하오. 왜 그러냐면 나 같은 사람은 절대 당신에게 투표는 안 할 것이니까. 어느 누구나 굶어죽기는 참 싫지 않겠소. (웃음소리)

채정근 얼마 전 식량 문제가 시끄러웠을 때 어떤 미군 장교가 "왜 조선 사람은 쌀만 먹느냐. 고기와 과실이나 채소 같은 걸 먹으면 어떠냐?'고 했다지만 나는 이런 경험이 있지요. 모 전문학교 미국인 교장이 어떤 날 "밤에 자기 전에 사과 한 알 먹으면 좋은데 조선 학생들은 왜 안 먹는지 모르겠소." 하겠지요. 그래 내 말이 "한 알 말고 두 알 먹으면 더 좋습니다." 했지요. (큰 웃음) ……그래도 일제 때에는 쌀이 모자라면 현미를 먹으라고 했는데 이건 참 얼토당토않은 말이거든요.

정지용 현미 장려하다가 일본은 망한 게야. (웃음소리)

굶어 죽지 않는 묘방 ㅁ ㅁ ㅁ 이렇게 하면 된다

오기영 어째 굶어 죽지 않는 묘방(妙方)은 그리 신통치가 못한데요. 무슨 그럴듯한 묘방은 없을까?

서항석 왜 없어? 이렇게 하면 십상일 줄 아는데. 거 자기 부고(訃告)를 친구들한테 내거든. 부의금이 들어올 것 아니오. 그럼 그 돈을 쌀 팔아먹음 되잖아? (웃음소리) 이 묘방엔 이점이 두 가진데 다른 한 가지 이점은 뭔고 하니 부의금의 다과(多寡)가 있을 게라 생전에는 친한 체하던 녀석으로 눈꼽떼기만큼 싸오는 녀석도 있을 게고 또 뜻밖에 많은 돈을 싸오는 사람도 있을 게고 해서 두루두루 사람들의 마음도 떠볼 수 있고……. (웃음소리)

채정근 그것 참 묘방 중의 묘방입니다. 그까짓 하루쯤은 관 속에 들어간 셈 쳐도 며칠은 문제없이 먹을 수 있을 터이니요. (웃음소리)

서항석 관에 들어가 있을 필요도 없지. 안방에 앉았어도 되지.

정지용 자 그럼 이제부턴 그런 궁상스러운 이야기는 그만하기로 하고 우리 요새 이른바 민주주의에 대한 이야기 좀 합시다. 대체 요새 인민 인민 하는데 인민이란 말은 어쩐지 거슬리는 것 같지 않아?

오기영 그럼 옛날대로 신민이라고 하시구려.

채정근 정 선생이 언제인가 일본말을 한번 실컷 써 보고 싶다고 하신 일이 있는데…….

정지용 그 일본말, 술주정할 때와 전투용어로는 참 으뜸이거든. (웃음소리)

이름 미상 그리고 왜 여편네와 다툴 때도 쏠쏠한 게 더러 있지요, 왜.

정지용 난 며칠 집엘 안 들어갔더니 여편네한테 혼날까 무서워서 집에 가기가 거북한 판이란 말야.

오기영 그런 때의 좋은 묘방을 내 가르쳐 드리리다. 그럴 때엔 아침 일찍 들어가는 게 제일입니다. 아, 여편네가 왜 이렇게 늦었느냐고 짜증을 내거든 이렇게만 하시오. "아 꼭두새벽인데 이보다 어떻게 더 일찍 들어오느냐"고.

박용구 그럼 이번에는 언론 자유에 관한 이야기 좀 해 주셨으면…….

정지용 나는 요즘 언론 자유라는 걸 이렇게도 보지요. 말하자면 마음대로 할 수 있는 자유와 도대체 안 하는 자유와. 신문을 좀 보지 이렇게 써도 안 되고 저렇게 써도 안 되고 그러니까 아마 요즈음 신문은 사설 없는 신문이 그렇게 흔해지는 모양입니다. 그것이 제일 자유이거든. (웃음소리)

정지용 씨의 언론 자유와 풍화작용

박용구 대체 언제쯤이나 자유로운 언론이 있을 수 있게 될까요?

오기영 그건 갑자기는 바랄 수 없을 것 같아.

정지용 대강 시간으로 쳐서 언제쯤일까?

오기영 내 표준으로는 내 나이 한 70이 넘어서 ……. 그렇게 되면 대개 망령 부려도 좋은 나이일 테니까. 거 늙은이가 망령 부리는 거까지 누가 뭐라 하겠어. 그때에는 마음놓고 무슨 소리라도 할 수 있겠지. (웃음소리)

정지용 그거 풍화작용으로 되는 셈이게 그럼. (웃음소리)

서항석 나는 이렇게 생각하지. 군정이 없어지고 '사병'이 없어져야 자유도 독립도 있게 될 것이라고.

박용구 '사병'이라니요?

서항석 사사로울 '사(私)'에 병졸 '병(兵)' 자요.

오기영 아까 내 말엔 여러 사람이 공명할 수 있을 줄 알아요. 그때가 오면 마음대로거든. 망령 부리는 늙은이를 그래 어떻게 한들 그거 고쳐 낼 수가 있겠소? (웃음소리)

정지용 (속기자를 보시며) 여보, 이 대목의 제목을 거 '언론 자유와 풍화작용'이라고 붙이시오. (웃음소리)

문패를 보고 걸어 나가는 세상

박용구 어떤 젊은 친구의 말이 "버젓이 문패를 달아 놓고 살아 봤으면 마음이 날아갈 듯하겠다."고 하는데 여러분의 문패에는 이상들 없으십니까?

오기영 거 참 나도 그래. 내가 문패를 세 번이나 잃어버렸거든요. 거 문패값도 요새는 하찮은 때라 그런 모양이거든요. 문패 하나 만들 때도 돈 100원 하니까 남의 것을 그렇게 떼어 가는 모양이거든. 나는 얼른 문패값이 한 5전이나 10전 하는 시대가 왔으면 좋겠더구만. (웃음소리)

정지용 대관절 왜 그렇게 값나가는 문패를 붙여 놓고 잃어버린다는 타령이시오. 대리석 같은 값나가는 것을 붙이니까 거 남이 탐나서 떼어 가는 것이겠지 뭐요. (웃음소리)

오기영 그건 모르시는 말씀이고. 대리석으로 파서 만든 문패는 떼어 가라고 고사를 지낸들 떼어 갈 친구 없습니다. 그렇지만 나무쪽이니까 그까짓 거 떼어다가 대패로 싹 밀어서 다시 사용할 수 있다는 뱃심이지요. (웃음소리)

정지용 그럼 종이쪽에다가 오기영이라고 써 붙여 두심 제일 안전하겠소이다. (웃음소리) 참 이러고 보니 오늘 좌담회는 독설 좌담회가 아니고 넌센스 좌담회군 그래. (웃음소리)

채정근 전의 일인데 일제시대에 권 모 씨라는 분이 남의 집 대문간에서 제사를 지냈다는 얘기가 있지 않소. 자기와 가장 친하던 ○○ 씨가 자기에게는 알리지도 않고 총독부 역사편수관으로 취임을 했었던 것인데 지금이면 공보부 발표겠지. 발표가 되던 날, 이 벼슬 양반이 집에 앉아 있으려니까 밤도 으슥한데 대문간이 어수선하더래. 그래 내다보았더니 자기 친구가 상에다 술을 따라 놓고 곡을 하고 있단 말이지. 그래 "아 자네 이거 웬일인가" 하니 그 권 모 씨의 말이 걸작이지. "에이, 이 더러운 놈의 귀신, 술 얻어먹으려 내려왔느냐?" 하며 술잔을 집어 내던지고는 (웃음소리) 그 후부터 절교를 했다는데 참 그분의 해학(諧謔)도 굉장하지.

정지용 그분이 그런 일이 있었어?

채정근 그럼, 헌데 그 권 모 씨에 또 재미있는 얘기가 있지. 그분이 술이 굉장한 양반인데 집까지 팔아서 술을 먹었대. 그런데 집 판 돈이 날마다 조금씩 술값으로 달아나고 맨 나중에 한 5, 6원밖에 안 남았더래나. 이 양반이 친구들을 데리고는 만판 술을 자시고 나서 "이놈 이놈!" 하고 배를 툭툭 두드리더래. 그래 다른 사람들이 어리벙벙해서 있는데 "이놈 어제까지는 내가 네 속에 있었지만 이제는 네가 내 속에 있구나!" 하였대. (웃음소리)

별명에 나타난 민주 정신

서항석 그런데 정 선생 별명이 학교에서 무엇이오?

정지용 별명이란 남이 붙이는 것인데 어떻게 내가 안단 말이오. 허긴 일본말로 '와라이노맨', '신경통' 그리고 또 '마사무네'라고도 하던가……. 왜 정종(正宗)인가 했더니 정지용이 줄어들어서 '정종'이 된다나. (웃음소리)

서항석 참 학생들이 별명은 잘 지어 내거든. 내 아는 어떤 선생의 별명이 콩자반이라고 하는데 (웃음소리) 왜 그런가 하니, 2층 층계를 올라갈 땐 콩콩콩 소리를 내어 올라가서, 내려올 때는 가만히 자반 자반 내려오지 않습니까. 그래 콩자반이라고……. (웃음소리)

오기영 이건 또 자유 얘기로 돌아가는데 내가 감옥에 있을 때의 경험인데 거 아침이 되면 죄수들의 점검이 있지 않습니까. 몇 번, 몇 번 하고 번호를 간수가 부르면 하이, 하이 대답을 하는 시간이 옵니다. 그런데 이것을 일러 죄수들이 명명하기를 "간수가 아침 문안을 여쭈러 온다."고들 합니다. "이제쯤이면 간수가 문안 여쭈러 올 시간인데……." 하고 어떤 때는 궁금히 기다리는 때도 있습니다. (웃음소리) 이러고 보면 자유란 가까운 데 있는 것이거든요. 혼자 무엇을 생각하든 이것은 제아무리 감옥 안이건 절대 자유란 말씀이에요……. (웃음소리) 그 누가 혼자 생각하는 것 아랑곳하겠습니까. 그러니까 자유란 아마 이불 속에 있는 것인가 봐. (웃음소리)

서항석   어느 날 대한문 앞을 지나다가 순경이 죄수 하나를 묶어가지고 가는 걸 보니까, 어쩐지 속으로 웃음이 납디다. 가만히 보니 죄수가 묶여 가는 건 사실이지만 그를 묶어 가지고 가는 순경도 묶인 줄에 매달려 가는 폭이 아닐까 생각해서…….

채정근   그래 이런 얘기가 있지요. 순경이 죄수를 묶어 가지고 가는데 죄수가 순경을 돌아보면서 "나리 제발 나를 놓아 주시구려. 저한테 달려먹는 사람 생각을 해서라도……." 하니까 순경이 "이놈아 아까 네놈 말이 처자도 권속(眷屬)도 없다고 하잖았어? 너한테 달려 먹는 놈이 누구야?" 하고 꾸짖으니까 죄수의 대답이 그럴듯하거든요. "말하자면 나리 같은 분들이 많잖습니까? 저희가 없으면 나리들이 어떻게 밥을 먹어요?" 했다나요. (웃음소리)

서항석   한 번은 세금을 늦게 안 내었더니 세무서원이 집에 와서 어찌도 딱딱거리는지 하도 딱하기에 내 이렇게 말한 적이 있습니다. "나같이 세금을 제 기일에 못 바치는 사람이 있기에 당신들이 월급을 받아 살지 모두 잘 낸다면 당신들은 어디 가 월급을 받겠소?" (웃음소리)

박용구   요즈음 보면 목사님들이 군정 요인으로 많이들 자리를 잡으시는 것 같던데요…….

채정근   그건 참 좋은 일이야. 하루바삐 천당 같은 조선이 되지 않겠어. (웃음소리) 그런데 가톨릭에서는 그리 많은 것 같지 않은데…….

정지용   왜 그래, 더러 있을걸.

서항석 어떤 친구의 말이 관리들이 붓을 놓으라고 할 때 일제히 붓을 놓는다면 독립도 된다고 했는데 그 말에 동감이오. 민족이 놓으라고 요구할 때 다 그렇게 하면 될 거거든.

오기영 인민을 다 한데 모은 것이 이를테면 민족이라고 하는데…… . 누가 붓을 놓으라고 합니까? 그 중에서 누가 그런 말을 합니까…… . 흔히 3천만 민족이라고 하는데 이 말은 좀 그릇 쓰이는 것 같아. 어디 조선이 단일 민족이지 3천만 민족입니까. 그런데 요즈음 3천만 민족이라는 말이 퍽 퍼져진단 말이에요.

서항석 지금 오 형 말마따나 참 수정해야 할 것이 한둘이 아니야. 날 보고 어떤 신문사에서 주필이니 뭐니 하고 나와 달라는 말도 있었지만 나는 교정 일을 하고 싶습디다. 보면 문교부 편수과 같은 데의 일도 믿을 수 없는 것이 수두룩하단 말이야.

오기영 그것보다도 이건 더 생각해 볼 문젯거리입니다. 소 이야기가 쓰여 있는데 보니까 "소는 부지런한 짐승이다. 유순한 짐승이다. 소는 죽어서도 가죽을 남기고 고기와 뼈도 사람에게 바친다……" 여기서 말하고자 한 것은 아마 근로, 복종, 봉사를 가르치자 한 것 같은데, 이런 정신이 그대로 아이들에게 필요할까 퍽 의문이거든요. 이건 덮어놓고 전체주의 교육이지 어디 민주주의 교육이라고 할 수 있겠어요?

정지용 일근(一勤) 천하에 무난사(無難事)구만. 그건 일본식 교육이 그와 똑같았거든. (웃음소리)

오기영 시험 문제에 "소는 어떤 것이야?"쯤이 나오는 건 또 모르지만 덮어놓고 근로만 하고 복종만 하고 봉사 또는 희생만 하라는 식의 사상을 생도한테 주입시키는 결과가 되면 어쩝니까? 일제 때도 이렇더니…… .

배꽃 계집애 오로지 오래 배움집은 어디 있나

서항석　횡서(橫書)는 또 어떻습니까? 그보다도 더 조선 글자를 무슨 로마자 같이 억지로 고안한다고 한 분들이 있는 것 같은데 이건 만대(萬代)의 죄악을 지을 자들입니다. 초서면 빨리 쓰게 만들면 될 것이지 남의 것 흉내도 한도가 있지 선인의 독창에 모방의 오점을 더해야 시원할 게 뭐람.

정지용　산술이 셈본, 삼각형은 세모꼴. 이러다간 조선이 문화국은 다 되겠어. 앞으로 조선에도 외국 유학생들이 오거나 할 것이고 또 그래야만 조선도 문화국의 체면을 갖출 텐데 '셈본'이니 '세모꼴'이니 하면 우선 우리말 배우기에 귀찮아서 달아날게요. 그렇게 어려운 언어를 어떻게 외국 학생이 알아내겠어……. 유학생 하나 배겨날 수 없는 나라라면 무슨 문화국이라고 면목이 서겠소. (웃음소리)

서항석　기막힌 것은 어떤 어학자 한 분이 한자를 폐지하자는 글을 쓴 것을 읽어 본 일이 있습니다. 아, 그 글을 그대로 시험 삼아서 다시 한번 써 놓고 보았더니, 놀랍게도 토(吐) 이외에는 하나도 조선말이 없지 않겠습니까. (웃음소리)

정지용　그건 순수의 해독이군. 순수 언어의 해독이야. (웃음소리)

오기영　비행기는 날틀, 전문학교는 오로지 오래 배움집. 이러다간 볼일 다 볼 판이거든.

본지 측　그럼 정 선생 학교는 뭐라 해야 할까?

박용구　'배꽃 계집애 오로지 오래 배움집.' (웃음소리)

정지용　독일식으로 장갑을 손구두라더니 구두를 손에다 신어 보긴 처음일걸. (웃음소리)

서항석 제한하는 것은 좋지만……. 내 한 가지 걱정되는 것은 지금부터 국민학교를 나왔댔자 사회의 급사 노릇 하나 제대로 못 시켜 먹을 것이니 걱정이야. 어디 문패 하나 알아보는 애녀석 있겠어야지.

오기영 급사는 그래도 시켜 먹겠지만 우편 배달은 정말 못 하겠는걸.

정지용 급사가 아니라 그건 방자라야 해. (웃음소리) 참 보건대 고집을 그대로 고집하는 사람들의 정력이란 무섭거든. 나는 도무지 그런 정력이 없어 놔서…….

서항석 그런 데에 고집이 되어 있는 게지요. 고집이 아니다 하고 고집하는데 그것이 고집이거든.

정지용 내가 보기엔 술 먹는 사람들은 정말 고집이 없는 것 같거든. 그러니까 술 취한 사람은 순경이 그렇게 까다롭게 취체를 않는가 봐. (웃음소리)

오기영 왜 그래요. 유치장에 들어가 보면 대개 언제나 토요일은 만원이 되는 법인가 보던데. 술 취해 가지고 들어와서 덩실덩실 유치장에서 춤을 추는 것도 구경한 일이 있소. 그러고 보면 취체하는 것이 아니라 아마 이건 보호해주는 셈이 될지도 모르지. (웃음소리)

채정근 이만하면 술값은 된 게 아니야?

오기영 (속기자석을 돌아보시며) 그런데 어떤 좌담회든지 끝머리가 뭐 "오랫동안 좋은 말씀을 해 주셔서 고맙고 어쩌구저쩌구" 하는데 그건 다 집어치우고 독자들에게 오랫동안 시시한 것을 읽어 주시느라고 수고했으니 고맙습니다라고나 쓰라고.

(일동 주섬주섬 일어나신다.)

서항석 (정지용 씨를 보시며) 그 모자가 소방대 모자 같구만. (웃음소리)

정지용 왜 모자 여하에 사람이 달렸어?

서항석 그럼 요새 모자 벗으면 아무것도 아닌 건깡깡이들이 모자 덕에 유명들 하니까 말이야.

　　정지용 아니 그럼 정지용이가 이 모자 때문에 정지용일세 그래. (하시며 모자를 벗어 팽개치신다.)

[신간평] 『전환기의 이론』

—《한성일보》, 1948. 6. 29.

우리의 경애하는 철학도 신남철 형의 근저(近著) 『전환기의 이론』을 읽으면서 나는 새삼스럽게 그의 과학 정신에 경의를 표한다.

우리가 얼마나 자주독립을 원하는가, 민주화의 새 나라를 원하는가. 이러한 우리의 염원은 어떠한 역사적 배경하에서 어떠한 과학적 기초 위에서 발현되는 것이며, 그러므로 우리는 어떻게 싸워야 하며 어떠한 건설이 필요하냐는 것을 이 책에서 밝혀 놓은 것이다. '이데올로기'의 역사적 규정을 내리고 정세 파악을 위한 과학적 방법으로서 지금(역사적) 이곳(사회적)의 배경과 지금 이곳의 현실을 구명(究明)함으로써 '우리의 나아갈 길'을 밝혔다.

다시 민족 이론의 3형태, 부르주아 학자의 이론, 사회민주주의자의 이론, 맑스주의자의 이론을 검토하고 새 나라 건설의 기본 문제로서의 교육 문제에 논급(論及)하였다.

저자는 이미 교단에 선 지 10여 년이므로 그 경험을 통해서도 더욱 그러하겠지마는 인간의 독창성의 개발과 교육 작용의 원리를 결부시키는 동시에 조선 교육 건설상의 제 문제에서 기본 방향의 구체적 전개를 시험하고 민족 문화 건설 대책에 전문적인 뚜렷한 일가견을 여기에 피력하였다. 그러므로 본서야말로 지금까지의 비과학적이요 무원칙, 무사상한 모든 행위를 청산하고 과학적 방법으로써 진리에의 감각을 소생시키기 위하여 현실을 분석하고 당면 정세를 파악함에 많은 사람에게 '반성의 시간'을 위해서 가장 필요한 양서일 뿐만 아니라 나로서는 해방 이후 유일의 고귀한 '철학자의 생산'이 바로 이 책이라고 주저 없이 말하는 바이다. (백양당 판, 정가 400원)

분화구상의 대한민국,
외군 주둔은 민족적 요청인가(1~3)

─《민주일보》1948. 9. 14.~16.

〈1〉 1948. 9. 14.

한미협정이 대한민국 대통령과 미 주둔군 사령관 간에 조인되어 "미군 주둔은 대한민국의 요청에 의하여서"라는 공식상 명분이 생기더니, 다시 작금의 외전(外電)은 내무 장관이 외국 기자에게 "미군은 3년은 더 계속 주둔하기를 요청한다."고 발언하였음을 전하고, 또다시 대통령 특사가 일본에 가서 "미군은 남한에 무기한 잔류하기를 희망한다."고 발언하였음을 전하고, 또다시 UN에 파견되는 정사(正使)·부정사(副正使)가 뉴욕에서 "평화와 질서가 회복될 때까지 미군의 계속 주둔을 희망한다."는 발언을 하였다고 보도되고 있다.

미국은 이미 대한민국을 사실상 승인하고 있으니까 이상의 협정 또는 당로(當路) 책임자들의 담화 발표는 곧장 그것이 대한민국에 포섭되어 있는 민족의 의사라고 생각할 것이다.

그러나 이것이 과연 민족적 의사인가? 미국은 미국의 필요가 있음으로 하여서 이것을 민족적 의사라고 인정한 것이지만, 우리는 또 우리의 운명은 우리가 자결할 권리를 주장하는 입장에서 이런 의사는 단연코 민족적 의사가 아닌 것을 주장하지 아니치 못한다.

애초에 38선을 획정하고 미소가 분점할 때에 그들은 일본군의 무장해제와 항복을 받기 위한 군사상의 단순한 이유라 하였지만 조선 민족으로서 어느 누구도 이것을 쾌히 승인한 바가 아니다. 조선 민족이 승인한 바가 아닌 이 38선에 의한 미소의 분점은 그 단순하다던 군사상 형편이 복잡한 정치상 기괴를 낳았고, 마침내 새로운 의미에서 중대한 군사상 필요로 발전한 오늘에도 우리 민족 자신으로서는 그것을 승인하지 못하는 바다. 미(美)나 소(蘇)나 그들의 말이야 어떻거나 그들은 이 강토를 자기 세계의 이념의 전장으로 삼았고, 이 민족을 그 투쟁의 도구로 이용하였음을 아니라 하지 못할 것이다. 그런데 이제야 외군의 계속 주둔은 다시 더 중대한 군사상 이유가 있음을 간파할 때에 그것은 이 강토가 단순한 정치상 이념의 전장으로부터 자칫 포문을 열어야 할지도 모르는 백열전장으로 화하는 것임을 말하는 것이니 우리는 해방의 대가로 어육의 신세가 되기를 거부하지 아니치 못하는 것이다.

의례히 말하기를 남에서 미군이 물러가면 북에서 공산군이 남하하리라 한다. 처음에는 설마하고 의심하고 다음에는 역시 그럴지도 모른다고 의구하고 이제는 꼭 그러리라고 공포감에 붙들려 버리게 되었다.

미국이 남조선 민중의 두뇌 속에다가 이러한 대북조선 강박관념을 부식함에 그들은 많은 시간과 노력을 기울였고, 온갖 기회를 이용하여 공식성명으로 또 보도로 친절을 다하였다. 이리하여 이 민족으로 하여금 38선 너머의 골육을 의심하고 적대하기 위하여 곁에 있는 미군의 무력에 의존하도록 교도하고 있다. 이것이 정당한 일인가?

〈2〉 1948. 9. 15.

　남의 민족의 분열을 조장하고 그 분열된 약소민족을 도구로 삼아서 자국의 대외 정책을 추진하는 것은 도의적이 아니다. 우리는 4천 년이나 살아오며 고유문화와 전통을 세운 이 강토에 외세의 간섭 없는 독립국을 수립할 권리가 있다. 그 독립국의 정치·경제 제도에서도 우리 인민의 자유로운 의사에 의하여 선택할 권리가 있는 것이다. 미국으로서는 그 군대를 주둔시키며 그 권위하의 정권을 돕는 것이 그 자본주의를 보수함에 필요하겠지마는, 이것을 조선 민족이 원치 아니할 때에 벌써 그것은 우호적은 아닌 것이다. 우호적이 아니라 하면, 그것은 조선 민족의 의사를 무시하는 것이다. 조선 민족의 의사를 무시하고서의 조선 독립을 원조한다는 이 기괴한 논리가 군사력과 경제력에 의하여 실천될 때에 우리에게는 어떤 운명이 도래할 것인가.

　얼핏 쉬운 예를 저 그리스(희랍)의 민주주의 원조에서 볼 수 있다. 그리스는 과연 행복스러운가? 미국 콜롬비아 방송국 카이로 특파원의 보고에 의하면, 그리스 정부는 지금 미국의 3억 불 원조에 의하여 15만 정부군은 미국에서 공급한 가솔린으로 질주하는 미국에서 공급한 자동차를 타고 미국에서 공급한 무기와 탄약으로써 반정부파에 속하는 동족을 사살하고 있다. 인민은 하루 20칼로리밖에 먹지 못하는데 군인들은 3천 7백 칼로리의 미국 군량에 의하여 배부르고 있으며, 경제원조의 혜택은 그리스 인민의 2%에 해당하는 특권계급에게 독점되었다는 것이다. 미국 원조사절단 보고에는 "모리배, 무역상, 투기사들은 사치 속에 번영하고 있으며, 대다수의 인민은 벌거숭이 생활을 하고 있다."는 것이다. 정부 시책에 반대는커녕 불평만 말해도 공산 분자로 체포하며, 자유를 주장하면 사살하는 이 정부의 위력이야말로 미국의 민주주의 원조에 의한 것이다. 이것이 그리스만의 일이고 아시아의 일국에는 관련없는 것일까?

대한민국은 미국의 군사력을 무기한으로 머물러 달라고 요청하고서는 무엇을 할 것인가. 향자(向者) 임영신(任永信) 여사가 미국에서 돌아올 때에 미 국무성에 청원하였다는 그 무장원조를 받아다가는 무엇에 쓸 것인가? 이것을 새삼스럽게 물어볼 필요가 있을 것인가? 공연하게 북벌(北伐)이라는 용어까지 나오기에 이르러 우리는 다시 한번 이 위급한 민족의 운명에 전율하게 된다. 우리의 분열을 이용하는 사람에게는 혹은 어떤 이익이 있을 것이로되, 그것이 우리에게 무슨 이익이 있는가? 이익만 없을 뿐아니라 확실히 불이익이 있다. 불이익도 이만저만한 불이익이 아니라 우리는 아주 멸망의 구렁에 빠질 것이다. 그런데 이것이 미국이 자진해서 하는 사업이 아니요, 대한민국의 요청에 의해서 우호적으로 하는 사업이라 한다면 여기서 더 기막힘이 무엇일 것인가.

우리는 일찍이 이 땅에서 벌어진 청일전쟁을 기억하는 것이다. 러일전쟁도 기억하는 것이다. 싸우기는 그들이 싸웠으나 싸운 목적은 조선 민족의 운명을 누가 잡느냐 하는 것이 아니었더냐. 그 싸움 통에 어육의 화를 입은 주인공은 조선 민족이 아니었더냐. 그보다도 더 멀리 임진왜란에 우리는 왜화(倭禍)를 막아 달라고 명을 청해 들였었다. 그 결과 어떠하였던가? 왜에 쫓기고 명에게 짓눌린 민족의 운명은 어떠하였던가? 그러기에 천 2백 년 전 신라의 삼국통일의 위업은 위업이면서도 그 속에는 위대한 죄악이 섞여 있는 것이다. 이 신라의 당군을 불러들였던 그 소위야말로 이 민족이 외세를 불러다가 동족을 친 최초의 죄악이었다. 그런데 우리는 지금도 외세를 불러서 동족을 치잔 말인가.

〈3〉 1948. 9. 16.

더구나 오늘의 세계정세는 한 줄거리에 연결되어 있다. 이 아시아의 일
각 조그마한 조선땅에 벌어지는 사태라 하여서 그냥 이 나라 안의 풍운에
그칠 것이 아니다. 38선에 총성이 한 번 들리면 그것은 곧장 지구 전체를,
인류 전체를 전화(戰禍) 속에 몰아넣을 위험한 가능성을 가지고 있지 아니
한가. 하다면 동족상벌에 그쳐지는 것이 아니라 실로 인류 전체에 화를 끼
치는 거기에까지 이르를 것이다.

남북의 피차 주장과 명분은 어떻거나 실제에서 지금 이 땅에는 단일민
족을 쪼개 가지고 두 정부가 섰다. 이 사실 자체가 이미 내란적이요, 이 내
란적 상태가 자칫 빗나가면 우선 우리 자신이 죽고 그리고 세계화하는 전
화를 일으킬 것이다. 우리는 이것을 희망할 수가 없다.

필자는 다른 기회에 현재 우리의 이 내란적 상태에 대하여 그 책임을 미
소로부터 우리 민족 자신이 떠맡게 되었음을 지적한 바 있었다. 즉 남북의
두 정부는 각기 그 군정으로부터 정권을 이양했을 터인데 이것은 동시에
민족 분열과 강토 양단에 대한 책임까지도 이양받는 것이다. 지금까지는
미소의 분점 책임에 속하던 38선이요 조선 민족은 그 철폐를 주장하였으
나, 이제부터는 대한민국과 조선인민공화국의 국경이 되는 것이며 그런지
라 민족 분열과 강토 양단을 민족 자신이 수긍하는 결과가 되게 되었다.

그런데 만일 한 정부는 미소 양군의 즉시 동시 철퇴를 주장하고 요구하
는데, 한 정부는 미군에 한해서는 무기한으로 있어 달라 한다면 그 결과는

또 어떻게 될 것인가? 미군을 그냥 무기한으로 있어 달라는 요청은 실질에서 소련군도 그냥 무기한으로 있어 달라는 것이 될 것이다. 미군이야 계속 주둔할지라도 소련군이 철퇴할는지 그것은 알 바가 못 되지마는, 안 철퇴할 충분한 이유가 되는 것만은 틀림없는 일이다. 다만 미·소 양군은 그냥 주둔하고 38장벽도 의연한 채, 이 내란 상태의 무기한 계속에 대한 책임은 누가 져야 할 것인가. 외군(外軍)은 물러가라는 편이 져야 할 것인가, 외군을 머물러 있어 달라고 하는 편이 져야 할 것인가?

여기 대한 책임을 지는 편이 앞으로 이 내란의 발전에 대한 책임도 져야 할 것이거니와 민족이 원치 아니하는 이 내란 상태, 인류가 원치 아니하는 3차 전화를 준비하는 사업은 조선 민족의 자주독립을 위해서나 인류 평화를 위해서나 단연코 불필요한 사업일 것이다.

이로써 우리는 분화구상에 춤추는 대한민국을 응시하는 것이다. 자국 영토를 외군의 전장으로 제공하고 외군의 주둔하에 자주 정부가 있었더라는 역사를 읽어 본 일이 없는 사람이면, 오늘날 저마다 아무리 자주독립을 사자처럼 외칠지라도 자주독립이 아니거늘 그 외군의 계속 주둔을 요청할 때에 대한민국의 자주성은 시인하지 못하게 되는 것이다. 하물며 이것이 새로운 자멸적 동족상벌과 세계 전화의 원인이 될 것을 두려워할수록 지금 대한민국은 분화구상에서 춤추고 있음을 민족적 입장에서 지적하는 바이다.

외군(外軍) 주둔하에 자주독립국이 있을 수 있는가?

— 『새한민보』2권 18호, 1948. 11. 11.

1.

우리가 먼저 생각할 것은 미국 군대가 이 남조선에 처음 진주해 오던 목적과 그동안 주둔하던 목적과 앞으로 주둔하려는 목적은 동일한 목적이 아니라는 점이다.

그것이 무슨 말이냐 하면, 처음 미군이 진주해 온 목적은 일본군의 항복을 받고 그 무장을 해제하는 동시에 이 땅에서 일본 세력을 완전히 추방한다는 그것이었다.

이 목적은 이미 완수되었다. 그러니까 미군은 물러가야 할 것인데 그들은 조선의 완전 독립을 보고야 가겠다고 주둔 목적을 변화한 것이다. 그러나 이 목적은 용이하지 않았다.

우리가 처음 생각하기는 일본군만 쫓아 버리면 우리는 우리 조선 민족의 자주적 입장에서 독립국가를 건설하려던 것이었더니, 38선을 경계로 분점(分占)한 미소 양군은 그들이 협력하여 조선 독립을 원조한다는 것이었다. 그러나 미소의 협조는 용이치 않고 점점 더 그 대립이 격화하니 그들의 협조에 의한 독립은 절망 상태에 빠져 버리게 되고 말았다.

드디어 미국은 이 남조선에서, 미국 단독의 원조로라도 독립국가를 세우기로 한 결심에 오늘날 대한민국의 수립을 보게 되었다.

이 대한민국은 독립국이라 한다. UN에 대표를 파견하여 그 가입을 요청하는 동시에 국제적 승인을 요청하게 되었는데, 이것은 물론 소련의 거부에 의하여 가망이 없는 일이다. 그러나 미국은 이미 사실상 대한민국을 승인하고 있다. 즉, 다른 나라야 뭐라 하거나 미국은 대한민국을 독립국으로 사실상 승인하고 있다. 그러면 독립하면 물러간다던 미군은 물러가야 할 것이 아닌가? 그럼에도 불구하고 그들은 이번에도 물러가지 않을 작정이다. 그러니까 또 한 번 목적을 변경할 필요가 생겼다.

이번에 내세운 목적은 무엇인가? 남에서 미군이 물러가면 북에서 공산군이 남하할 터이니까 안 되겠다는 것이다.

처음에는 일본군을 쫓기 위하여, 그다음은 독립을 돕기 위하여, 그다음은 북의 공산군을 막기 위하여, 이렇게 미군 주둔 목적은 세 번째 변화되고 있다.

미군이 물러간 뒤에 과연 북에서 공산군이 남하할지 안 할지 그것은 우리가 알 수 없는 일이다. 그러나 소련군이 남하하지는 않을 것 같다. 이건 어째서 그렇냐 하면 소련군은 이미 1948년 1월 말까지 철퇴하자고 제안하였던 나라다. 그런데 미군이 철퇴한 뒤에 남조선을 점령한다든가 하는 일이 생기면 그것은 미소 전쟁을 말하는 것이니까 전쟁을 하지 않으려면 소련군이 남하하지는 않을 것이다.

그러니까 미군은 북의 소련군이 남하하리라는 말이 아니라 조선인 공산군이 내려오리라고 말한다.

여기 주목할 점은, 우리는 일본 세력을 쫓아 주기 위하여 오는 해방군으로서의 미군을 환영하였는데 그들은 어느 틈에 공산주의 세력을 막아 내기 위한 방공군(防共軍)으로서 주둔하고 있게 된 것이다.

공산주의를 싫어하거나 자본주의를 싫어하거나 또 어느 것을 좋아하거나 이것은 조선인의 권리요 미국이 간섭할 바가 아니다. 즉 우리는 4천 년 전 우리 조상부터 살아오면서 고유의 문화를 가지고 있는 이 땅에 우리 민족의 자결(自決)에 의하여 독립국을 건설할 권리가 있고 또 그 정치 경제 제도도 우리 민족의 다수 의견에 의하여 선택할 권리가 있다.

그런데 미국은 북의 공산군이 남하할까 봐 그것을 막기 위하여 그냥 주둔한다.

그러면 북에서는 또 남의 자본주의 세력이 북상할까 봐 막아 내는 세력을 만들어야 할 것이요, 동시에 미군이 물러가지 않으면 소련군이 물러나지 않을지라도 아무도 이것을 부당하다고 말하지 못하게 되어 있다. 두말할 것 없이 남에 미군이 계속해서 주둔하는 것은 북의 소련군보고도 그냥 있으라는 말이 된다. 이러한 상태하에서 대한민국은 과연 완전한 독립국일 수 있는가 하는 것을 이제부터 살펴보기로 한다.

2.

대한민국은 독립국이라 한다. 그러나 미국 군대는 그냥 주둔해 있다. 그 뿐 아니라 이 대한민국은 조선땅 절반에 수립된 나라요 북쪽 절반에는 소련군이 그냥 주둔하고 있고 거기에는 조선민주주의인민공화국이 수립되어 있다.

어느 것이 옳고 어느 것이 그르다는 것은 보는 편에 따라서 다를 수가 있다. 그러나 어느 편이나 다 같이 아니라 하지 못할 엄연한 사실은 이 하나의 조선땅에 대한민국과 조선민주주의인민공화국이라는 두 나라가 생겼다는 사실이다. 동시에 남에는 미군이 북에는 소군(蘇軍)이 그냥 주둔하고 있다는 사실이다.

그러면 이 조선땅은 3년 동안 우리가 겪어 오던 그대로 미소 두 세계가 다투는 하나의 전장인 것이다. 지금까지는 이른바 이념의 전장이지만 만약 사태가 악화되면 정말 포화를 겨루는 제3차 세계대전의 서막을 여는 전장이 될지도 모른다.

우리는 이 조선땅은 두 해방군에 의하여 다시 전장으로 화하여 있다는 것을 확실히 깨닫고서 대한민국은 과연 독립국인가를 생각해 볼 필요가 있다. 이 세상에는 아직 한 번도 남의 전장에 남의 군대가 주둔하고 있는 천지에 자주독립국이 있어 본 적이 한 번도 없다. 어느 역사를 뒤져 볼지라도 없는 것이다. 하물며 양대 세력이 다투는 짬에 끼인 나라가 자주독립국이었던 예가 없고, 그 영토 내에 양대 군대가 분할 점령하고 있으면서 자주독립국이 있어 본 일은 없다. 그건 절대로 없는 일이다. 과거에도 없고 현재도 없고 장래에도 없을 것이다. 결코 없을 것이다.

이것은 인류 역사를 들춰 보고서만 우리가 깨닫는 것이 아니라 우리 조선민족의 1,300년 동안의 역사에서 여러 번의 경험에 의하여 확실한 것이다.

우리는 일찍이 조선 강토 내에서 청일전쟁이 벌어졌던 것도 기억할 필요가 있다. 청일은 왜 싸웠던가? 일본땅도 아니요 청국(淸國)땅도 아닌 이 조선땅에 와서 왜 전쟁을 하였던가? 러일(露日)은 왜 싸웠던가? 역시 일본땅도 아니요 러시아땅도 아닌 이 조선땅에서 왜 싸웠던가?

그들은 모두 조선땅을 탐해서 싸운 것이었다. 싸우기는 그들이 싸웠으나 죽을 곤경은 조선 민족이 겪었던 것이다.

다시, 청일전쟁의 뒤끝에 소위 시모노세키(下關)조약에 의하여 조선은 독립국이 되었다. 그러나 그것은 일본의 군사력에 의하여 되었던 독립이다. 그러니까 마침내는 러일전쟁 뒤에, 이 조선을 탐내던 청국과 러시아를 쳐 물리친 뒤에 일본 군사력하의 독립국 조선은 일본의 보호국이 되었고 드디어 한일합방에 의하여 망했던 것이다.

좀더 역사를 뒤져 올라가면 지금부터 300년 전 임진왜란을 볼 수 있다. 그때 왜적이 우리 영토를 침입하매 우리는 이 왜적을 막아 달라고 명나라 군대를 불러왔다. 그 결과는 어떠하였나? 왜(倭)에게 쫓기고 명에게 짓눌렸던 것이다. 왜는 적이라 말할 것도 없지만 우군이라는, 원조군이라는 명군(明軍)에게도 조선 백성은 짓밟혔다. 백성은 굶주리다 굶주리다 못하여 명군이 취한 끝에 토해 버린 것을 바가지를 들고 가서 긁어다가 먹었다고 역사에는 기록되어 있지 않은가! 명군은 우리의 식량을 먹고 우리는 그들이 토해 버린 것을 긁어 먹을 지경으로 굶주렸던 것이니 외국 군대를 불러들인 결과가 이렇게 참혹하였던 것이다.

그러므로 1,300년 전 신라의 삼국통일을 훌륭하다고만 할 수 없고, 그 훌륭한 통일에는 또 위대한 죄악이 섞여 있음을 간과하지 못하는 바이다. 신라는 당나라 군사력을 불러다가 동족을 쳐서 통일을 하였으니 이것이 우리 역사상 외세를 빌려서 동족을 친 최초의 죄악이었다.

그런데 지금 이 현재의 우리 처지는 어떠한가? 미국땅도 아니요 소련땅도 아닌 이 땅에 미군과 소군이 점령하고 있지 않은가. 그들의 군사력을 믿고 만든 나라일 때에 그것이 어떻게 자주독립국일 것인가!

3.
우리는, 우리 조선 민족은 과연 이러한 독립의 원조를 희망하였던가? 물론 미국은 미국의 필요가 있어서 이러한 대한민국의 수립을 원조하는 것이다. 그 필요는 미국 자본주의를 보수(保守)하기 위하여 소련의 공산주의를 방어하는 데 있는 것이다. 미국은 조선에서뿐 아니라 소련을 둘러싼 18개 국가에 60억 불의 막대한 경제적 군사적 원조에 의하여 공산주의 방어에 노력하고 있음을 볼 때에, 그들이 대한민국을 세우고 이것을 원조하는 목적은 진정한 조선 민족의 독립을 원조하는 것보다 더 중요한 목적으로서의 미국 자본주의 옹호의 목적이 있는 것이다.

그러나 우리의 민족적 입장에서 이 목적은 부합되는 것인가? 우리는 과연 미국식 자본주의 경제체제를 그대로 이 나라의 경제체제로 삼아 가지고 이 나라의 발전을 바랄 수 있는가? 우리뿐 아니라 세계가 이것을 희망하는가?

UN 사무총장 '리' 씨의 제3차 UN 연례보고서에도 지적된 바와 같이, 세계는 미국 자본주의적 자유기업제도에 입각한 경제계획을 수용할 수 없다는 것이다.

그 까닭은 이미 자본주의 경제 제도는 인류의 공평한 행복에 반대되는 제도라는 것을 인류는 체험에 의하여 깨달은 것이다. 이제야 자본주의 경제 제도는 수정해야겠다는 주장이 미국 내에서도 일어나고 있다.

그럼에도 불구하고 미국의 정치력을 지지하는 자본주의적 기업가들은 자기네의 이익을 위하여 이 제도의 수정을 거부하고 있다. 거부할 뿐만 아니라 고집하고 있다. 그런데 이 제도는 혼자 고집해서 될 것이 아니니까 세계 여러 나라의 동맹이 필요하여, 그러기 위하여 미국은 60억 불이나 던져서 세계 원조를 하는 것이요 이 대한민국도 원조하려는 것이다.

이로써 우리는 대한민국을 원조하는 미국의 의도가 대한민국을 위해서가 아니라 미국의 자본주의를 위해서라는 것을 확실히 알 수 있는데, 그렇다면 우리는 우리의 자주적 정신으로 우리 의사에 의하여 우리나라의 경제 제도를 선택할 권리를 미국 군대에 내어주고 말게 된 것을 또한 확실히 알 수 있는 것이다.

생각이 여기 이르러 우리는 대한민국은 자주성이 몰각(沒却)되어 있음을 지적하지 않을 수 없는 바이다.

미국이 자본주의를 위하여 소련의 세력을 막아 내는 방공(防共) 지대로서의 대한민국일 때에 이 속에 있는 민족이 미국 민족이 아니라 조선 민족이니까 우습다는 것이다. 우리는 무엇 때문에 미소 두 틈에 끼어서 한편을 막기 위하여 한편의 도움을 받아야 하는가. 그것도 한 덩어리로 뭉쳐서가 아니라 반쪽씩 갈라져 가지고 피차 반쪽씩의 동족끼리 적대하여야 한다니 이런 비극의 주인공의 신세는 마침내 어육(魚肉)의 화를 입을 것밖에는 아무것도 없을 것이다. 그러므로 우리는 우리의 독립을 자결(自決)하고 우리의 정치, 경제 제도를 우리 의사로써 선택할 권리를 주장하기 위하여서는 미소 어느 군대를 불문하고 이 땅에서 물러가라고 요구할 권리가 있다.

그럼에도 불구하고 외국 군대를 그냥 계속해서 주둔해 달라고 요청한다면? 인민으로서는 또한 이것을 반대할 권리가 있다고 믿는다. (1948. 9. 15.)

추기(追記)

본고(本稿)를 초(草)하고 닷새 뒤인 1948년 9월 20일, 외전(外電)은 소련 군이 10월 15일부터 북조선에서 철퇴하기를 결정하였다고 하는 것이다.

이 중대한 사실에 관련되는 본고는 응당 새로운 각도에서 가필(加筆)의 필요가 있음을 인정하는 바이나 시간상 관계로 다음 기회를 기다리기로 한다. 다만 한쪽 군대는 물러가고, 그쪽에는 외군(外軍) 없는 조선 천지가 된다는 그것과 대조되는 한쪽에는 외군이 그냥 있고, 그나마도 있어 달라는 요청에 의하여 있는 공무상 명분하에 계속 주둔한다는 이 사실만을 여기서는 인식하기로 하자.(1948. 9. 21.)

독립과 자주독립: 남한적 현실에 대한 일 고찰

— 『신천지』 3권 9호, 1948. 10. 1.

1. 대한민국의 독립

조선 민족의 주권 회복을 선포하며 1948년 8월 15일 대한민국은 독립하였다.

이날 대한민국 대통령 이승만 박사는, "동양에 한 고대국(古代國)인 대한민국 정부가 회복되어서 40여 년을 두고 바라며 꿈꾸며 투쟁하여 온 결실이 표현되는 것이다." 하였고, 이날을 축복하기 위하여 자리를 같이한 맥아더 원수는 "금일 귀국의 재생은 인류 자유의 이념을 위한 인간 사회에 깊이깊이 뿌리를 박아 영원히 멸할 수 없다는 데 산 증거가 된다." 하였다. 많은 사람의 눈에서 감격의 눈물이 흐르고 가슴속에는 신생 독립 국민으로서의 희망이 솟아올랐을 것이다. 더구나 미국과 함께 중국, 필리핀(比律賓)도 사실상 승인으로써 대한민국의 국제적 지위를 위하여 우호를 보내왔다 함에 이르러 독립국가로서의 객관적 인식을 새롭게 하는 바 있다. 그래서 이날 UN 조선위원단 측의 "귀국의 신정부는 귀국이 국제 가족의 완전한 일원에 도달하는 한 이정표"라는 축사에도 감격한 사람이 많았을 것이다. 그리고 9월 30일 국회에서 행한 대통령의 시정연설에 의하면 "미군정은 8월 15일로써 일단 종결을 고하였고 그간 군정의 행정권 이양에 관한 협정이 한미공동회담을 주축으로 하여 우호 속에 순조로이 9월 11일에 조인되었으니 여기에 <u>민국 국권은 완전히 회복되었다</u>(밑줄 원문 강조)는 것을 확신하는 바이다. 또 국제적 승인 문제도 우리 국가가 연합국의 수차 공약과 그 절대 다수의 지원 후원하에 조직된 국가이니만큼 정의와 평화를 희념(希念)하는 국가는 미국 중국과 필리핀의 뒤를 이어 승인의 우의를 표명할 것을 확신한다." 하고 이미 "대통령 특사를 파견하여 국제연합 국가와의 친선과 외교 협조를 도모함으로써 민국의 국제적 지위를 견고케 하는 데 기여할 것"을 말하였다.

이로써 대한민국의 수립은 장구한 기간 적치하(敵治下)에서 노예적 굴욕을 겪어 온 <u>이 민족의 독립인 동시에 그 국권의 완전한 회복이며 국제적 지위를 획득하는 것</u>이라 하는 것이다. 그러나 한 민족의 독립적 지위라는 것은 그 민족의 자주적인 실력인 한계 이상을 한 치도 더 올라갈 수 없다는 과학적 인과율을 믿는 사람으로서는 이 대한민국의 독립 선포로써 그것이 곧장 이 민족의 자주독립이냐 하는 점에 대하여 엄숙한 과학적 고찰이 필요하다고 생각하는 바이다.

두말할 것도 없이 대한민국은 그 지향하는 바가 '오늘은 정부 수립, 내일은 통일 독립'이라는 거기에서도 분명히 나타난 바와 같이 첫째, 통일 독립이 되지 못한다는 점이다. 그 정치 이념이 어떠하였거나 그 독립의 권위를 그 헌법에 명시된 영토 전역에 걸쳐서 한라산으로부터 백두산에까지 미치지 못하고 있다. 38 이북은 의연히 그 국권 권외에 있다는 이 냉엄한 현실을 부정하지 못하는 바에 대한민국의 독립을 민국 국권의 완전한 회복이라고 하는 것은 그것이 남한적 견지에서만 타당하리라는 것이다. 이에 대하여서는 구태여 부질없는 사족의 논리를 더 필요로 하지 않는다. 그러면 이 남한적 견지에 입각하여 <u>대한민국의 독립은 얼마만큼 이 민족의 주권</u>

을 회복하였느냐 하는 것인지 캐어 보기 위하여 나는 여기에 몇 가지 문제를 제시하는 바이다.

첫째, 이 남한에서 대한민국은 완전히 주권을 회복하였는가?

둘째, 이 남한에서 미국적인 권위는 완전히 물러갔는가? 물러간다면 그 뒤는 완전 자주가 가능한가?

셋째, 미국의 대한(對韓) 경제원조는 과연 우리의 독립 기초가 될 것인가? 이에 의하여 우리는 민족 통일이 가능한가?

2. 미군 주둔과 주권

1948년 8월 24일 대한민국 대통령과 미 주둔군 사령관 간에 한미군사협정이 조인되었다. 이 협정에 대하여 10월 1일 대통령의 기자단 회견담에 의하면, "군사협정은 어느 나라에서나 비밀이므로 국회에 제출할 성질이 아니다."라 하여 국회에 심의 승인이 필요 없음을 명백히 하였다. 그러므로 물론 그 협정의 정문(正文)을 일반 민중이 알 수는 없으나 이 협정 서명이 발표되던 날 보도에 의하면, "이 협정은 잠정적인 것으로 대한민국과 미 주둔군의 안전보장을 위하여 한국 전(全) 국방·군비(경찰, 통위부, 해안경비대)의 통할권(統轄權)과 통수권을 가급적 급속히 점진적으로 이양할 것을 규정한 것이다. 협정 기간 중에는 미군이 통위부와 해안경비대의 훈련과 장비에 관하여 대한민국 정부에 원조를 계속할 것이다. 또한 1947년 11월 14일부 UN총회 제2결의 제4절에 표현된 것과 같이 대한민국에서 철퇴를 완수하기까지 미군 주둔 중에 소요(所要)되는 지역과 기구의 사용을 규정하였다."(1948년 8월 26일부《조선일보》)는 것이다.

이에 의해서도 미군은 그 주둔군을 군사 사절단이라는 명칭으로 바꾸는

것과는 별도로 그들이 계속 주둔할 조약을 체결하였음을 알 수 있었고, 다시

① 대통령 특사 조병옥 박사가 일본을 방문하고 기자단 회견담에서 "미군은 남한에 무기한 잔류를 희망한다."는 보도.

② 또 조 특사가 워싱턴에 이르러 트루먼 대통령과 회견함에 있어서 "한국의 계획을 수행하는 데 군사적 경제적 원조를 희망한다."는 보도.

③ 내무부 장관 윤치영 씨가 외국인 기자에게 대하여 "미군은 향후 3년은 남한에 계속 주둔하기를 강조하였다."는 보도.

④ 대한민국의 UN 파견 정사(正使) 장면 박사와 부사(副使) 김활란 박사가 뉴욕에서 "미군의 남한 계속 주둔을 희망한다."는 보도.

⑤ 10월 8일 대통령 이승만 박사의 기자단 회견에서 "나의 주장은 소군(蘇軍)은 무조건하고 즉시 철퇴하고 미군은 치안 유지상 지장이 없을 때까지 주둔하라는 것이다."

라는 보도 등을 미루어 대한민국 정부는 그 정부의 육성 강화와 치안 유지며 안전보장을 미 주둔군에 의존하고 있음이 명백하다.

이제 필자는 외국의 군사력에 의하여 동족 간에 피를 흘리는 무력적인 통일이 지당한가, 이것이 민족적 요청인가 함에 대하여는 이미 졸고 「분화구 상의 대한민국」(《민주일보》, 1948년 9월 14~16일부)에서 시론(試論)한 바 있으므로 재론치 않지만, 다만 여기서 다시금 우리가 생각할 것은 필자가 전 항에 제시한 첫째의 문제, 주권이라는 것은 무엇인가 하는 점이다.

새삼스러운 설명의 필요가 없이 주권은 자주의 권리다. 대한민국이 국권을 회복한다는 것은 즉 그 자주적 권리를 회복한다는 것이다. 그렇다면 자주적 권리하에서 무엇 때문에 남의 군사력이 필요한가? 우리가 아는 바

에 자주 국가는 남의 군사력을 그 강역에 둘 수 없는 것이다. 이것을 더 확실히 알기 위하여 세계 어느 국가 어느 역사를 뒤져볼지라도 외국 군대 주둔하에 자주 정치가 있어 본 유례가 없는 것이다. 이러한 유례는 있으려야 있을 수가 없는 것이니 외군(外軍)이 주둔한다는 것은 그 사실 자체가 벌써 그 국가의 취약성을 말하는 것이요, 그 군사력의 제약하에 들지 않을 수 없는 비자주적인 근거가 있기 때문이다. 이 근거를 예제(刈除)하지 못한 채 점령군이 사절단이라고 그 명칭의 개체(改替)로써 본질이 달라질 수는 없는 것이다. 미 주둔군은 부득이하고 잠정적이라 한다. 그러나 이것이 자주권이 회복되었다는 설명은 되지 못하는 것이다. 잠정적이며 잠정적인 채로 주권 회복은 미완성인 것이다. 이 말을 바로 고쳐 놓으면 아직 주권은 완전히 회복되지 못하였다는 것이다.

3. 한미협정의 본질

1948년 9월 11일 대한민국과 미국 간에 체결된 재정 및 재산에 관한 협정(「財政及財産에 關한 協定」)은 13일 국회에 보고되어 18일에 동의를 얻었다. 국회가 이를 동의하는 데 을사조약의 재판이라는 설까지 나오고 소장파 의원들의 의석 퇴장까지 보았으니 이로써 벌써 협정에 대한 성격이 짐작되는 바였고, 그 전문을 일독할 때에 얼핏 그 주류가 상호 평등이 아니라 미국이 우위에 있고 협정서도 미국이 작성하였으며, 대한민국은 불평등한 입장에서 제시된 계약서에 도장을 찍었을 뿐이라는 그 사실을 누구나 알 수 있는 바이다.

이 협정에 의하여 미국은 남한에서의 과거 3년간 점령 치적을 그대로 대한민국에 계승시키는 동시에 그들이 점유하였던 권익의 존속을 주안(主

眼)으로 삼고 있다.

이 협정에 대하여는 개별적 검토를 하나마나, "유체(有體) 무체(無體)를 막론하고 미국의 관심 있는 재산은 미국에 속한다."는 이 한마디로써 이 협정이 백지위임장이라는 것을 아니 인정치 못하게 된다.

군정하 3년간 미국이 가져다준 물자의 액수가 상상 이상 과다함에 우선 깜짝 놀랄 수밖에 없는 바이지만 이것은 또 지나간 일이요, 그 속에는 탕감되는 것도 있다 하니 탕감, 그 사실로 인한 정신상 부담만 똑똑히 판별하여 가진다면 이는 더 논란할 바가 아닐 수도 있을 것이다. 허나 제일차로 미국의 관심의 대상으로 팔려 가는 재산에 반도호텔이며 미국영사관 부근 일대의 토지, 재산 등은 협정 제2조 (가)항 규정에 의하여 2차적인 □에 있어서도 권□적인 목표의 달성이 있겠으며, 또 이에 의하여 이 민족이 받은 혜택의 이면에는 어떤 고통이 있지나 않을까를 근심하여 보는 것은 결코 부당한 일이 아니다.

첫째로 이 원조는 미국이 소련을 둘러싼 18개 국가에 60억 불 이상을 던져서 세계 원조라고 부르는 그 사업과 일련탁생(一蓮托生)적 □□ 사업이라는 것이다. 그러니까 이 원조는 먼저 대한민국의 경제 재건과 산업부흥에 앞서서 대소 정책을 위한 투자인 것은 숨기지 못하는 것이다. 그러므로 장차 대한민국이 받을 원조에서, "경제 재건과 산업부흥에 필요한 물자가 가장 많으리라."는 그것은 물론 꼭 그렇기를 바라는 바이지마는, 그리고 또 꼭 그렇게 된다 하더라도 경제 재건과 산업부흥에 관계없는 물자가 섞여 있을 것도 의심할 여지는 없는 것이다. 그렇다면 경제 재건과 산업부흥에 관계없을 원조 물자란 무엇일 것인가? 문화 향상을 위한 자유의 확보를 위하여서의 민주주의 발달에 기여할 그러한 것도 있겠지만 그 밖에도 또

다른 무엇이 있을 것을 의심할 여지는 없는 것이다.

그것은 무엇일 것인가? 무기일 것이다! 이 무기의 원조를 받아야만 대한 민국은 치안을 확보하며 38선 너머의 북조선 공산군의 남하를 방지할 것이며 국방군비의 충당을 도모할 수 있을 것이다.

그런데 이 무기의 원조가 경제 재건과 국가 부흥을 위한 원조에 비하여 극히 미세한 숫자라고 단정할 아무런 근거도 아직 우리는 가진 바가 없다. 없을 뿐만 아니라 중국의 원조, 그리스의 원조에서 보는 바에 차라리 그것이 중점적이 아니리라고 단정할 아무런 근거도 또한 가진 바가 없는 것이다.

중국의 원조는 어떠하였는가? 그리스의 원조는 어떠하였는가? 군사 원조에 의하여 그 둘은 동족상잔을 하고 있으며 평화 물자는 정부 고관과 그 일련의 모리배들에게 독점되었다는 것은 이미 세계의 상식이 되어 있는 것이다.

이로써 우리는 미국의 대한 경제원조가 남한의 경제 재건과 산업부흥을 위한 원료 및 기계류뿐이 아니라 소비품이 흘러들어와 이 땅에서 산업 부진에 박차를 가할 우려도 있음을 아니 느끼지 못하는 것이며, 무기를 가져다가 동족상잔에 소용될 우려도 아니 느끼지 못하는 것이며 이에 의하여 배부른 특권 계급보다는 훨씬 더 많은 인민들은 그리스나 중국의 인민이나 마찬가지로 의연히 빈곤에 울며 병화(兵火)에 쫓겨야 하지 않을까 하는 우려도 아니 느끼지 못하는 것이다.

하물며 이 원조는 결코 무조건의 원조는 아닌 것이다. 그것을 어떻게 갚아야 한다는 것은 아직 알 바가 못 되는 것이며, 우선 정신적 부담만은 미리부터 알 수 있는 것이다.

1,500만 불 차관 중의 초년도(初年度, 1949년 7월 1일) 변제액인 20분의 1 약 170여만 불(연 2할 8푼 3리의 이자 가산)로 상쇄(相殺)된다 하니 지금 외채를 갚을 능력은커녕 기한(飢寒)을 어찌 면하느냐 하는 이 민족의 가난한 처지에서 다음 년도에는 또 어떤 건물, 토지 재산으로 갚아야 할 것인가? 그때에는 또 미국이 어떤 유체(有體), 무체(無體)에 관심을 가질 것인가?

　생각이 이에 이를 때에 대관절 2,500만 불의 차관은 어떤 호혜적 평등 조약에 의한 차관이었더냐부터 다시 돌아볼 필요가 있다. 이 차관은 일방적으로 미국이 대한민국에 표시한 우의요, 또 이 일방적인 우의에 대한 변제 방법과 변제 물자에서도 백지위임적인 일방적 관심에 의하여 결정된다 하면 그 결과는 무엇인가?

　미국은 대한민국을 원조한다. 이 원조는 우의적이다. 그러나 실에 있어서 주판을 마주 놓아 본 계산이 아닌, 혼자 놓는 주판대로 이쪽은 그것을 갚아야 하는 책무가 있는 이 한미협정일 때에 이 협정은 호혜 평등의 조약일 수는 없는 것이다. 호혜 평등 조약이 아니라 하면 이것은 독립국가의 주권으로써 자주적으로 체결된 것이 못 되는 것이며, 따라서 이것은 독립국가에서는 굴욕적인 불평등조약임을 면치 못하는 것이다.

　□□□□□□□□□□□정하지 못하는 것은 지금까지의 미국의 대한 정책의 과거를 대한민국이 승인하는 동시에 현재 및 장래의 대한 정책을 대한민국이 승인하여야 한다는 계약인 것을 깨달아야 하며, 이러한 계약은 미국이 그 국제적 입장에서 대한 정책은 "미국의 의도대로가 아니라 한국의 의도대로 하는 것"이라는 논리를 내세우는 하나의 절차에 불과한 것인 동시에 그 절차를 위하여 대한민국은 그 국권을 그 앞에 무릎 꿇은 결과가 되는 것이다.

4. 경제원조의 예후(豫後)

미국의 대한 경제원조 문제의 원칙을 중심으로 제2차 한미회담이 열리고 여기서 미국이 한국에 제의한 전문 십수 개조를 방금 심의 중에 있다. 아직 그 내용 전부를 규지(窺知)할 바가 되지 못하나 보도에 의하면, "원조는 약 6억 불 가량이라 하며 원조 방법은 주로 한국의 산업부흥과 경제 재건에 필요한 물자가 가장 많을 것이라 한다."(1948년 10월 13일부,《서울신문》)

미국은 오래전부터 대한 경제원조를 말해 왔던 것이고 또 그 대외 정책이 지향하는 바에 의하여 이 원조가 있을 것은 충분히 믿을 수 있는 일이다.

그러나 이 원조의 본질적 성격은 어떠한 것이며 이 원조에 의하여 이 민족의 □□□□□ □□□□□□□ □□□정신적 공격(貢格)이란 무엇인가? 그렇잖아도 사대 의존의 성격이 아직 완전히 청소되지 못한 이 민족이 '빚진 종' 노릇을 하게 될 것이며 그뿐 아니라 이 '빚진 종'에게는 철저한 반소 반공을 하여야 할 의무가 지워지는 것이다. 반소 반공은 이 강토의 북반(北半)을 어떻게 통일하며 어떻게 우리가 평화롭게 자주 통일이 가능할까 하는 문제와 연결시켜 생각할 때에 여기 더 긴 설명이 필요치 않을 것이다.

5. 독립과 자주독립

이상 각 항으로써 우리는 대한민국의 독립과 그 완전히 회복되었다는 민국의 국권과 이 국권에 영향될 미국의 경제원조를 고찰하였다.

필자는 이미 본론 제1항에서

"한 민족의 독립적 지위라는 것은 그 민족의 자주적인 실력의 한계 이상을 한 치도 더 올라갈 수 없다는 과학적 인률(因律)"(밑줄 원문 강조)을 지적하였고, 이로써 대한민국 내에는 아직

1. 외군(外軍)이 주둔하고 있으며

2. 유체 무체를 막론하고 미국의 관심 있는 재산은 미국에 속하는 것이며

3. 그 경제원조가 또한 순전히 공명정대히 무조건적인 경제 재건과 산업 부흥이 못 되는 것□ □□□□□□을 파악했다. 이것이 오늘 대한민국의 □□일 때에 여기서 조선 민족의 자주성을 발견하지 못하는 것이다.

마침 이 결론을 쓰는 아침에 신문 보도는, 10월 13일 대한민국 국회에서 외군 철퇴를 요구하자는 긴급 동의안을 가지고 일대 소란을 일으켰다고 전한다. 이런 동의를 하는 자는 공산당의 모략이라는 발언의 방해, 폭력적 제지 등 비민주적 난장판이 되었다 한다. 긴급 동의안에 의하면,

"자주 국가로서 자주권이 엄연한 이상 탁치(託治)의 구체적 일면인 외군의 국내 주둔을 허용할 수 없다. 미소 양군은 일군(日軍)의 퇴거와 일정(日政)의 말살과 신국가의 발족으로써 그 책무와 사명이 완수된 것이다."

라는 것이다. 그러나 이것을 반대하는 의원이 절대다수인 대한민국 국회인 것이다. 그러니까 이 국회의 절대다수는, "자주 국가가 못 되고, 자주권이 엄연치 못한 이상 탁치의 구체적 일면인 외군의 국내 주둔을 허용할 수밖에 없다."는 것으로 해석될 수밖에 없으며, 비록 일정이 말살되고 신국가가 발족되었을지라도 외군은 새로운 책무와 사명하에 계속 주둔하라는 것이라고 생각할 수밖에 없는 것이다. (이하 48자 삭(削)-편집부) (1948. 10. 14.)

[동문이답] 제일 먼저 가 보고 싶은 외국은?

— 『새한민보』 2권 20호, 1948. 12. 13.

[문]

제일 먼저 가고 싶은 외국은? 그 이유는?

[답]

평론가 오기영

우선 미국으로 가지요. 거기에 가서 대한민국보다 자유로운가 부자유한가를 보려고 합니다.

[1일 1제(題)] 미국의 선물

―《독립신보》, 1948. 12. 29.

맥아더 원수는 일본에 놀라울 만큼 커다란 크리스마스 선물을 보냈다. 수급(首級) 전쟁범죄자 15명을 재판도 없이 특사 석방하여 준 것이다.

크리스마스는 "원수도 사랑하라."는 교훈을 인류에게 준 예수의 탄생일 이지만 이날에 일찍 미국의 원수였던 저들 전쟁범죄자를 도조(東條) 등의 뒤를 따라 교수대로 보내지 않고 그들의 가정으로 보내서 따뜻한 이부자 리 속에 다리를 뻗고 누울 수 있게 해 준 것은 그들 전범 15명만에게 베푸 는 특사가 아니요, 전 일본에게 표시한 관대라 그에 대한 감명이 또한 전 일본적일 것을 맥아더 원수는 기대하는 것이었을 것이다.

맥아더 원수의 이러한 기대는 일본이 더욱 미국에게 복종하고 충성된 고용병으로서의 앞날의 쓸모를 예비하는 것이다. 그런지라 이러한 수법은 원수를 사랑하는 것이 아니라 사실인즉 장차 다른 원수를 치기 위하여 묵 은 원수를 동맹자로 사랑할 필요에서 나오는 것임을 모를 만큼 세상이 어 수룩하지는 아니하다. 진실로 미국이 원수도 사랑하라는 예수의 교훈을 지킬 신앙이 있다 하면 미국은 새 원수를 맺는 사업을 중지하여야 한다. 그러나 미국은 꾸준히 새 원수와 싸울 준비를 하고 있다.

트루먼 대통령은 크리스마스 축사를 세계에 방송하여 기독교야말로 전 쟁을 방지하는 세계 최선의 희망이라 하였지만, 예수의 탄생지 베들레헴도 포대와 철조망으로 제한되어 있는 중이다. 성지의 유혈(流血)은 벌써 어제오늘의 일이 아니다. 성지 팔레스타인에서 성로(聖路)로 통하는 길을 경계하는 병정의 어깨에 걸머진 총과 옆구리에 준비해 가진 탄환이 어느 나라 제품이며 어느 나라의 원조품일까를 생각해 보지 않을 수 없다. 미소 두 고래가 겨루는 이 북새통에 네덜란드(和蘭) 따위가 무엇을 믿고 인도네시아를 침범하는가 했더니, 미국 통신사의 보도에 의하면 네덜란드 육전대는 완전히 미국 무기로 장비되었다는 것이다.

그리스(希臘)가 그러하고 중국이 그러하였다. 이제야 중국에는 아무리 내주어도 소용없음을 깨달은 듯 송미령 여사는 애절한 호소로써 자주, 독립의 권위까지에 경종을 치건마는 미국의 원조열은 자못 냉각된 모양이다. 그런 만큼 일본을 방공 요새로 더욱 튼튼히 재무장할 필요는 이미 공식, 비공식으로 누누이 강조되고 있다. 이렇게 미루어 볼 때 미국은 장개석에게 거액의 무기를 원조하는 것보다 일본에게 전범을 특사 석방하는 것이 더 큰 효과가 있음을 인정하는 것이 아닐까?

그러나 미국은 지금 착각의 계산을 하고 있는 것이라고 보는 것은 반드시 부당한 판단은 아닐 것이다. 만약 미국이 소련을 원수로 삼지 않고 그들이 말하는 대로 양 주의(主義)는 공존할 수 있다고 한다면 자본주의를 사수하기 위하여 공산주의를 친다는 명목하에 모든 약소민족에게 동족상잔을 격려하며 무기를 선물할 필요가 어디 있을 것이냐. 결코 미국 한 나라의 원수만이 아니라 동아 전 민족의, 더 넓게는 인류 전체의 공동의 원수인 일본의 수급 전범을 홀로 특사할 특권이 어디 있을 것이냐.

이러한 원수는 하느님도 용서하지 않고 지옥을 예비하였을 것이니 미국의 용서를 세계가 기뻐할 이유는 없을 것이다.

평화혁명과 자유: 자유 없는 곳에 피가 흐른다

— 『신세대』 4권 1호, 1949. 1. 25.

1.

신세대는 민주와 자유라는 대전제하에 지향되는 것이다. 제2차 대전이 민주주의의 승리에 의하여 압박과 착취와 살육의 포위로부터 질식된 전 인류의 구출을 선언한 지도 이미 3년, 자유와 인간성을 제창하며 존중하는 많은 사상가들은 이것이 전 인류의 생활 속에서 보장되도록 권력 앞에 충고하여 왔다. 우리도 지금 이 민주와 자유의 대전제하에 전 인민의 균등한 행복이 약속되었으므로 하여서 비로소 해방의 의의도, 건국의 의의도 역사적이며 혁명적인 것이다.

그럼에도 불구하고 대전 후에 곧장 있을 줄 알았던 인류 평화는 아직도 까마득하여 자유와 인간성을 존중하자는 제창이 무시된 위치에서 3차 대전의 불안과 공포 속에 세계는 격동하며 이 조선이야말로 이 세계적인 불안과 공포에 그중 심히 격동되고 그리하여 해방 후 곧장 있을 줄 알았던 평화한 건국도 반항의 폭력과 강압의 총검 속에 경련을 일으키고 있다.

"신념과 고집을 혼동하는 사람들이 저마다 자기주장을 절대적이라 미신(迷信)하여 민중을 강제하며, 이 절대에 대한 미신에 동호자(同好者)가 아니면 모두 적이요 반역자로서 권력에게는 강압의 대상이요, 폭력에게는 격파의 목표가 되어 있다. 이러한 사태가 부당하다는 것까지도 부당한 취급

을 받게 되고, 이런 비통한 사태를 비통하는 것조차 증오되는 것이 오늘의
현실이다." (졸고 「이성의 몰락」)
라고 나는 비통하기도 하였지만 이 비통할 사태는 의연히 오늘의 현실일
뿐 아니라 차라리 악화되고 있다.

우리는 이 민족 해방을 인간 해방의 혁명 단계로 제창하며, 오늘의 건국
을 묵은 역사 속에 치욕과 더불어 말살된 대한제국의 광복이 아닌 민주,
자유의 새 나라를 세운다는 역사적 의의를 강조하는 자다. 그러나 어디까
지나 자유와 인간성을 존중하는 입장을 굳게 지키려던 노력도 그 지키고
선 위치가 두 이념의 증오와 편협의 교차점이었기 때문에 두 개의 이념의
어느 편으로부터도 용인되는 바가 되지 못하고, 필경은 우리의 자유정신
과는 완전히 격리된 위치로 뻗어 나간 두 개의 이념의 상호 투쟁은 마침내
골육의 피로써 강토를 적시기에 이르렀다.

민주와 폭력은, 자유와 총검은 확실히 상반되는 대상이다. 민주와 자유
가 평화인 반면에 폭력과 총검은 살벌이다. 그런데 이러한 살벌이 엄연한
현실일 때에 민주와 자유를 옹호하며 인간 해방을 지향하는 이념과 지성
은 현실로부터 유리된 존재가 아닌가를 회의하지 아니치 못한다.

나는 오늘 이 피에 젖는 강토 위에서 폭력과 총검에 떨고 있는 민족의 참
혹을 체험하면서 스스로 한 문제를 제시하고 스스로 그 대답을 구하기에
무한히 고민하고 있는 중이다. 혁명은 과연 유혈의 폭력이 아니고는 불가
능한 것인가? 우리가 평화혁명을 희구하여 온 것은 과연 부당하게 안일한
허영이었던가?

오늘의 이 살벌한 현실은 이 문제에 대하여 시급히 그리고 결정적인 대
답을 강경히 요구하는 바가 있다. 그리고 이 고민은 결단코 나 개인의 고

민이 아니다. 아마 아직도 이 대답을 내리지 못한 많은 지식인들이 저마다 이 문제에 대한 스스로의 태도를 결정지어야 할 육체적인 고통까지를 겪고 있음을 나는 나의 뼈저린 체험에 의하여 대담히 증거할 수가 있다.

따라서 이러한 고민은 하필 조선의 지식인들만의 고민도 아닌 것이다. 광폭한 압박자의 야만적인 행위는 종언을 고하였다 하건만 아직 개성과 이성의 확립을 보지 못하였다고 세계의 지식인들은 탄식하며 자유가 또다시 유린되어 가고 있는 이 역행에 대하여 분격과 회의에 고민하고 있는 것이다.

그러나 원자탄의 비호 아래 인간 생래(生來)의 자유를 그 언어 동작에서 누릴 수 있는 생활환경을 가진 사람들이 진리 탐구의 견지와 정신적인 면에서 느끼는 사치스러운 회의와 고민에 비하여, 오늘 우리의 고민이란 이미 지적한 바와 같이 피에 젖는 강토 위에서 육체적으로 느끼는 고민일 때에 그 너무나 핍진(逼眞)함을 깨닫게 된다. 과연 평화혁명이란 불가능한 것인가? 나는 아직 이에 대한 대답을 결정짓지는 못했으나 이 결정을 짓기 전에 한 번 더 평화혁명과 자유에 대한 우리의 소신을 밝힐 자유를 가지려 한다.

2.

평화혁명이란 무엇인가? 권력의 폭압을 받음이 없이 따라서 폭력에 호소함이 없이 모든 인민의 소신과 양심이 기탄없이 발휘되는 자유와 기초 위에서 다수의 복리가 옹호되는 정치, 경제 제도를 확립할 수 있는 사회 혁명을 말하는 것이다.

이 혁명을 완수함에 있어서 모든 인민의 그 소신과 양심을 자유의 기초 위에서 기탄없이 발휘하자는 것은 지극히 중요한 일이다. 우리는 이것을 언론 자유, 보도의 자유, 비판의 자유라고 말하는데, 여기서 우리는 언론 자유가 인간성에 충돌되는 일체의 부자유를 극복하는 근본적 자유로서 정치적 경제적 자유를 획득하는 첫 단계라 믿는다. 그래서 우리는 기본 인권은 언론 자유에서부터 확보되어야 할 것을 주장하는 것이다.

한 민족 한 나라의 운명은 그 민족 그 나라를 구성한 모든 개인의 공동 운명인 것이다. 그러므로 모든 개인은 자기 혁명을 결정짓는 그 민족 그 나라의 일체의 사태에 대하여 바른 방향을 파악할 권리가 있어야 한다. 이것이 아는 권리다. 모든 것을 알고 그리하여 각자가 그 소신과 양심을 발휘한 토론을 거쳐서 시비를 판단하고 시(是)를 수호할 수 있고서야 비로소 민주 발달은 가능하다.

여기서 우리는 주권자와 집권자를 구별하여야 한다. 민주정치에서 주권은 인민에게 있다. 집권자는 다만 선거에 의하여 헌법에 규정된 권력 행사를 인민으로부터 위임받은 것에 불과한 것이다. 그 집권자라 하여서 절대 신성은 아니다. 누구나 다 인간일 때에 신적 존재가 아닌 이 인간은 언제나 시비의 양면이 있는 것이다. 그러므로 집권자의 그 시비를 판단하여 시(是)는 시인하되 비(非)는 부정할 수 있는 권리는 그에게 권력을 바로 행사하도록 위임한 인민에게 있는 것이다. 이 시비를 판단하기 위하여 집권자의 모든 시책은 항상 인민 앞에 공개적으로 비판되어야 한다. 만약 집권자가 그 인민에게서 자기에게 유리한 말과 자기를 지지 찬양하는 말의 자유만을 허락하고 그 비(非)를 반대하는 자유를 억압한다 하면 이것은 그 인민의 언론 자유를 박탈하는 것이다. 이러한 언론 부자유의 사태하에서는 집권자와 그 일당일파의 이익에 반하는 일체의 사태는 은폐되고 진실은 왜곡되어 마침내 인민은 무지 속에서 오직 짐승처럼 맹종이 강요되게 된다.

이렇게 민족과 국가를 구성한 전 인민의 언론 자유를 박탈하고 집권자의 독재하에 민족과 국가의 운명이 전단(專斷)되는 결과가 어떠한가? 박탈된 자유를 탈환하려고 인민이 봉기하여 폭력혁명을 일으키거나, 인민에게 이러한 조직력이 없을 때에 자멸하고 마는 두 가지 중의 하나가 될 것이다.

우리는 전자를 인류사상에 기록된 여러 개의 혁명 사실(史實)에서 발견할 수 있고 후자를 패망 일·독·이(日獨伊)에서 목격하는 것이다.

"일본이 전쟁을 방지하지 못한 것도 언론 자유가 없었기 때문이요, 패전하게 된 것도 언론 자유가 없었기 때문이다."

라는 후회는 필자가 최근 구독한 일본 잡지 중에서 우가키 가즈시게(宇垣一成)가 그 인민 앞에 술회하는 한 절이다. 일본이 침략을 일삼은 결과로 오늘날 패망의 운명은 그 전 인민이 부담하는 것임에 불구하고 그 침략을 할 것이냐, 아니할 것이냐 함에 있어서 그 인민의 소신과 양심은 정당히 발표되지 못하였던 것이다. 침략전의 준비는 인민에게는 비밀리에 수행되었으며 전쟁을 반대하는 언론은 탄압되고 투옥되고 살해되었던 것이다. 만약 그 일본의 전 인민이 세계정세와 일본의 실력과 그리고 인류 평화에 대한 양심적인 탐구를 공개적으로 토론할 수 있었다면 그들은 평화를 선택하였을 것이다. 허나 그들에게 이 자유가 박탈되었으므로 하여서 전쟁에 끌려가 생명을 희생하고 그 대가로 패망을 얻은 것이었다. 이것은 독일도, 이탈리아도 마찬가지일 것이다.

이로써 우리는 언론 부자유의 무서운 결과를 똑똑하게 볼 수 있는 것이다. 오늘날 이 강토가 피에 젖고 있는 불행한 사태를 구명함에 있어서도 우리는 이 언론 자유가 확보되어 있는가 아닌가에서부터 출발할 것이라 믿고 앞으로 이 사태를 극복하고 평화한 민족통일을 지향함에 있어서도 이 언론 자유가 첫 조건일 것을 주장하는 바이다.

그런데 현 사태는 어떤가? 무엇보다도 북의 민중은 자유로이 남의 실정을 파악할 수 있는가? 남의 민중이 또한 북의 실정을 자유로이 파악할 수 있는가?

확실히 그렇지가 못하다. 북에서 그 민중은 남을 알 권리가 없다. 남의 민중이 또한 북을 알 권리가 없다. 이러한 처지에서 남북의 민중이 상호 적대의 위치에 대치되고 있다.

그뿐이 아니다. 북에서 북의 사태를, 남에서 남의 사태를 그 민중이 자유로이 기탄없이 비판하고, 그리고 시비를 판단하며 민족 통일을 위한 각자의 구상이 그 소신대로, 양심대로 공개될 수 없는 실정하에 있는 것이다.

여기 자유의 위기가 있다. 자유의 위기 속에서 평화혁명이란 있을 수 없을 때에, 우리는 다시금 누구나 공명정대하게 사상을 선택할 권리를 시인하며 그 소신을 평화와 질서 속에서 자유로이 토론하여 찬부(贊否)를 선택할 기회가 보장되어야 한다고 역설하는 것이다.

3.

이 언론 자유의 기초 위에서 정치적 자유가 확보되어야 한다. 정치적 자유는 어떤 개인에게나 그 정치 노선을 자유로이 선택하며, 결사의 자유가 시인되는 체제 아래, 모든 개인적 또는 집단적 정치 활동의 자유가 평화와 질서 속에서 확보되는 것이라야 한다.

여기서는 반대당의 존재를 승인하지 않으면 안 된다. 집권자가 자기당, 자기파 이외의 당이나 파의 존재를 금압(禁壓)하거나 반대당의 민중과의 정견 토론을 권력으로써 탄압하거나, 반대당을 지지하는 민중을 탄압하는 일이 없어야 한다. 피차 더 좋은 정강정책을 더 잘 실시함에 의하여 민중의 지지를 받는 자로서 그 지지받는 증거가 민중의 자유로운 투표로 표시되고 그 간섭 없는 표시에 의하여 정권을 위임받을 수 있는 것을 민주정치라 말한다. 그와는 반대로 반대당을 금압함에 의하여 집권을 유지하는 것을 우리는 독재정치라 말한다. 그러나 이러한 독재정치 하에서 반대당은 소멸되고 마는가 하면 그렇지가 않다. 다만 지상에서 그 존재가 용인되지 않고 불법화될지라도 그들은 지하로 숨는다. 이미 지하에 숨은 불법단체가 될 때에 그들은 자당을 불법화하는 권력을 불법으로 인정하는 입장을 취하게 되고 그 결과로서 지상의 평화와 질서를 파괴하려는 공작이 지하에서 음모되게 된다. 여기서 우리는 공산당을 불법화하려는 미국 의회에 대한 트루먼 대통령의 "공산주의 이념은 반공산당 법령을 통과시킴으로써 정지시킬 수는 없는 것이다. 또한 공산주의를 지하로 몰아넣음으로써 소멸시킬 수는 없는 것이다."라고 미국 내의 적색 위협을 종식시키는 데 공산당을 불법화시키는 대신에 보다 나은 민주주의 정책을 채택하여야 한다는 충고적 성명을 상기할 필요가 있다.

여기서 우리는 공산당을 불법화하고 그를 지하에 몰아넣은 나라보다 공산당을 합법 정당으로 승인하고 그 활동을 방임한 미국이나 영국이 그 국내 사회의 평화와 질서를 파괴의 도전을 받음이 없이 유지하고 있음을 본다. 이것은 아무리 집권자에게 불리한, 적대적인 정당일지라도 그를 강압하는 대신에 용인하면서 그보다 나은 이념과 시책으로써 민중의 지지를 받음에 의하여 반대당을 민중으로부터의 고립화시키는 정치 수단이 지하에 몰아넣은 반대당으로부터 지상의 평화와 질서를 파괴하는 도전에 대응

하는 것보다 단정코 평화적이며 민주적인 까닭을 깨닫게 하는 바이다.

더구나 인간성에는 비밀에 대한 흥미가 있다. 어떤 집권자이거나 이미 신이 아니며 시비의 양면이 있다 하면 이 시비가 공개적으로 토론될 때에 민중으로서도 냉정히 판단하기가 용이하지만, 지하에 숨은 반대당이 위정자의 비(非)만을 신랄하게 심지어 과대적으로 비밀히 선전할 때에 민중은 그 비밀에 대한 흥미로 인하여 과대한 관심을 가지게 된다. 밤낮으로 흔히 있는 '삐라'라 하면 대단할 것도 없는 것이지만, 총살의 위험을 무릅쓰고 뿌려진 것일 때에 민중은 기이하게도 이것에 대한 관심이 증대하게 된다. 마음대로 보라 하면, 보고 싶으면 보고 싶으면 그만둘 것이지만, 보기만 해도 경을 치게 되면 거저 내버리기가 아까워서 입수한 '삐라'는 어떻게든지 몰래라도 읽고 싶은 충동에 못 견디는 것이 인간의 심정인 것이다.

이렇게 모든 정치 활동이 자유로이 합법적으로 질서와 평화 속에서 수행되지 않으면 불법과 파괴가 발생하고 민중은 정당한 판단을 가질 자유를 상실한다. 따라서 이러한 불법과 파괴 앞에 집권자로서는 순리와 관용을 상실하여 반대 의견을 경청하고 거기 반영된 자과(自過)를 시정할 여유를 가지지 못한다.

이것을 우리는 평화한 사태라고 인정하지 못한다. 지하에는 파괴의 음모가 있고 지상에는 강압의 총검이 있는 틈에서 민중은 불안과 공포에 떨어야 할 때에 여기 평화가 있을 수는 없는 것이다.

그러므로 우리는 민주주의는 실로 소수 의견을 경청, 존중하는 관용 위에서 발달한다는 것을 강조하지 아니치 못한다. 흔히 민주정치는 다수결에 의한다는 한 면만을 말하는데, 근대에 이르러서는 독재정치도 다수파의 조직 방법에 의하였던 것을 생각할 필요가 있다. 이 독재정치와 민주

정치의 구별은 실로 반대당과 소수파의 의견을 경청하는 것과 이것을 탄압하는 그에 의하여 결정되는 것이다.

소수파라 하여서 반드시 그 국가, 민족에게 유해한 의견만을 가졌을 까닭은 없는 것이다. 차라리 다수파의 전제적 현상을 배격하려는 양심적 분자들이 다수파에 아부하면 얻을 수 있는 개인적 이익을 거부하고 이 다수파의 시비를 비판함으로써 그 독단과 전제를 견제하려는 의도로써 조직되는 것이다. 그러므로 어느 나라에서나 바른 말은 이 소수파에 의하여 더 많이 발표되는 것이다. 이 소수파의 존재를, 그 반대 의견을 존중하고 거기서 다수파는 자과를 시정하며 민중은 진실을 판단할 수 있어야만 민주정치는 발달할 것이다.

4.

그러나 지금까지 설명을 시험한 언론 자유도 정치적 자유도, 실질에서 경제적 자유를 확보함이 없이는 그 외형상의 단청에 불과하는 것이다. 그뿐만 아니라 우리가 언론 자유와 정치 자유를 강렬히 주장하는 이유도 실상은 이 경제적 자유를 획득하는 데 무리한 유혈을 피하고 평화적으로 사회 혁명을 의도하기 때문에 더욱 강렬한 것이다.

민주주의가 전제와 압박으로부터 인민을 해방한 것이 위대한 혁명이면서도 다시금 새로운 혁명을 지향하여야 할 필연적 단계에 도달한 것은 그 인민 해방이 경제상 착취의 질곡으로부터 완전한 인간 해방을 달성치 못한 까닭이다. 우리는 여기서 신(新)민주주의가 반(半)마르크시즘에까지 도달하였다는 그것이 이 경제적 자유를 선언하는 것임을 이해하지 않으면 안 될 것이다. 자본주의 경제 발달사는 말하기를, 이 자본주의야말로 봉건적 노예 관계로부터 인간을 해방하여 그 개인의 권리를 옹호하고 계약의 자유를 확인하였으며 이에 의하여 모든 개인에게 가장 광범한 활동 기회를 부여한 민주주의의 소산이라 한다.

이것은 물론 틀림없는 사실인 채로 귀족계급의 정치적 전제와 경제적 착취로부터 인민을 해방하여 민주정치와 더불어 경제적 자유경쟁이 발전되기는 하였다. 그러나 이것은 또 신흥 부르주아가 의연히 가난한 대다수의 인민 위에서 경제적 착취자로 봉건시대의 귀족을 교대하였음에 불과한 것도 이제야 감출 수 없는 현실이 증명하는 것이다.

모든 개인의 권리를 옹호한다 하나 착취, 피착취 관계가 격화함에 따라 빈부의 차가 현격해지면 질수록 신성하다는 계약의 자유에 의하여 무산계급의 인권은 유린되었다. 그리하여 그 정치적 자유라는 것도 실질에 있어서 경제력을 가진 사람들의 사실상 전제에 타락되고 말았음을 우리는 보고 있다.

이 전제를 경제적 독재라고 말한다. 그 외형상의 정치적 자유, 언론 자유가 아무리 허울 좋다 하더라도 독점 경제하에서는 대다수의 인권이 유린되는 것이며, 이 경제 독재는 마침내 그 본래의 자유경쟁까지를 지양하고 독점자본의 폭위(暴威)를 떨쳤으며, 이것은 마침내 제국주의로 발전하고 침략 전쟁의 요소가 되었음을 우리는 보았다. 이 자본주의적 경제 독재로부터 인류를 구출하여야 한다는 것이 오늘날 자유사상의 핵심이 되어 있는데, 포악한 제국주의를 타도하고 정치 독재를 부정하는 민주주의이면서 이 자본주의의 수정을 거부하는 모순 때문에 피를 흘리고 있다. 자본주의는 그 독점자본을 옹호할 필요에서 그 자체의 사상의 혁명을 거부하는 때에 독점 자본의 철쇄로부터 벗어나려는 인민을 총검으로써 탄압하는 것이다.

독재는 인간성에 충돌된다. 그러면 정치 독재만이 인간성과 충돌되는 것은 아니다. 그 경제 독재야말로 더 인간성에 충돌되는 것을 승인하지 않으면 안 된다. 그러므로 정치 독재를 벗어나는 동시에 경제 독재를 벗어나는 체제하에서만 진실된 인간 해방은 완수될 것이다.

그리하여 지금 세계 도처에서 자본주의 경제 독점을 옹호하는 정권과 그 질곡으로부터 벗어나려는 인민과의 투쟁이 치열히 벌어지고 있는 것이다. 이들 정권은 자기가 잡은 권력을 유지하기 위하여 자본주의를 옹호하며, 이 자본주의를 옹호하기 위하여 마침내 그 정치적 민주주의조차 헌신짝처럼 던져 버리기를 주저치 않는다. 이리하여 민주주의의 위대한 승리를 구가하는 제2차 대전을 승리에로 이끌어 오기에 육체를 바친 인민들의 머리 위에는 다시금 총탄이 쏟아지고 있다. 인민의 경제적 자유를 거부하기 위하여 그들의 정치적 자유, 언론 자유까지를 말살하고 그 대신 총탄을 쏘는 것이다. 권력자들의 말을 빌리면 이러한 탄압은 공산주의의 위협으로부터 인민의 자유를 옹호하는 것이라고 한다. 그리고 그들이 공산주의를 위험시하고 혐오하는 것은 공산주의는 자유가 없기 때문이라고 한다. 그러나 이것이 진실의 전부인가?

물론 공산주의의 무산계급 독재도 확실히 독재에 틀림없는 것이다. 그러나 자본주의가 그 경제적 독재를 포기치 않고서 공산주의의 정치적 독재만을 자유가 없다는 제도라 하는 것은 실로 희극적인 모순이 아닐 수 없는 것이다. 하물며 이 경제적 독재를 위하여 정치적 자유, 언론 자유까지도 말살하고 나면 저편에는 한 면에 독재, 한 면에 민주가 있으나 이편은 양면 모두가 독재적이라는 또 한 번의 희극적 자승자박의 모순에 빠져 버린다. 우리는 이런 예를 지금 중국에서 그리스에서 구경하는데 이것이 과연 중국, 그리스만의 모순인가를 반구(反求)할 필요가 있는 것이다.

5.

이상으로써 우리는 모든 유혈은 자유 없는 천지에서 벌어지는 사태임을 지적하였다. 냉철한 이성과 상호 관용 위에서 모든 개성의 기본 인권을 보장하는 권력의 비호를 입으면서 각자의 소신과 양심의 자유가 옹호되고 언론 자유, 정치적 자유로써 경제적 자유를 지향할 수 있다 하면 인간이 인간을, 더구나 동족이 동족을 피로써 정복할 하등의 이유도 없는 것이요, 이것은 인간의 존엄과 민족의 도의 앞에 당연히 죄악이어야 마땅할 것이다.

그럼에도 불구하고 오늘날 우리는 이성의 몰락을 보고 있다. 순리와 관용은 소멸되었고, 개성의 자유란 존재하지 않는 상태이다. 당연히 존중되어야 할 모든 '개인'이 몰각(沒却)되고 있는 것이다. 우리는 전 항에서 이미 민주정치는 소수 의견까지도 경청 존중한다는 것을 지적하였는데, 이 다수 의견과 소수 의견의 판정은 물론 언론 자유를 기초로 간섭 없는 민중의 판단에 의하여 그 지지하는 민중의 수로써 결정되어야 할 것임에도 불구하고 권력이 자기주장을 민중에게 강제하는 사태하에서는 권력의 의견은 곧 다수 의견으로 자인되고 그 나머지는 부당한 논리를 가진 반역적 소수 의견으로 배격되고 만다. 그러나 이것처럼 위험한 일은 없는 것이다. 왜냐하면 실제적으로 민중이 지지하는 것도 집권자의 이익에 반하기 때문으로 하여서 그것이 소수 의견으로 묵살되고 이런 사실이 불법화한 반대당에 의하여 지하에 축적되다가는 이것이 시기를 만나면 폭발되기 때문이다. 사실 지금까지 모든 독재자들이 전 인민의 절대 지지의 만세와 존경과 찬사 속에서 만족하고 있는 동안 지하에는 다이너마이트 장치 공사가 꾸준히 계속되어 온 것을 역사는 말한다.

그러므로 어떤 정치적 위기도 이것을 총검에 의하여 해결하려는 것보다는 개성의 존중에서 해결하는 것이 타당하다고 믿는 것이 옳을 것이다. 이 점에 미국 스미스대학 한스 콘 교수의 서구의 위기 극복에 관한 견해는 주목할 가치가 있다. 즉 그는 「20세기에 있어서의 개인」이라는 논문에서 힘의 압제에 대하여 개인의 자유를 지킨다는 것이 얼마나 곤란한 것인지 말하고, 오늘날 서구의 위기는 개인의 자유를 또다시 획득하는 데서만 극복할 수 있다고 하였다는 것이다.

세계의 모든 지성이 민주주의의 위기를 근심하는 이유가 여기에 있다. 개성의 자유가 상실되고 국가권력만이 증대되는 경향은 결국 민주주의를 비민주주의로 전화(轉化)시키고 말 것이기 때문이다. 이러한 사태가 발전되는 곳에 민주와 자유는 매장되고 폭력과 살벌이 횡행하게 되는 것이다.

이제 우리는 다시금 조선의 현실을 굽어볼 필요가 있다. 나는 본론 허두에서 우리의 민족 해방을 인간 해방의 혁명 단계로 제창하고 민주, 자유의 새 나라를 세우는 거기에 혁명적이며 역사적인 의의를 강조하였다. 그런데 혹시나 오늘날 민족 해방의 감격을 40년 전 실국(失國)의 비통에 대한 대가로 환산하려는 사람은 없는가? 우리는 이러한 사고를 봉건적 잔재라고 규정하는 자이고, 이 기회에 다시 한번 우리의 민족 해방은 전제 압박으로부터 민주, 자유로의 인간 해방을 기초로 삼아야 할 것을 확인하여야 한다. 이 인간 해방이라는 위대한 '사상의 혁명'을 거부하고 그냥 민족 해방을 또는 건국을 감격한다는 것은 이 땅에서 일제가 물러간 그것만으로써 민족 해방으로 알고 '대한'의 광복으로써 만족하려는 중대한 과오가 작용하는 것이니, 여기에 분명히 밝혀야 할 것은 설사 40년 전에 일제의 침략을 받음이 없이 오늘에 이르렀다 할지라도 이제야 착취, 피착취를 청산하자는 인간 해방을 지향할 단계이며 '제국'을 '민국'으로 혁명해야 할 단계라는 것이다. 더 사족이 필요하다 할 것도 없이 그간의 지배 착취자가 외적이었거나 자민족이었거나를 불구하고 이제 우리는 피지배, 피착취가 없이 정치적, 경제적 민주, 자유의 새 나라를 세울 때라는 그것이다.

그런데 이 민주와 자유의 새 나라를 세우려는 이 강토가 폭력과 총검의 살벌 속에서 피에 젖고 있는 중이다.

이 사태를 시정하고 평화와 질서 속에서 자유로이 소신과 양심에 의하여 우리의 혁명 과업을 완수할 방도는 없는 것인가? 과연 없는 것인가? 일체의 폭력을 부정하고 일체의 강압이 없이 이 민족을 구성한 개개인이 모두가 민족을 근심하는 자유, 통일을 구상하는 자유 속에서 정치적 경제적 민주 자유의 조국을 평화롭게 이룩할 수는 없는 것인가? 없다면 어찌하여야 할 것인가? 결국은 다시금 이 어려운 질문에 부딪혔다….(1948. 12. 15.)

도산(島山)을 파는 사람들

― 동전생, 『흥사단보』, 1949. 4. 1.

　　우리는 지금 마음대로 펼쳐 놓고 도산 선생을 추앙(追仰)할 수 있는 자유를 얻은 것만으로도 해방을 감격하게 된다. 저 일제하의 지독한 감시 속에서 선생의 유영(遺影) 한 장이나마 가슴을 조이며 조심스럽게 감추지 않으면 안 되고, 성묘조차 사람의 눈을 고려해야 하던 지나간 일을 회상할수록 더욱 그러하다.

　　이제야 우리는 마음대로 선생을 추앙할 수 있다. 그 위대한 모습을 동포에게 널리 알리며 그 고매한 정신을 받들어 구국의 정로(正路)임을 거리낌 없이 강조할 수 있는 것이다 .따라서 선생은 어느 몇몇 사람에게만 추앙될 선생이 아니라 이 민족 전체의 대대자손이 누구나 선생을 추앙할 수 있어야 할 것이다. 그런지라 선생을 추앙하는 것은 어디까지나 마땅한 일이기는 하다.

　　그러나 이 추앙은 또한 어디까지나 양심적이어야 한다. 그리고 선생의 정신을 실천에 옮기는 무실역행 위에서만 진실된 추앙일 것이다.

　　그런데 "나는 도산 선생을 잘 아노라."고 이것을 자랑으로 삼는 사람들이 있다. 무엇을 알며 그 아는 것을 어떻게 실천하는가 물으면 당장에 말이 막히고 얼굴이 붉어질 사람들이 얼마든지 있음을 본다.

　　하물며 과거에는 안(安) 아무개를 아노라는 눈치만 보여도 큰일이라고 생각하던 사람들이 이제 와서는 제가 그중 도산 선생을 존경하였고 그를 원호(援護)하였노라고 뽐내며 심지어 그 자신 민족 앞에 저지른 죄과를 덮어 버리려는 수단으로까지 이런 위선을 들고 나오는 사람이 있는 듯하니 한심타 하지 않을 수 없다.

물론 도산 선생은 누구에게나 존경받을 수 있는 위인이었다. 그러나 오늘날 자기 자신의 행셋거리로, 혹은 자기 죄과를 숨기는 수단으로 도산을 파는 사람은 선생의 일관한 신조였던 "거짓을 없이 하라."는 그것을 거꾸로 거짓을 지니고 그 거짓에 의하여 이익을 얻으려는 것이기 때문에 우리는 도산 선생이 거짓을 가차없이 미워하셨듯이 그런 사람을 미워하지 아니치 못한다.

기도의 70年이 실행의 1시간만 못하듯이 천언만어(千言萬語)로 도산 선생을 존경하는 것보다도 그 정신의 일단이라도 무실역행(務實力行)하는 그것이 진실된 추앙이요 값있는 존경일 것이다.

[신간평] 설국환(薛國煥) 저, 『일본 기행』

―《조선일보》, 1949. 5. 11.

저자 설국환 군이 일본 시찰의 여정에 오를 때, 그로서는 그의 소망을 이룬 것이지만 나는 내가 대신 이루어 주는 것이라고 기뻐하였다. 이 우수한 신문기자의 안목을 통해서 보는 일본이면 그것이 실상의 일본일 것을 믿기 때문이다. 나는 그가 돌아오기가 바쁘게 한 권의 책을 내라고 권한 사람의 하나이다. 이제 그 일본 기행을 통독하고 나서 이번 설(薛) 군의 일본 시찰은 두 사람에게만 소득이 있는 것이 아니라 일본이라는 존재에 관심을 버릴 수 없는 모든 조선 사람의 소득임을 통감하였다. 그만큼 이 한 권에는 일본의 모습이 많이 실려 있다.

350년 전부터 우리 민족을 짓밟은 일본은 우리가 대대손손 잊을 수 없는 적이로되 또 그는 우리의 □향임을 잊을 수도 없다. 공로(空路) □ 전 간 반으로 묶여진 이 지리적 조건은 싫거나 좋거나 우리에게 미치는 바가 크다. 이 일본을 항상 정당히 관찰하고 정당히 경계하며 그 흥망을 타산지석으로 삼아야 할 우리의 처지에서 이 책은 귀중한 가치를 가지고 있다.

[동문이답] 수산물 중에 가장 즐겨하는 것?

— 『새한민보』 3권 11호, 1949. 5. 15.

[문]

당신은 수산물 중에서 무엇을 가장 즐겨 하십니까?

[답]

평론가 오기영

해산물만이 아니지요. 없어 못 먹지…. 돈만 있으면 다 먹고 싶습니다.

미소 양국 인민에 보내는 공개장 제1부: 미 인민에 보내는 글월

— 『새한민보』 3권 13호, 1949. 6. 10.

　본고는 처음 미소 양 인민에게 보내는 공개장의 하나로 되었던 것입니다. 이 땅이 미소 양국의 분점 때문에 38선을 경계하여 민족분열과 국토 양단의 혼란 속에 빠지게 되었거니와 근자에 와서는 양국의 냉정전(冷靜戰) 또는 평화 공세 등의 등쌀 때문에 고래 싸움에 새우만 죽는 격이 되어 버렸습니다. 본사에서는 그러한 고래 싸움은 우리가 희망하지 않는 바요, 또한 그 싸움 속에 우리가 휩쓸려 들고 싶지 않다는 의미에서 위정자보다도 평화를 사랑하는 양국 인민에게 우리의 입장으로서 평화 건설을 위한 방책과 지향할 바를 호소키로 하였던 것입니다. 그러나 '미소 인민에 보내는 공개장'만은 기간(其間) 이정순, 함상훈, 고재욱, 박종화, 김동원, 이갑섭, 안재홍, 김준연 제씨에게 청탁한 바 있었으나 모두 여러 가지의 이유로 결국 누구의 옥고(玉稿)도 얻지 못하고 부득이 오기영 씨의 미국 인민에게 보내는 공개장만을 게재하지 않을 수 없게 되었음을 송구히 생각하옵고 독자 여러분에게 감사하옵나이다. 앞으로 동 원고는 얻을 수 있는 대로 게재키로 하겠사오니 널리 심량(深諒)하심을 바랍니다. — 편집국 백(白)

1.

평화와 자유를 사랑하고 인간성의 존엄을 승인하는 미국 인민에게 나는 다시 한번 이 공개장을 쓰기로 하였다.

4천 년의 역사를 가진 민족의 후예로 태어난 내가 젖먹이 시절에 독립 국민의 자격을 상실하고 모국어가 약탈된 식민지의 노예적 상태하에서 신음하기 36년 만에 해방의 날을 맞이하였을 때의 감격은 이미 하나의 묵은 기억이 되어 버렸다. 반복하는 역사는 불행과 비극에 지쳐 버린 이 민족의 머리 위에 50년 전에 두 번이나 겪은 불행과 비극을 반복시키고 있으니, 이 민족을 위해서라는 두 개의 외세가 충돌되는 전화(戰禍) 속에서 강토는 값없는 피에 젖고 민족은 어육(魚肉)의 신세가 되었던 청일전쟁, 러일전쟁 의 옛일이 이제 다시금 우리의 신세임을 아니 느끼지 못하는 것이다.

그래서 나는 일찍 미소 분점(分占)하의 우리의 기구한 운명을 울면서 민족의 비원을 미소 양군 사령관을 통하여 양국 인민에게 보내는 공개장으로써 호소한 바가 있고, 그다음 트루먼 대통령의 특사로서 실정을 조사하러 조선에 왔던 웨더마이어 장군에게 보내는 서한에서 조선의 실태를 제시한 바 있었다.

그러나 이러한 우리의 비통과는 너무나 격리된 위치에서 우리 운명의 불행과 비극은 더욱더 조장되고 고정화하여 감을 체험하면서 나는 지배의 탐욕에 집착한 사람들에게 우리의 심정을 호소한다는 것이 얼마나 무용 (無用)의 노력인가를 깨달았던 것이다.

그러면서 나는 이제 어찌하여 또다시 이 붓을 드는 것인가? 여기서 거듭 강조되어야만 할 중대한 사실은 이미 허두에서 지적한 바와 같이 이 공개 장은 '평화와 자유를 사랑하고 인간성의 존엄을 승인하는 그대들 인민'에게 보내는 것이라는 것이다.

따라서 오늘 우리가 겪고 있는 이 불행과 비극은 그것이 비단 우리 민족에만 한정된 불행이나 비극이 아니라 미소 양국 인민 전체를 포함한 인류 전체의 불행과 비극에 결부되어 있다는 것을 생각지 아니하지 못할 때에 인류는 앞날의 사멸적인 불행과 비극을 방지하기 위해서는 오늘날 탐욕의 지배자와 전쟁 방화자들과는 전 인류의 공동 운명을 걸고 싸우지 않으면 안 될 위기에 박두하였음을 깊이 인식하는 바이다. 그러므로 이제야 우리의 불행과 비극은 그것이 미국 인민에게도 불행과 비극이며, 우리가 제2해방을 바랄 수밖에 없는 이유는 미국 인민도 월가 자본가들의 탐욕의 지배와 그들의 이익을 담보하고 있는 전쟁 방화자들의 음모로부터 해방되지 않으면 안 되는 이유와 결부되어 있는 것이다. 그러면 이 공개장이 누구를 위하여 무엇을 쓰려는 것인가는 벌써 확실하여졌다.

2.

미국은 UN을 조직한 책임국의 일원이요, UN 내에서 영도적 지위를 확보하고 있는 최대 강국의 일원이다. 미국은 모든 세계 문제는 이 평화 기구 UN을 통해서 강구되고 해결되어야 한다고 주장하고 있다.

그러나 이러한 미국의 주장은 과연 확실히 미국에 의하여 실행되고 있는가? 방공(防共)을 말하는 마셜 세계 원조는, 시체로 산을 이루게 한 중국과 그리스의 군사 원조는, 소련의 목덜미에 칼을 겨누는 북대서양조약은 그것이 UN을 통하여 UN 내의 토의 결과로 실현된 것인가? 동아시아의 이리(豹狼) 일본의 재무장은 과연 UN이 세계 평화를 위하여 승인한 것인가? 우리는 분명히 보고 있다. UN 밖에서 강행되고 있는 미국의 세계 원조가 기아와 부자유에 울고 있는 약소국가들에게 배부름과 자유를 주는 평화적인 자선사업이기 전에 평화와 자유를 위하여 제2차 대전에 육체를 바쳤던 모든 인민의 머리 위에 새로운 총탄을 퍼붓고 있지 않는가 하는 의심을 금할 수 없다.

이렇게 평화 옹호와는 반대로 동족 전쟁과 권력 행사와 파시즘적 역할을 위하여 이용되는 미국 무기는 누가 제조하였으며, 그것을 상품으로 삼아서 누가 이익을 보고 있으며 그 결과로 희생되는 것은 무엇인가를 더 따져 볼 여지는 없는 것이다.

1945년 가을 이 땅에 진주하는 해방군으로서 미군을 맞이할 때 조선 민족은 과거 미국에 대한 분만(憤懣)을 모두 잊어버리고 감격의 깃발을 휘두르며 환영하였다. 과거의 분만이란, 정복욕에 싸우는 두 마리의 이리 일본과 러시아(露西亞)의 전쟁을 조정함에 있어서 미국은 일본으로 하여금 조선 침략을 승인하였기 때문에, 우리는 이래 36년간 일제의 발밑에 신음한 그것이었다. 이에 대한 분만을 우리가 풀어 버린 보답으로서 받은 것이야말로 38도선 획정에 의한 일신양단(一身兩斷)이요, 미국의 선창(先唱)이었던 신탁통치요, 궁극에 이르러서는 유체무체를 막론하고 미국이 관심 있는 재산은 모두 미국이 자의(恣意)로 한다는 협정의 체결이요, 정부가 수립되면 90일 이내에 군대를 철퇴한다는 UN 결정에 대하여는 한국 정부의 요청에 의하여 계속 주둔한다는 그러한 것들일 때에 우리가 미국에 보내야 할 신뢰와 감사가 무엇으로 바꿔질 수밖에 없는가를 사려 깊은 미국 인민들은 냉정히 판단하지 않으면 안 될 것이라 믿는다.

물론 미국은 조선을 원조하였다. 현재도 원조하고 있고 장래의 원조도 약속하고 있다. 그러니 이 원조가 우리를 과연 행복하게 하였으며 미국 인민들은 과연 진실로 가치 있는 원조를 위하여 그 정부에 납세하였는가를 생각함에 있어서 덜레스의 중국 문제에 대한 연설을 다시금 상기할 필요가 있다. 그는 말하기를, 미국 납세자들이 부담한 약 60억 불이 중국에 가서 무엇이 되었는가? 오늘날 중국 인민은 미국을 적으로 간주한다는 것이며, 수백만 중국 인민은 피할 수 있었던 내란의 불꽃을 일으킨 책임을 미국에 돌리고 있다는 것이니 그러한 사태의 일단이 우리 눈앞에 닥쳐 있음을 우리는 지금 육체적으로 통감하고 있는 중이다.

3.

미국은 원자탄의 비밀을 사수하려 한다. 위대한 과학적 발견은 마땅히 인류의 이익을 위하여 공개되고 활용되어야 할 것임에도 불구하고 미국은 이것을 장래의 전쟁을 위하여 문명을 파괴할 공포의 도구로써 보유하고 있는 것이다. 얼마 전 트루먼 대통령은 필요하면 미국은 히로시마(廣島)에서와 같이 원자탄을 사용할 것이라 언명하였고, 오하이오대학 화학부 T. A. 캠벨 교수가 미 육군 화학협회 기관지 3월호에 발표한 바에 의하면 미국은 일주일에 1개 정도의 원자탄을 제조하고 있으며, 각각의 생산비는 백만 불 정도로서 현재 100개 내지 200개를 보유하고 있다고 하였다.

그러면 미국 인민은 이 원자탄을 보유한 결과로써 어떤 행복을 누릴 수 있는가. 이 원자탄이 문명을 파괴시킬 무기일 때에 이 무기의 엄호하에서만 안전을 보장할 수 있는 그러한 평화와 자유가 진실된 평화와 자유일 수 있는가.

미국이 지금 대소 전쟁을 가상(假想)하고 있음은 구태여 긴 설명의 필요는 없을 것이다. 다음 전쟁은 불가피한 것이라는 강박관념적 심리 현상은 어디로부터 유래하였으며, 이것이 누구의 이익을 위하여 도발되고 있는 가를 미국 인민은 한 번 더 신중하게 검토해야 할 것이다. 《뉴욕 타임스》 모스크바 특파원 사리스 바리스 씨의 전후 모스크바 인상에 의하면 소련 은 그 인민에게 평화를 강조하고 있으며, 생산기관은 전시체제를 벗어나 평화 체제로 복귀하였음을 전하고 있다. 이 인상을 설명하는 듯이 미국의 UN 대표 덜레스 씨의 연설에는, "소련은 현 정세하에서 서구에 대한 전쟁 을 개시할 계획은 없다···. 미국이나 기타 어느 정부의 책임 있는 지위에 있는 관민 및 군인으로서 소련이 현재 공공연한 군사 침략으로 정복을 개 시하려는 계획을 가지고 있다고 보는 자는 없다."라고 하였다. 그럼에도 불구하고 미국은 지금 가상 적국에 대항하기 위하여 세계 원조를 실시하 고 북대서양조약을 체결하고 일본을 재무장시키고 있지 않는가! 그리고 이 가상 적국이 소련이라는 것을 모를 미국인도 소련인도 없지 아니한가! 그러므로 저 덜레스 UN 대표의 연설을 인용한 윌리스 씨의 연설은 주목할 가치가 있다.

즉 그는 "덜레스 씨 견해가 정당하여 만일 소련이 군사 침략을 계획하고 있지 않다면 미국이 그들 주위에 군사기지를 설치함은 침략 행위라는 것 이다. 평화로의 길은 군사기지와 연결되지 않는다. 가령 소련이 멕시코 국 경, 캐나다(加那陀) 국경 또는 쿠바 국경에 군사기지를 가지는 경우를 상상 해 보라. 미국의 정면에 총을 겨누는 조약을 평화조약이라 볼 수 있을까? 과거 역사상 군대를 집결함이 평화를 가져온 적이 있는가? 그것은 항상 전 쟁만을 초래하였다."는 것이다. 그래서 윌리스 씨에 의하면, 북대서양조약 을 평화조약이라 함은 위선적이라는 것이고 동시에 지금까지의 중국 원 조, 일본 재무장이 동양인 앞에 위선적이었다는 미국 자체의 여론을 우리는 주목하는 것이다.

4.

그러므로 나는 더 다시 우리가 이미 실망한 월가의 전쟁 상업가들과 그들의 이익을 담보하고 있는 전쟁 방화자들의 위선적인 평화론을 비난할 흥미는 없는 것이다. 그보다는 이 위선적인 평화론의 정체를 인식하고 진실한 평화와 자유를 위하여 투쟁하는 인민들에게 인류 공동의 운명을 걸머졌다는 중대한 책임을 강조하는 것이 애초부터 이 글의 주지인 것이다.

지난번 미국 인민을 대표한 문화인들이 소련 문화인에게 보낸 공개서한의 답서에도 명기된 바와 같이 그대들은, "학자의 지식이 행복의 도구로부터 공포의 도구로 되는 것을 반대하고 있으며, 대학 운동장이 연병장이 되는 것을 반대하고 있다."는 엄숙한 사실을 우리는 명심하고 높이 평가하기 때문에 그대들 인민의 의사와는 전혀 반대되는 각도에서 지금 전쟁이 음모되는 사실을 과감히 파쇄하여 버리라는 것을 강조하는 바이다. 더구나 저 악독한 파시즘을 격파하기 위하여 정전(征戰) 수만 리에 갖은 노고를 겪은 그대들 미국 청년들이 전쟁이 끝난 지 이미 5년에 무엇 때문에 아직도 외지에 계속 주둔되어야 하는가? 하물며 그 주둔군의 무력적 위엄이 새로운 전쟁을 원치 않고 진실한 해방과 자유와 인류 평화를 갈망하는 약소민족들의 자주독립을 간섭하는 결과가 되어 있다는 것을 그대로 간주(看做)한다면 모든 선량한 미국 인민은 양심의 전율을 금하지 못할 것이다.

특히 조선의 현실은 어떠한가? 50년 전에는 이 민족을 정복하려는 두 마리의 이리가 이 강토에 들어와서 싸웠으나, 이번에는 명목은 달라서 고마운 해방군으로 미소가 대치하고 있었다. 이제 한편은 물러갔다고 하는데도 어찌하여 한편은 그대로 있어야만 하는 걸까?

이미 누누이 지적되었던 바와 같이 이 조선은 극동에서 다음 전쟁을 일으킬 위험성을 가장 많이 가지고 있는 화약고인 것이다. 전쟁을 원한다면 이 화약고 안에서 불장난을 해 보는 수도 있겠지만 진정 평화를 위한다면 폭발의 위험지대에서는 적당히 물러가는 것이 현명하지 않을 것인가?

이제 조선 민족의 비원은 다만 통일 자주독립과 평화 세계에서 인류의 복지를 위하여 기여함이 있기를 바랄 뿐이다. 그러니까 우리는 이 강토가 미소 전쟁의 전초기지가 되기를 꿈에도 원치 않는 것이다. 그럼에도 불구하고 우리를 우리가 원치 않는 이 두려운 운명 앞에 붙들어 매어 놓은 책임의 절반이 누구에게 있는가를 현명한 미국 인민은 깨달아야 할 것이다.

더구나 50년 전의 두 마리 이리의 싸움은 그것이 동아시아 한쪽에서 벌어진 싸움에 불과하였다. 미국 인민은 얼마든지 이 싸움에 무관심하고도 무방하였고 그래서 조선의 자주독립이 말살되고도 미국은 번영할 수 있었던 것이다. 그러나 이제는 다르다. 만약 이번에 조선에서 전화가 일어나면 그것은 수시간 이내에 전 지구상에 전화를 확대시킬 가능성이 있으며 미소 양국 인민을 포함한 인류 전체의 사멸을 초래할 무서운 전쟁이 벌어질 것이다. 이것을 생각한다면 오늘 조선 민족의 통일 자주독립은 결코 조선 민족만을 위해서의 욕구가 아니라, 실로 전 인류의 평화와 자유를 위해서의 숭엄(崇嚴)한 욕구일 것이다.

5.

제2차 대전까지를 경험한 세계는 이러한 인류의 참화가 무엇 때문에 발생하는 것이며, 이것을 방지하고 진실한 평화와 자유를 확보하기 위해서는 무엇이 필요하다는 것을 깨닫기에 이르렀던가? 루스벨트 대통령은 이에 대하여 강대국 간의 식민지 쟁탈이야말로 전쟁의 원인이라 하여 모든 약소민족을 강대국의 기반(羈絆)으로부터 해방하여 그들에게 자주독립을 부여함에 있다고 하였다.

그런데 강대국 간의 식민지 쟁탈의 원인은 무엇이었던가? 두말할 것 없이 자본주의 독점 경제의 시장 쟁탈이 아니었던가? 그러므로 식민지 쟁탈전을 지양하자는 것은 자본주의적 경제 제도를 근본적으로 수정하여야 하며, 약소민족을 진실하게 해방하고 그 자주독립을 부여한다는 것은 그 민족국가 인민 전체의 균등한 이익을 보장할 수 있는 경제 제도, 정치 제도를 선택할 자유가 부여되어야 할 것이다. 그럼에도 불구하고 오늘날 미국은 미국의 경제력과 군사력의 권위하에 있는 지역에서의 모든 약소민족국가로 하여금 그들 자신의 자결로써 그들 인민 전체의 이익을 주안(主眼)으로 한 경제, 정치 제도를 선택할 자유를 경제력으로 또는 군사력으로 간섭함이 없는가? 실정은 확실히 그 반대로서 지금 자본주의 독점 경제의 기반(羈絆)으로부터 해방되려는 모든 약소민족 국가의 혁명 세력은 미국으로부터 공급된 무기와 탄환에 조우하고 있는 중이다.

여기 혁명과 반혁명의 열렬한 투쟁이 세계 도처에서 벌어지고 있음을 본다. 반혁명 세력의 총탄에 의하여 혁명 세력은 피를 흘리고 있는 것이다.

미국은 언론 자유의 나라, 정치 자유의 나라라고 하며 정부의 시책을 비판하는 자유, 반대하는 자유가 인민에게 부여되어 있다고 하는데도 불구하고, 그 미국의 군사력과 경제력이 권위를 발휘하고 있는 모든 약소민족국가에 언론의 자유가 없고 정치의 자유가 없고 정부의 시책에 오직 맹종자(盲從者)가 아닌 한 마르크시즘이라는 것이 무엇인지도 모르면서 그저 좌익으로 불려야 하는 실로 언어도단의 사태하에 있음은 도대체 무슨 일인가? 이러한 현상을 지지하는 것이야말로 어느 군대인가를 생각할 때에 파시즘을 격파하기 위하여 피를 흘리며 전장에 나섰던 미국 청년들이 오늘날 누구의 이익을 위하여 어떤 모순에 빠져 있음을 깨닫지 않을 수 없는 것이다.

여기서 장래할 전화를 방지하고, 평화와 자유를 확보하기 위해서는 미국 인민부터가 그들 경제 독재로부터 벗어나야만 한다는 것을 거듭 강조하는 바이다. 이것은 비단 미국 인민을 위해서만의 행복을 보호하는 길이기 때문이다.

그러므로 오늘날 미국 인민은 그 납세가 모든 약소민족 국가에서 서로 피를 흘리는 본의 아닌 무기가 되는 것을 거부하여야 하며, 세계를 지배하려는 야망과 그 자본가들이 세계시장을 독점하려는 탐욕을 포기시켜야 할 것이다.

평화로의 길은 오직 이 한 길이 있을 뿐이다. 여기 의해서만 미국은 그 인민과 더불어 세계 인류의 행복을 위하여 공헌할 수 있을 것이다.(1949. 5. 20. 파리에서 평화옹호대회가 열리는 날)

[신간평] 『고민하는 중국』
— 《조선중앙일보》, 1949. 6. 11.

　내가 이 책을 독파한 요즈음은 벌써 장(개석) 정권은 수도 남경을 쫓겨나고 상해도 공산당에 의하여 접수된 뒤인데, 2년 전에 저술된 이 책에 이미 국민당과 장 정권의 사멸을 예견한 것은 저자의 안식(眼識)이 중국의 사태를 파악함에 있어서 얼마나 투철하였는가를 말하는 것이다.

　저자는 중국에 체류하는 동안 국공 전투 지구를 답파(踏破)하였고, 그 접견한 인물은 국부 측의 장개석 부처(夫妻)를 위시한 모든 요인 그리고 공산 측의 주은래 등 여러 인사를 필두로 전투 지구에서는 이름 없는 병졸들과, 농촌에서는 내전에 시달리는 초분들과, 그리고 도시에서는 한 국가의 운명보다는 사리(私利)를 따지는 주판에 더욱 익숙한 모리배들과 탐관오리들과, 그들의 탐욕에 젖은 나면(裸面) 생활을 보는 동시에 그와 대조되는 뒷골목에서 하루에도 수백 명씩 쓰레기처럼 너저분한 굶어 죽은 시체를 보았다. 그는 이러한 관찰만으로도 부족하여 미국에 돌아가서는 하버드 대학 '원동(遠東)연구실'에서 중국과 아시아를 다시 연구하고서야 비로소 이 저술에 착수하였다는 것이다.

　나는 이 책을 읽으면서도 한 번 느낀 바가 있으니 오늘 중국의 사태는 그것이 중국만의 사태냐 하는 것이었다. 이에 대하여 나는 구태여 나의 느낀 바를 여기에 쓸 것이 없이 누구나 이 책을 읽는 이면 나와 똑같은 생각에

도달할 것을 굳게 믿는 바이다.

그런데 미국은 이 부패한 장 정권을 어떻게든지 살려 보려고 수십억 불을 들여서 원조하였으나 이 원조가 중국의 출발을 막아 내지 못한 산재(散財)에 불과하였음을 저자는 명확히 지적하는 동시에 "미국이 현재의 대중국 정책을 그대로 지속해서 실행하는 날에는 결국에 가서는 수억이나 되는 아시아 인민들의 대다수가 나같이 미국을 반대하게 될 것이다."라고 경종을 두드렸다. 그러니까 이 책은 아시아 사람의 손으로 쓴 것이 아니라 미국 시민의 손으로 쓰였다는 점에서 미국 시민의 양심상 전율을 일으키기에 충분할 것이다.

남을 아는 것이 나를 아는 방법의 하나요, 중국에서 벌어진 사태가 중국만의 사태가 아니기 때문에 나는 누구나 이 책을 읽어서 얻는 바가 클 것을 주저 없이 보증한다.(R. E. 라이터백 저, 최영식 역, 『고민하는 중국』, 제일출판사, 값 400원)

[동문이답] 실업자가 없도록 하려면?

— 『새한민보』 3권 14호, 1949. 6. 30.

[문]

실업자가 없도록 하려면 어떻게 하면 좋을까요?

[답]

평론가 오기영

하하, 거야 간단하지. 전 국민이 다 직장을 갖지 않으면 되지요.

부록 _ 오기영 저서에 대한 당대 서평

건초산인(建初散人), [신간평] 『민족의 비원』, 《한성일보》, 1947. 12. 16.

외우(畏友) 오기영 형의 정치평론집 『민족의 비원』이 간행되었다. 8 · 15 이후 진행된 내외 중요 일에 대하여 모조리 예리한 검토를 가하고 안도산, 오동진 두 선열의 추념사를 비롯해서 몇 편의 서술문을 적었으며, 나아가서 미소 양국과 남한북조(南韓北朝)의 지도자 및 인민에게 보내는 비원(悲願)을 대성대곡(大聲大哭)으로 호소한 것이 이 책의 내용이다. 이외에도 「이성의 몰락」, 「언론과 정치」 등으로 예리했고, 「예수와 조선」으로 탁월했으되 그것이 모두 그저 평론을 위한 박□이 아니었고 우리의 해방과 독립 사이에서 부유하는 온갖 구체적 사업에 관해서 시비를 가렸고 오직 하나의 원망(願望)인 독립 조국의 실현을 가져올 길을 밝혔다. 그것도 그때그때 신문과 잡지에 발표했던 것을 발췌한 것이므로 실로 시대의 기록이요, 건국의 사필(史筆)이다. 오 형의 성품이 명료하고 그 행동이 강직한 것은 말과 글에 그대로 실현되었으니 사필에도 과학적, 아니 춘추정법(春秋正法)을 그대로 옮겼다고 하겠다. 돌아보면 때는 자못 혼란해서 거대 편향에로 변문곡필(變文曲筆)을 일삼는 자 많으니 "말하면 노예적 사고[隷顧]라 하고 말 아니 하면 이리다."던 시절을 다시 만난 듯하고 "검으면 희다 하고 희면 검다 하니 검거나 희거나 옳다 할 이 전혀 없다. 차라리 귀먹고 눈 감아 듣도 보도 말리라." 할 □조를 보게쯤 되었다.

그러나 이날 이때의 우리 국가, 우리 민족의 처분(處慣)은 귀먹고 눈 감고 있을 때가 아닐 만큼 너무나 중대한 것이다. 검으면 검다 하고 희면 희다고 해서 옳은 것을 가려내야만 할 때다. 오 형이 투필(投筆)의 실패(그 자서문)를 한 것이 아니라 은필(隱筆)할 수 없었던 이유도 여기에 있나니 이 책 한 권에 관한 문론(文論)의 논□하여 (한 가지 흠을 한다면 편사(編事)의 차례에 좀더 권계(權系)를 세웠더라면 하나, 그것도 내용에 변화를 가져올 것은 못 된다) 어찌되었던 것은 같□ □를 물리치고 나서서 이 붓을 든 그 용기와 기세를 드높이 기리고 싶다. 시정(市井)에는 □ □ □이 많이 소실되었던 것만 일제 하의 향론(鄕論)을 8·15의 감격을 해방 후의 강□을 구현시킨 민족적 명작, 명곡(名曲), 명문이 드문 것을 한탄하게 되었는데, 이『민족의 비원』이 겨울밤을 가로질러 민족적 반성과 재출발의 □상이 된다면 그 아니 다행이랴…….(정가 230원)

서□생(西□生), [신간평] 조국은 하나, 『民族의 悲願』을 읽고, 《자유신문》, 1947. 12. 29.

동전 오기영 씨 저『민족의 비원』이 이번 동아사 인쇄소에서 출판되었다. 저자는 일찍부터 조□계에 널리 알려진 건필가(健筆家)요, 최근 각 신문과 잡지에 게재된 평론 혹은 지평 등을 통하여 그의 웅장한 필치와 사상의 충실함을 찾아볼 수 있는 정력의 사람이다. 해방 전후를 기해서 저자는 항상 민족을 찾았고 또 그 민족의 웅장한 발전과 그가 지녀 온 문화와 역사를 애틋이 육성하려고 애쓴 것을 그의 '문장' 속에서 언제나 발견할 수 있었다. 이번에 출판된『민족의 비원』은 앞서 쓴 바와 같은 민족과 또 그 민족의 문화와 역사를 바로 찾자고 하는 그의 사상의 집대성이라고 말할 수도 있을 것이니, 저자가 사상은 둘이나 조국은 하나뿐이라고 한 것을 보아도 그러하다. 더욱이 그는 종교를 배경으로 한 가정에 태어났고 한동안 왜정(倭政)하의 사나운 세뇌와 불의의 시련을 옥중에서 겪은 그러한 경험을 통해서도 솔직하고 가식이 없는 철학적인 인생관을 피력한 점에서 이『민족의 비원』은 민족과 정치와 인생을 설명한 한 개의 교서(敎書)라고도 할 수 있을 것이다. 내용을 한 번 보면 정치의 강력성을 논한 「이성의 몰락」을 위시하여 「언론과 정치」, 「관료와 정치가」, 「오원칙과 팔원칙」, 「미국의 대조선여론」, 「건국, 정치, 생산」, 「예수와 조선」 등으로 각 장이 나뉘었고 중간에 「민족의 비원」 두 편이 실려 심각한 비원에 저자의 심혈이 경주된 일면을 관찰할 수 있다. 특히 전편에서 남북조선 주둔 미소 양군 사령관에게 읍소하는 단장(斷腸)의 구절은 또한 문학을 초월한 감이 없지 않으며 또 □□에 있어서 중앙인민위원회와 입법의원에게 주는 글은 소위 정치인들의 폐부를 찌르는 듯 정문일침(頂門一鍼)의 예리한 백서(白書)라고 할 수 있을 것이다.

　최근 용지난(用紙難)의 출판계에 이 책과 같은 260여 매의 양질 양서가 나온 것에 유쾌함을 금할 수 없으며 출판사의 희생에 감사하는 바이다.(값 230원, 서울신문사 발행)

소오생(小梧生), [양서 소개] 오기영 저, 『민족의 비원』, 『새한민보』 2권 5호, 1948. 3. 10.

출판되어 나오는 서적이 적은 편이 아니다. 그러므로 어떤 책을 읽을 것인가를 선택하는 것도 작은 일이 아닐 것이다.

여기에 소오(小梧) 선생이 추천하시는 신간을 계속 소개하여 독자에 도움을 드릴까 한다.(편집자)

『민족의 비원』, 오기영 저

세상에서는 흔히 저자를 해방 후의 혜성 같은 존재라고 한다. 이는 《동아일보》 당년(當年)의 효장(驍將)이었음을 모르고 하는 말이다. 전문 이상의 출신이어야 기자의 자격을 주던 동아에서 그는 학벌 없는 기자였다. 학벌은 없어도 필력은 학벌 이상으로 그는 꿩 잡는 '매'였다. 당시에 이미 '매'였으니 오늘의 '별'이 햇내기 별이 아니다. 『민족의 비원』은 그 '매'가 지은 해방 후의 '별'이다.

'아버지는 우익이고 아우는 좌익'이라고 그는 서문에서, 자기에게는 벌써 가정적으로 비원이 있었음을 고백했다. 두 틈에 끼어서 몸부림치는 진통감적(陣痛感的) 비원이라, 그 소원은 저절로 한 개인의 새로운 '생산'인 것이다. "사상은 두 가지나 조국은 하나 뿐이다."라고 부르짖은 저자의 착상, 이미 주축은 뚜렷하였다. 평필(評筆)이거나 수필이거나, 열을 쓰거나 백을 쓰거나, 그 주지(主旨) 그 방향이다.

누구나 남의 글을 보면 자기 성미로 고치고 싶어하지만 필자에게는 이 버릇이 더욱 심하다. 그래서 이 책을 받았을 때에도 으레 고칠 작정으로 「투필(投筆)의 실패」를 우선 읽었다. 고치자 고치자 하면서도, 그러면서도 못 고쳐 보고 말았다. 저자의 문장은 이렇게 깨끗하다. 내려읽기에 그같이 미끄러웠다. 전기회사 무슨 부장으로의 속무(俗務)에 부대끼면서도 필력이 오히려 이러한지라 문필진의 이채가 아닐 수 없다.(서울신문사 발행,

4 · 6판, 가격 230원)

(□미(美)□), [서평] 오기영 저, 『민족의 비원』을 읽고, 《조선일보》, 1948. 1. 8.

외우(畏友) 동전 오기영 씨의 정치, 사회 평론집 『민족의 비원』을 읽었다.

『민족의 비원』 외 전부 24편의 논술은 기왕에 □□히 읽었던 기억을 다시금 새롭게 하는 이(理)에 연(然)하고 감(感)에 복바침을 느낀 주옥들이다. 오랜 기자 생활에서 연마된 저자의 사회관 내지 정치관은 그것이 그 범인의 것이라기보다 차라리 독립□산 중에 있는 오늘의 우리도 천만 조선 동포의 진정한 선론(選論) 대변이 아니면 아닐 것이다.

"사상은 두 가지가 있으나 조국은 하나뿐이다."라고 한 표지의 부언(附言) 1행은 그 내용과 아울러 우리 천만 겨레의 민족적 비애를 여실히 나타낸 것으로 본서야말로 앎(知)과 느낌(感)과 뜻(意)의 집합이다.

조국을 사랑하는 청년 동지들에게는 물론 정치사회 지도자 여러분에게도 감히 일독을 권장하여 마지않는다. (서울신문사 발행, 임시 정가 230원)

오기영 전집 편찬위원회

편찬위원장	정용욱 서울대학교 국사학과 교수
편찬위원	김민형 한국외국어대학교 지식콘텐츠학부 교수(오기영의 외손녀)
	김태우 한국외국어대학교 한국학과 교수
	장원아 서울대학교 국사학과 강사
편찬지원	박훈창 서울대학교 국사학과 대학원 재학중

동전 오기영 전집 4권

삼면불 ─ 해방 이후 기고문 ─

등록 1994.7.1 제1-1071
1쇄 발행 2019년 5월 18일

지은이   오기영
엮은이   오기영 전집 편찬위원회
펴낸이   박길수
편집장   소경희
편   집   조영준
관   리   위현정
디자인   이주향
펴낸곳   도서출판 모시는사람들
         03147 서울시 종로구 삼일대로 457(경운동 수운회관) 1207호
전   화   02-735-7173, 02-737-7173 / 팩스 02-730-7173
홈페이지   http://www.mosinsaram.com/
ⓒ오경애, 2019

인   쇄   천일문화사(031-955-8100)
배   본   문화유통북스(031-937-6100)

값은 뒤표지에 있습니다.
ISBN 979-11-88765-44-7   04080
세트   979-11-88765-40-9   04080

이 도서의 국립중앙도서관 출판예정도서목록(CIP)은 서지정보유통지원시스
템 홈페이지(http://seoji.nl.go.kr)와 국가자료공동목록시스템(http://www.
nl.go.kr/kolisnet)에서 이용하실 수 있습니다.(CIP제어번호:CIP2019015477)